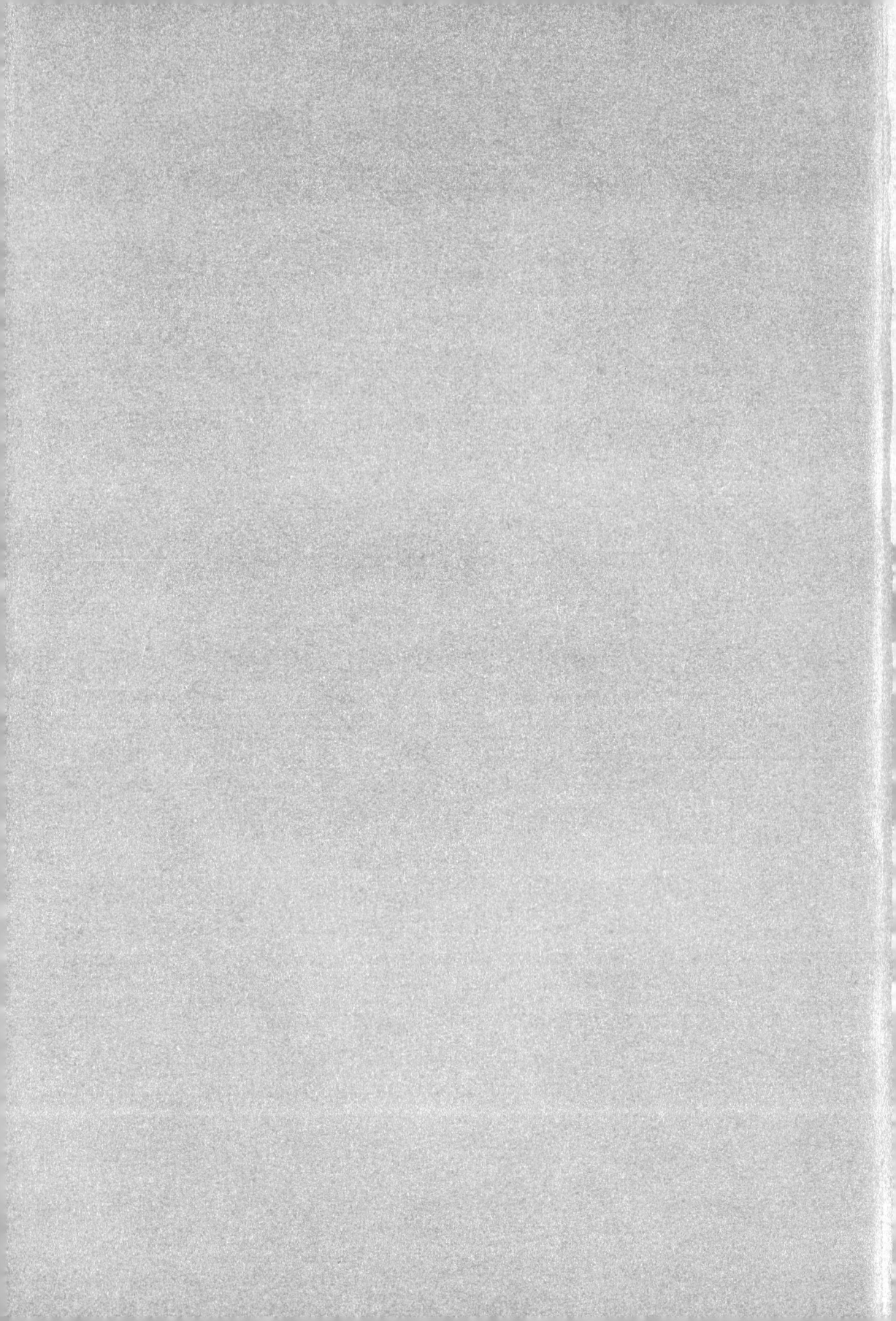

刘诗白—著

刘诗白 选集

第五卷
社会主义市场体制研究
·上册·

四川人民出版社

图书在版编目（CIP）数据

社会主义市场体制研究：全2册 / 刘诗白著. — 成都：
四川人民出版社，2018.12
（刘诗白选集；第五卷）
ISBN 978-7-220-10866-2

Ⅰ.①社… Ⅱ.①刘… Ⅲ.①中国经济—社会主义
市场经济—市场经济体制—文集 Ⅳ.①F123.9-53

中国版本图书馆CIP数据核字（2018）第184879号

SHEHUIZHUYI SHICHANG TIZHI YANJIU SHANGCE

社会主义市场体制研究（上册）

刘诗白　著

责任编辑	何朝霞　张东升
封面设计	陆红强
版式设计	戴雨虹
责任校对	涂怡媛　舒晓利
责任印制	王　俊

出版发行	四川人民出版社（成都槐树街2号）
网　址	http://www.scpph.com
E-mail	scrmcbs@sina.com
新浪微博	@四川人民出版社
微信公众号	四川人民出版社
发行部业务电话	（028）86259624　86259453
防盗版举报电话	（028）86259624
照　排	四川胜翔数码印务设计有限公司
印　刷	成都东江印务有限公司
成品尺寸	170mm×240mm
印　张	22.75
字　数	280千
版　次	2018年12月第1版
印　次	2018年12月第1次印刷
书　号	ISBN 978-7-220-10866-2
全套定价	3000.00元（全13卷）

目　录（上册）

论文

刘诗白选集

论发展社会主义商品经济与利用市场[①]

一、加快四个现代化的步伐，必须大力发展社会主义商品经济

进行社会主义经济建设，必须根据社会主义生产方式的客观规律办事。我国是从一个经济落后的国家走上社会主义道路的，在生产资料所有制的社会主义改造取得基本胜利以后，还处在不发达或不完全的社会主义阶段。社会主义生产方式初始阶段的一个重要特征是还存在广泛的商品经济。这是因为，由于存在社会主义公有制的两种形式，它们之间在根本利益上是一致的，但也还存在着经济利益不同的矛盾，从而决定了公有制两种形式之间的劳动交换，要通过商品交换来进行；社会主义集体所有制企业间存在着集体利益不同的矛盾，因而它们之间的劳动交换也要实行商品交换；城乡间都还存在少量的个体所有制（包括集体农民的自留地、家庭副业与某些城市居民的个体经营）以及由此决定的商品生产。此外，全民所有制的消费品生产也是商品生产，而且全民所

① 原载《社会科学研究》1979年第3期。

有制企业之间进行交换的生产资料的生产，同样带有商品生产的性质。这是因为不发达社会主义阶段的全民所有制还不成熟，企业对产品有一定的局部占有关系，还具有与真正的全民利益相区别的企业自身特有的经济利益。这种情况，决定了企业不能将它的产品无偿地让渡给对方，它在让渡自己生产的产品时，不能不考虑与计较生产中的劳动耗费能否得到补偿，不能不关心它的生产与交换活动能否给企业带来物质利益，从而决定了产品的商品性质。可见，不发达社会主义阶段的生产具有普遍的商品生产的性质，这是社会主义初始发展阶段所有制的性质所决定的。社会主义经济的商品性，要求在国民经济的计划管理中，在组织社会生产、交换、分配、消费中，必须遵循社会主义商品经济的客观规律，大力发展与完善社会主义商品经济，充分发挥商品交换对生产的积极促进作用。

但是，自50年代以来，我国社会主义经济建设在国民经济计划管理上承袭苏联的管理体制，对全民所有制企业的物资管理采用统购包销，在财政上采用全收全支，极大地束缚了社会主义商品经济的发展和完善。特别是由于1958年大刮"共产风"，以及"文化大革命"以来，"四人帮"推行极左路线，曾经两度大规模地削弱与破坏商品经济。集市贸易被取缔，不许社员出售自留地和家庭副业的产品；只许社员进行自给性的生产，甚至进一步干脆取消自留地和家庭副业。不许人民公社集体所有制企业搞多种经营和社队工业，强行征购社队的农副产品，不准社队进行市场交换。在农产品定价上反对按价值规律办事，实际上是用产品调拨来取代农产品的商品交换。国营企业的经济核算遭到破坏，提倡全民所有制企业间不分你我，吃大锅饭，用直接产品分配来取代全民所有制企业间的商品交换关系，把社会主义商品经济强行变成形式上的商品经济而实际上的产品经济。这进一步破坏了我国现阶段社会主义经济的商品经济性质，出现了我国社会经济向实物化的自然经济逆转的倾向。就农村而言，不少地区出现了农业生产中社会分工的被破坏，集体经济商品率降低和经济自给自足性增长的状况。就整个国民经济而言，出现了各个地区（如省与省）间社会分工被破坏、地区间商品交换受到削弱，按行政区划实行自给自足的倾向。就全民所有制企业而言，出现了搞大而全、小而全，万事不求人，在企业范围内自给化的倾向。这种经济向实物化的自然经济逆转，与现代社会化大生产发展的方向是背道而驰的，它必然抑阻和破坏我国社会生产力的发展。

我国社会主义建设中商品经济未能得到充分运用，除了错误路线的干扰外，还存在认识上的原因。长期以来，在国际共产主义运动中流行着社会主义生产方式一旦产生，商品经济就为产品经济所取代的理论观点。马克思和恩格斯在19世纪还不曾有社会主义革命的胜利和社会主义经济建设的实践经验情况下，曾经设想在发达的资本主义国家一旦出现生产资料归全社会所有，商品经济就为产品经济所代替，社会主义按劳分配不是通过商品货币关系而是由劳动券来实现。无疑，科学的态度不是拘泥于经典作家的个别论断，而是完整地、准确地掌握马克思主义的科学体系。但是，十月革命前许多西欧的社会主义者不是采取这样的立场，他们固守社会主义一旦胜利商品货币就消亡的观点。在十月革命后军事共产主义时期，由于物资缺乏的历史条件，也由于经验不足与认识的错误，俄共（布）曾经主张和实行共产主义的产品分配来代替商品生产与交换，并准备在不久的将来消灭货币。列宁及时总结了苏维埃政权初期革命与建设的经验教训，提出了新经济政策。根据苏维埃俄国在革命胜利后革命与建设的实践经验，对商品经济问题进行了新的论述，阐明了像俄国这样原先经济落后的国家，在走向社会主义的整个过渡时期还必须保留商品生产，论述了全民所有制的国营企业要实行"商业原则"，搞商品生产与交换。在列宁大力纠正前一时期按共产主义产品交换和分配原则来组织国民经济的错误时，左派共产主义者及托洛茨基分子却继续对商品货币关系采取否定的态度。这批左的反对派用"实行商品经济就是复辟资本主义"的极左口号，来反对列宁发展和利用商品经济的正确路线。此后，斯大林晚年在《苏联社会主义经济问题》一书中，从理论上论证了在生产资料的社会主义改造完成后，还必须保留商品生产的原因，阐明了社会主义商品生产的性质和发展社会主义商品生产的重要意义。斯大林关于社会主义制度下商品生产的理论，对苏联20年代以来经济理论界长期存在的社会主义经济是产品经济的错误思潮，进行了澄清和做出了正确的总结。但是，在《苏联社会主义经济问题》这本书中，斯大林将商品限于全民所有制与集体所有制间交换的产品，以及国家和职工间交换的消费品领域。他认为全民所有制企业间交换的产品，只保留商品的外壳，实质上不是商品。他过分强调对社会主义商品交换范围的限制，例如反对将拖拉机等主要生产资料作为商品在全民所有制与集体所有制间进行交换。斯大林过早地主张把集体所有制与国家间进行农产品的商品交换向产品交换过渡，忽视了进一步发展与运用集体经济的商品性质，以促进社会主义农业生产的社会化。斯大林对社会主义生产方式的不发达阶段商品经济存在的原因、性质、范围、作用、前途等一系列问题，也未能做出全面的科学阐明。斯大林在社会主义商品理论上的不彻底，导致了在国民经济管理体制中实行过度的中央集权，使全民所有制企业以及集体所有制企业缺乏从事商品生产的必要权利，妨碍了社会主义商品经济关系的发展和完善。

　　如果说斯大林只是在社会主义制度下的商品生产问题上没有将理论贯彻到底，未能彻底克服产品经济的影响，那么在我国，陈伯达之流、宣扬的商品消亡论就完全回到了斯大林所批判的托洛茨基分子的极左理论。1958年陈伯达宣扬取消人民公社商品生产，否认价值规律的作用，提倡取消货币等价值杠杆。针对1958年在社会主义商品理论上的极左思潮，毛泽东同志曾做出如下评述：现在我们有些人大有消灭商品之势，看见商品生产就发愁，以为是资本主义。但是，由于我们对于这种可以称为"恐商症"的极左思潮未能从理论上进行彻底的清算，因而在"文化大革命"中，"四人帮"一伙接过布哈林、托洛茨基分子的"恐商"理论，进一步加以发展，鼓吹社会主义商品生产必定要产生与复辟资本主义，并且竭力地推行一条破坏社会主义商品经济的极左路线。他们这一套极左理论与路线的影响，迄今还未完全肃清，例如不少同志至今对于我国现阶段必须大力发展社会主义商品生产的意义认识不足，不少实际工作同志还心有余悸，还不敢大胆地采取措施，大力地发展社会主义商品经济。

　　为了加快我国四个现代化的步伐，我们必须大力发展和完善社会主义商品经济，及时纠正和克服经济实物化和自给自足化的倾向。经济理论的一项重要任务就是要深刻研究社会主义生产方式不发达阶段的特征，对社会主义商品生产存在的原因予以马克思主义的科学阐明，要结合我国半殖民地半封建社会商品经济不发达的具体条件，深刻阐明发展社会主义商品经济对发展我国社会主义经济建设，实现"四化"的重要作用。

二、发展和完善社会主义商品经济，必须充分利用社会主义市场的积极作用

在当前发展和完善社会主义商品经济中，最关键的是要充分发挥和利用社会主义市场的积极作用。这就要求我们以马克思主义为指导，对社会主义市场的性质、范围、结构、机制、规律和作用等问题进行深入的研究与探索。

就马克思主义政治经济学理论（社会主义部分）来说，对社会主义市场的研究还十分薄弱，基本上是生产理论加上分配理论，而缺乏市场理论。这种情况表明，对不发达社会主义的生产关系还未做出完整的科学概括。例如斯大林在《苏联社会主义经济问题》一书中，对政治经济学的对象下定义时，就没有明确地将交换关系规定为生产关系的一个方面。斯大林实际上是主张限制社会主义商品流通的范围，否认价值规律对生产有调节作用，低估了商品流通对生产的作用。斯大林的这些观点反映了苏联社会主义经济理论界不重视社会主义商品关系的产品经济论思潮。这种思潮也贯穿在我国50年代以来的社会主义政治经济学教科书中。在这种思潮下，人们混淆了社会主义市场与资本主义市场的原则区别，存在着"市场就是资本主义的东西"的种种糊涂观念。理论上的模糊引起政策上的失误。斯大林的这些论点与苏联国民经济计划管理中对市场运用不够是不可分的。在苏联的国民经济计划管理体制中，用生产资料统一分配代替商品交换，实际上取消了生产资料市场，更谈不上利用市场的作用。在消费品生产中，商业部门的统购包销制度，割断了生产与市场的联系，很大程度上取消了市场对生产的作用。这种情况，也存在于我国传统的国民经济管理体制中。

　　只重视生产而轻视交换的观点是社会主义政治经济学研究中形而上学的表现。马克思在论述生产关系时，明确地将它作为生产、分配、交换、消费诸关系的统一。[1]马克思在论述生产的决定作用的同时总是又指出交换对生产的反作用，特别是在研究商品经济时，更是重视分析生产与市场的相互作用。马克思和恩格斯将政治经济学资本主义部分的研究对象规定为"资本主义的生产方式以及和它相适应的生产关系和交换关系"[2]。他们在研究资本主义生产方式时，更对市场流通进行了全面、细致的分析。《资本论》第二卷就是专门分析资本流通过程的，《资本论》第三卷关于剩余价值分配的研究，也是紧密结合市场状况来展开的。经典作家在研究资本主义生产方式时，十分重视交换关系，这当然是着眼于资本主义商品经济的固有特征的，但是抓住了商品经济一般的特点，因而这对于社会主义商品经济的研究也是有指导意义的。

　　在社会主义经济中，市场是客观存在的。市场是商品交换关系的总和。它是商品生产的产物，是商品经济的必要组成部分和不可缺少的内容。列宁说："哪里有社会分工和商品生产，哪里就有'市场'。"[3]既然社会主义经济的广泛领域（包括全民所有制经济）存在商品性生产，因而就存在着广泛的社会主义市场。社会主义市场是以公有制为基础的社会主义商品交换关系的总和，它体现了社会分工不同的社会主义生产者（全民所有制企业以及集体所有制企业）之间的劳动交换，体现了摆脱了剥削的劳动者之间的社会主义互助与合作关系，与资本主义市场有原则的区别。这种崭新的社会主义市场不会产

①　参见《马克思恩格斯选集》第2卷，人民出版社，1972年，第102页。

②　《马克思恩格斯全集》第23卷，人民出版社，1972年，第8页。

③　《列宁全集》第1卷，人民出版社，1955年，第83页。

生资本主义与资产阶级。

社会主义市场的鲜明特征，首先是它的计划性，它是从属于国家计划调节的商品流通场所。社会主义国民经济有计划发展的规律决定了商品总供给与总需求，一些关键性商品的供销关系与价格，都要服从国家计划的指导与调节。它与资本主义市场流通的纯粹自发性质，价格的完全自由涨跌、大起大落的剧烈波动等情况，是根本不同的。社会主义市场商品流通也具有充分的机动灵活性，对商品流通的计划调节必须采取正确的方法，不能把市场管死。这就要求国家对市场的计划管理，必须立足于商品交换所固有的"同一价值规律"①的作用基础之上。社会主义市场上数十万种品类纷繁的商品的流通，要依靠国家通过价格政策，自觉运用价值规律的调节作用，才能保证社会主义市场的计划性与机动灵活性的结合。

为了进一步完善社会主义市场，畅通流通渠道，做到对市场管而不死，活而不乱，必须做到：（1）社会主义国家要给企业以进行购销活动的自主权力，使企业的购销活动，除了服从国家计划指导而外，还可以在一定范围内根据市场商品供求与价格的状况自行购销，要容许供货单位与需货单位直接见面，自行订立合同。这样就可以克服与避免供销完全听凭下达计划所难于避免的货不对路、产销脱节的状况，做到货畅其流。（2）国家要给企业以一定的进行议价的自主权力，要根据社会主义建设各个时期的具体条件与政治经济任务，根据不同产品的性质与供求的状况，除了一部分重要商品实行计划固定价格而外，可对其他的商品实行价格浮动，使价格可以适应供求的状况，在一定幅度内有所机动。这样就可以避免实行固定价格时，由于

---

① 斯大林：《苏联社会主义经济问题》，人民出版社，1971年，第17页。

价格机制不灵活，优质不优价，劣质不劣价，稀缺或滞销不及时调价所带来的一方面积压，而另一方面脱销的状况。充分发挥和利用价值规律对流通的调节作用，既能及时克服和缓和某些商品的供不应求，又能使过时与滞销的商品得到及时地处理，从而能更完善地实现市场商品供求的平衡。

商品生产与市场，是互相促进的。商品生产决定市场流通，但市场也不是消极的，它积极反作用于商品生产，促进社会分工的扩大与商品生产的发展。在人类社会各个经济形态，存在着性质、范围、作用各不相同的市场。这些市场曾经在不同程度上起了促进社会分工和生产发展的作用。在社会主义制度下，市场流通仍然是社会主义再生产的必要环节和积极反作用于生产的经济杠杆。社会主义市场的完善，必然会有力地促进社会主义生产的发展。（1）包罗了各种各样商品的发达的市场流通，从价值方面来说，它保证了企业生产出来的产品价值能够顺利地实现，并且通过市场机制使那些产品对路、经营好、质量高的企业能得到合理的物质利益，而使那些产品不对路、经营不好、质量低的企业遭受一定的经济损失。这样，市场就成为使企业从物质利益上关心生产的经济杠杆，从而对生产起着指导、鼓励和限制作用，促进企业生产出越来越多价廉物美、丰富多彩的商品，促进生产与社会需要的一致。（2）完善的市场商品流通使企业能够可靠地和机动灵活地取得各种必要的生产资料，保证简单再生产和扩大再生产的顺利实现，避免市场流通不发达、不畅通和市场机制不灵活而必然出现的大量物资成为库存的浪费现象，使社会拥有的生产资料能够最大限度地用于生产和产生最大的经济效果。（3）社会主义市场在充分利用价值规律的情况下（通过保证计划价格适应价值变动而经常调整以及通过浮动价格下的市场价格机制）就使那些具有平均技术条件与经营水平，在产品中花费了社会平均必要劳动的企业，以收抵支并取得一般利润；那些具有更高的技术条件与经营水平，在产品中个别劳动耗费低于社会平均必要劳动耗费的企业，就能获得更多利润；而那些技术与经营落后、个别劳动耗费高于社会平均劳动耗费的企业，就得不到一般利润，甚至要发生亏损。这样，就会迫使和推动企业为了降低成本而去不断进行技术革命和技术革新，改进经营管理，挖掘内部潜力，不断地提高劳动生产率，从而有力地推动社会主义生产的发展。

归结起来，在社会主义经济中，市场对生产起着积极促进作用。为了使社会主义经济建设多快好省地发展，必须根据客观规律的要求来调整各个领域中社会主义商品交换关系，使社会主义市场不断发展和完善，充分发挥市场对生产的促进作用。如果说生产与市场存在不可克服的矛盾的资本主义生产方式，曾经在依靠市场作用，使社会生产力摆脱了自然经济的束缚而突飞猛进地发展，那么在生产与市场间不存在对抗性矛盾的优越的社会主义制度下，人们就理所当然地应该自觉地运用社会主义市场来促使社会主义扩大再生产更加顺利和迅猛地发展。当然，社会主义市场客观存在的价值规律的作用也还有消极的方面，并往往会引起生产的自发性。但是，只要人们深刻地研究与通晓社会主义市场的规律，特别是确立科学的计划管理体制与方法，保证在经济工作中尽可能地做到熟练地掌握、驾驭与运用价值规律，人们完全可以趋利避害，化消极为积极，使市场充分有效地为发展社会主义生产服务。

结　语

当前，有必要对社会主义经济的商品性在理论上予以深入的阐明，对将社会主义生产方式看作自然经济的错误观点进一步加以澄清，特别是要克服"恐商症"。"恐商症"在我国社会主义建设中曾经长期存在，有着深刻的历史的、社会的和阶级的根源。"恐商症"的特征是划不清社会主义商品经济与资本主义商品经济的界限，见到商品经济就发愁，即使是社会主义商品经济也忧心忡忡，更谈不上理直气壮地发展社会主义商品经济，而对于自给自足的自然经济却十分欣赏，即使它引起经济发展停滞不前也仍然墨守成规，安之若素。这种意识上的顽症是我国这样的由半殖民地半封建社会走上社会主义道路的国家，从旧社会遗留下来的经济上、思想上的残余的必然表现。

历史经验表明，在原先经济落后，小资产阶级占绝大比重的国家走上社会主义道路后，要十分注意克服旧社会遗留下来的封建主义和小生产者的自然经济思想与习惯势力，要与排斥社会主义商品经济的小资产阶级平均主义思潮做斗争。

试论社会主义计划管理与利用市场机制[①]

在社会主义经济有计划、按比例发展的条件下，为了使国家的集中管理与充分发挥企业的积极性、主动性与首倡精神结合起来，做到"统而不死，活而不乱"，有必要在坚持计划管理的同时，利用一定范围与限度的市场经济机制。我国50年代照搬苏联的中央集权的计划管理体制，主要采用行政方法进行管理，不重视经济手段，排除市场因素，强调国家的集中统一，忽视了企业的独立性与权益。这种计划管理体制使企业丧失了积极性，变成了靠上级推动的算盘珠子，把整个经济搞死了，这是造成国民经济多年发展缓慢的一个重要因素。为了加速"四个现代化"的步伐，实现新时期的总任务，我们面临着改革这种有缺陷的计划管理体制的重大任务。对现行计划管理体制的改革，不能只是就事论事地修修补补，不能仅限于国家、企业间权限与利益的调整和局部管理方法的改变，而应该是对国民经济管理体制进行重大的改革，把集中的计划管理与利用市场经济机制结合起来。为

[①] 这是一篇为1979年4月在无锡举行的关于价值规律作用问题讨论会而写的论文，见《社会主义经济中计划与市场的关系》上册，中国社会科学出版社，1980年。

此，就必须从理论上阐明什么是市场经济，认清它的产生、发展以及它在社会主义制度下的地位与作用，彻底破除把市场机制看成与社会主义计划管理水火不容的传统观念。本文试图对以上问题从政治经济学的角度进行初步的探讨。

一、市场经济具有一般经济范畴性质

市场是商品经济的范畴，它是发达的商品交换关系的总和。在原始公社末期最初出现的偶然的交换下，还不存在市场。只有在商品生产与商品交换经常化，以致多数生产者在一定场所互相进行集中的、大量的商品交换，如所谓"日中为市"，才形成了市场。市场是随着商品生产的发展而发展的。在小商品生产的基础上，"交换是有限的，市场是狭小的"[①]。随着近代资本主义的产生，市场大大发展起来，成为经济结构的重要组成因素。在资本主义机器大工业的基础上，市场在广度与深度上都取得了最高的发展。一方面，它由不经常的、狭小的、地方性的市场发展成为经常的、大规模的、全国性的市场和世界市场；另一方面，市场交换包括商品、劳动力和货币，包括一切物质产品与精神产品，甚至名誉、良心，从而网罗一切和无所不包。

市场经济就是指这种为市场而生产的商品经济，它的特征是：（1）它不是为了满足生产者自身或他人的消费需要而生产，而是以市场交换为目的的生产。（2）它的生产状况（如生产什么，生产规模的扩大或缩小等），决定于市场供求状况与价格的涨跌，受商品经济的基本规律——价值规律的调节。

---

① 《马克思恩格斯选集》第3卷，人民出版社，1972年，第313页。

"市场经济就是资本主义"，这是经济学界长期流行并至今还在一些人头脑中视为天经地义的传统见解。这种见解是缺乏科学根据的。市场经济既然是为市场而生产的商品经济，因而它不是一种独立的生产方式，也不是资本主义社会特有的经济范畴，而是自原始公社解体时就开始萌芽、几乎存在于人类社会各个不同经济形态中的一般性的经济范畴。马克思指出："即使绝大多数产品直接用来满足生产者自己的需要，没有变成商品，从而社会生产过程按其广度和深度来说还远没有为交换价值所控制，商品生产和商品流通仍然能够产生。产品要表现为商品，需要社会内部的分工发展到这样的程度：在直接的物物交换中开始的使用价值和交换价值的分离已经完成。但是，这样的发展阶段是历史上完全不同的社会经济形态所共有的。"[1]

市场经济的性质决定于占支配地位的生产方式的性质，市场经济的发展程度从属于占支配地位的生产方式的需要。在不同的社会经济形态下，市场经济在性质上、发展程度上、结构与机制上均具有不同的特点。正因为如此，要认识不同社会形态下市场经济的性质与作用，揭明在这种社会经济形态下市场经济运动的客观规律，必须从占支配地位的生产方式的本质出发，而不能抽空社会经济形态，孤立地就市场经济论市场经济。

二、社会主义经济仍然具有市场经济性质

社会主义经济仍然带有市场经济性质，不过，它是崭新的社会主义的市场经济，它的社会本质、范围、机制、作用都有新的变化。

---

[1] 《马克思恩格斯全集》第23卷，人民出版社，1972年，第192～193页。

社会主义生产的市场经济性质是由社会主义所有制决定的。在原先的经济落后的国家，生产资料的社会主义改造取得基本胜利后，由于存在社会主义公有制的两种形式，它们之间在根本利益上是一致的，但还存在着经济利益的矛盾，从而决定了这两种公有制之间的劳动交换要通过商品交换来进行；社会主义集体所有制企业间存在着集体利益的矛盾，因而它们之间的劳动交换也要实行商品交换；此外，城乡间还存在以个体所有制（包括集体农民的自留地，家庭副业与某些城市居民的个体经营）为基础的商品交换；另外，社会主义全民所有制的不成熟性，全民所有制企业对产品还存在部分占有，因而它们之间的劳动交换也具有商品交换的性质。马克思说："交换的深度、广度和方式都是由生产的发展和结构决定的。"[①]既然社会主义的生产具有广泛的商品生产性质，劳动的交换要通过商品交换，因而客观存在着市场。列宁早就指出："哪里有社会分工和商品生产，哪里就有'市场'。"[②]

社会主义市场与历史上存在的以私有制为基础的市场根本不同，它是以联合起来的社会主义生产者（国营经济和集体经济）以及社会主义劳动者为主体的市场。它主要是以公有制为基础的社会主义商品交换关系，体现了社会分工不同的社会主义生产者之间的劳动交换，体现了摆脱了剥削的劳动者之间的社会主义互助与合作。除此而外，还存在作为社会主义市场的补充的以城乡个体所有制为基础的集市贸易，它基本上是社会主义劳动者与居民间以互通有无、调剂余缺为目的的商品交换关系，但还带有个体小商品交换的性质。此外，市场上

---

① 《马克思恩格斯选集》第2卷，人民出版社，1972年，第102页。
② 《列宁全集》第1卷，人民出版社，1955年，第83页。

某些领域还存在资本主义私人企业的交换活动。随着社会生产力的发展，全民所有制经济与集体所有制经济的发展和巩固，社会主义商品交换将日益扩大，占领市场的主要阵地，逐步取代集市贸易，排斥资本主义私人企业的交换以及投机倒把活动。但是，对走上社会主义道路的原来的经济落后国家，不可能一蹴而成，必须经历一个较长的历史发展过程。

社会主义商品经济中市场交换绝不是可有可无的消极被动因素，它对商品生产起着十分积极的影响。社会主义市场的鲜明特征是它的计划性，是有计划的商品流通。商品流通的计划性是保证社会主义生产计划性的重要杠杆。社会主义市场除了从属于国家计划调节外，还要从属于价值规律的调节。市场上客观存在着市场价格在一定范围内围绕价值变动的机制，尽管这种机制受到国民经济有计划、按比例发展规律作用的限制，从而在形式、范围等方面与资本主义市场经济有所不同，但这种市场机制是价值规律对生产起调节作用的一种形式。

市场交换对集体农民的自留地、家庭副业的生产起着重大作用。在集市贸易中，产品价格基本上是在竞争中自发形成，价格的变动对农民的个体经营有重要影响。显然，这一商品生产领域不可能由国家计划来直接调节，基本上从属于自发地发生作用的价值规律的调节。因而在这一生产领域中，市场经济的特征表现得十分鲜明。

市场经济的特征在社会主义集体经济的生产与交换中也表现得十分明显。集体经济是社会主义经济，它的经济活动要受社会主义国民经济有计划、按比例规律的支配。由于集体所有制企业经营实行自负盈亏，企业的生产与成员的分配取决于企业经营的状况与自身的收入，国家不为它承担责任。集体经济的性质决定了它的经济活动首先要从属于集体经济利益，它在出让产品时首先要考虑生产中的劳动耗费能否得到补偿，这也就决定了"集体农庄只愿把自己的产品当作商品让出去，愿意以这种商品换得它们所需要的商品"①。因此，集体经济的生产和交换在很大程度上要直接受到自发起作用的价值规律的调节。它表现在集体经济在安排自身的生产与经济活动时，要考虑到市场价格的状况，要计算能否以收抵支并取得更多的经济收入。实践证明，当某种农产品的价格定得不合理，违背了价值规律，以致农产品中的劳动耗费不能得到抵偿时，这种农产品的生产就会萎缩下去。实践也证明，农产品价格如果不能随着市场需求的变化与成本的变化而相应地调整，即如果缺乏一定的市场价格变化的机动性，那么就不可能有效地发挥价格对生产的刺激作用与调节作用，就不能使集体经济的生产及时地、自动地进行调整，使千差万别的农产品的生产得以与经常变化的社会需求相适应。这也就表明，集体经济仍然带有市场经济的性质，在集体经济的计划管理中不能依靠直接计划，而必须主要地依靠价值杠杆，利用市场机制，才能最大限度地调动集体经济的经营积极性，才能有效地把集体所有制的生产与交换纳入计划的轨道。

市场经济的特征也见于全民所有制的消费品生产之中。国营经济的消费品生产是商品生产，企业生产的消费品要通过市场转移到消费者手里。消费品品种纷繁，千差万别，人们的消费需要又是不断增长、经常变化的。消费品的市场需求即使用电子计算机也难于精确计算。为了使消费品的生产能适应人们不断增长与变化的需要，保持供求的平衡，除了加强计划机制外，必须依靠经济手段，自觉地利用价值规律的作用。斯大林指出，在消费品的流通领域"价值规律保持着调节作用"，它表现在价格的高低直接调节着消费品的流通，它决定

---

① 斯大林：《苏联社会主义经济问题》，人民出版社，1961年，第12页。

某种消费品销售量的扩大或缩小。事实证明，在消费品的流通中，除了加强计划而外，采用必要的市场机制，根据各类商品的特点，在一定范围内使价格变动保持机动，充分发挥和利用价值规律对流通的调节作用，就能一方面克服和缓和某些商品的供不应求，一方面使过时的滞销商品得到及时处理，减少积压，从而最有效地保证消费品的流通有计划和顺利地进行。反之，如果市场机制不灵活，例如实行固定价格，优质不优价，劣质不低价，稀缺与滞销都不及时地适当调价，实际上就削弱甚至取消了价值规律的调节作用。价值规律就会以破坏性的形式表现出来，出现商品的大量积压和排队、走后门等现象，使消费品流通的计划性遭到破坏。

价值规律对消费品的调节作用，不仅限于流通领域，它对生产也起着调节作用。这是因为社会主义全民所有制企业还存在产品的部分占有，还存在企业的局部利益，企业的经济活动在服从社会整体利益的条件下，还不能不考虑到企业自身的利益。那些陈旧、过时、社会很少需要的商品在市场机制作用下价格降低时，就必然会引起企业生产相应的调整，减缩社会不需要的生产。而当某些供不应求的商品价格有所增长时，就会推动企业扩大生产这种社会急需的商品。可见，消费品的市场经济机制，使消费品的生产对市场需要具有充分的适应性，使消费品部门能生产出劳动者迫切需要的价廉物美、丰富多彩的产品，促使消费品生产与人们的需要真正地相一致。

综上所述，社会主义经济中，无论是个人副业经济、集体所有制经济，以及全民所有制消费品生产等领域的经济活动，都具有市场经济的性质。这些领域的生产不仅离不开市场交换，而且在不同程度上要从属于市场上价值规律的调节。

三、社会主义全民所有制企业之间的经济关系也具有一定的市场经济性质

从事生产资料生产的社会主义全民所有制企业相互之间存在密切的产品交换，这种产品交换是否属于商品交换？生产资料的生产是否是商品生产，这种生产是否一定程度也依存于市场交换，即是否也带有一定的市场经济的性质？这是经济学界未获得正确解答的问题，在这些问题上的理论混乱曾经长期造成社会主义计划管理体制上的严重缺陷。

众所周知，斯大林在《苏联社会主义经济问题》一书中，提出了生产资料不是商品，仅仅保持着商品"外壳"，价值规律对生产资料的生产与交换不起调节作用的一系列论点。按照这一论点，全民所有制的生产资料生产已经是"产品经济"，已经超出价值规律作用的范围；全民所有制企业间生产资料的交换，只需要采用行政手段，实行计划调拨，根本排斥商品交换与市场作用。这一论点曾经是苏联国民经济计划管理体制的理论根据。

必须指出，关于全民所有制企业间交换的生产资料不是商品的论点是站不住脚的。产品的商品性是由交换双方具有不同的所有关系从而有经济利益的矛盾所决定的。在不发达的社会主义阶段，全民所有制是不完全的，它还带有企业对产品的一定的局部占有的性质，企业有自身的经济利益，这就决定了企业生产的产品的商品性，决定了企业间的产品交换是商品交换。因为，企业从自身的经济利益出发，不能将它的产品无偿地让渡给对方，它在让渡自己生产的产品时，不能不考虑与计较生产中劳动耗费能否得到补偿，不能不关心它的生产与交换活动能否给企业带来物质利益。因而，尽管企业间存在全民利

益的根本一致，这与集体单位间的关系有质的不同，但是它毕竟存在着一定的局部经济利益的矛盾，因此，它们之间也存在那种"只愿意把自己的产品当作商品让出去，愿意以这种商品换得它们所需要的商品"的情况。可见，在不发达的社会主义阶段，全民所有制经济还远远不可能是完全消灭了商品、价值的产品经济，而仍然是具有商品经济的性质，它们内部的产品交换仍然是商品交换，还需要通过市场。

全民所有制企业间的产品交换具有下列特征：（1）它是在国家计划指导下，供货企业与需货企业间从一定的自身经济利益出发的、具有一定独立自主性的市场买卖行为，企业在一定范围内有从事购销活动的机动权利，而不是像调拨时那样纯粹取决于上级规定的被动行动。（2）在服从国家计划指导下，企业具有一定的议价权利，产品的价格形成在一定程度上要受到市场购销活动的影响，而不是完全取决于国家计划，由上级事先加以规定。以上这两个方面是生产资料实行商品交换的必要的因素。因为，如果交换当事人（作为联合生产者的企业），在购销活动中完全没有自主权利，没有一定范围的根据产品质量与供求状况而实行议价的权利，那么这种产品交换中即使还要计价，但严格说来却还缺乏商品交换的必要特征。尽管人们也可以称之为生产资料的"商品交换"或"流通"，但实质上仍然是产品调拨。

全民所有制之间的产品交换采取商品交换形式，运用一定程度的市场机制，不仅是社会主义商品生产固有的要求，而且是健全生产资料流通渠道，充分发挥流通对生产的积极作用，保证社会主义商品生产有计划、按比例、高速度发展的重要经济杠杆。（1）社会主义市场机制把企业的经营活动与市场价格的一定的变动联系起来，为充分实现社会主义物质利益规律的要求，促使企业从物质利益上关心生产提供了重要的经济杠杆。在社会主义市场机制存在的情况下，那些产品价廉物美、能充分适应市场需要的企业处于有利的地位，它们的产品能得到畅销从而取得更多的利润，保证企业实现更大的物质利益；而那些质次价昂的产品在销售上就会发生困难，如果不降低价格就会失去销路，总之，经营落后的企业会遭到经济利益的损失。这样，让企业的经营活动与企业物质利益密切地联系起来，能促使全民所有制企业从物质利益上关心生产，使企业经营活动有了内在的经济动力。（2）社会主义市场机制是推动企业技术进步，不断完善经营管理，充分实现时间节约规律要求的重要力量。社会主义市场上，商品价格在国家的计划管理下，可以在一定范围内随着供求状况而围绕价值变动。这样的价值机制，就使那些具有平均技术条件与经营水平的企业得以收支相抵并取得一般利润率；那些具有更高的技术条件与经营水平，在产品中个别劳动耗费低于社会平均必要劳动耗费的企业，就能获得超额利润；而那些技术与经营落后，个别劳动耗费高于社会平均必要劳动耗费的企业，就不能够获得一般利润率，甚至要发生亏损。如果说生产资料实行调拨和固定价格的计划管理体制，使企业不愁产品销路，不虞产品价格的下降，生产的"铁饭碗"取消了推动企业经营完善与技术进步的经济机制，使企业管理工作疲沓，得过且过，成为靠外力来推动的算盘珠子，那么市场上通过价格适应技术进步而降低的机制，就成为强大的经济杠杆。落后就要蒙受经济利益的损失，迫使和推动企业为了降低成本而去不断进行技术革新，改进经营管理，挖掘内部潜力，不断地提高劳动生产率，从而使劳动时间节约规律的要求得以充分实现，成为企业不断完善经营管理的内在推动力。（3）社会主义市场机制，为解决商品供求矛盾，保证生产资料的生产与需要一致，充分实现社会主义国民经济有计划、按比例发展规律的要求与社会主义基本经济规律的要求，提供了灵敏而有效的手段。社会主义现代化大生产越是发展，企业间的专业化协作就越发达，从而生产生产资料的企业间的交换关系就越加频繁与复杂。在技术革命迅速发展的时代，复杂多变的社会生产的需要是国家计划机关事先难以精确计算的。把生产与市场作用有机地联系起来，使生产在一定程度上从属于价值规律的调节，这样就使企业能适应市场不断变动的需求，主动而及时地调整生产计划，生产出更加对路、社会更迫切需要的产品。

综上所述，我们可以看出，不发达的社会主义全民所有制的性质决定了企业生产的商品性质，决定了它的产品交换仍然带有商品交换性质。社会主义全民所有制经济按其本性不是排斥市场流通，恰恰相反，市场流通是社会主义再生产的必要环节和积极反作用于生产的经济杠杆。在生产资料的流通中，价格在一定范围内变动趋向于价值的规律仍然会表现出来，并对生产起一定的调节作用。这也就表明，社会主义全民所有制的生产还不是完全超出与排斥了商品、货币、市场关系的产品经济，而是仍然带有一定的商品经济的性质。

四、要把国家集中的计划管理和利用一定范围与限度的市场经济机制结合起来

计划管理的方法、形式与体制不是取决于人们的主观意愿，而是决定于所有制，决定于生产方式的性质，决定于客观经济规律。在总结我国50年代以来的社会主义国民经济计划管理的经验教训，探索进一步改革计划管理体制的道路时，必须从我国当前社会所处的发展阶段，从社会主义所有制与社会主义生产的性质，从客观经济规律的作

用出发，切实弄清社会主义计划经济的性质与特征。

社会主义计划经济具有下述特点：

（一）社会主义计划经济把国家的集中计划管理与利用一定范围与限度的市场经济机制结合起来

既然社会主义经济是商品经济，还具有市场经济的性质，这就要求社会主义国民经济的计划管理必须适应于现阶段社会主义生产的市场性质与特点。社会主义的生产、交换与分配活动，以及国民经济综合平衡，首先必须适应商品经济固有的规律——价值规律的要求，正确利用社会主义商品经济固有的市场机制。也就是说，要把坚持国家集中统一的计划管理和运用一定的市场经济机制结合起来。

在苏联社会主义计划理论中，长期以来将市场当作是资本主义，视为"自发势力"，将市场机制看成与社会主义计划水火不相容，而在实践上则是建立与推行排斥市场作用的中央集权的集中型的计划管理体制。这一套理论与制度为我国长期袭用，其理论来源于苏联十月革命后长期流行的根深蒂固的社会主义产品经济论。这种理论宣扬社会主义经济是产品经济，否认社会主义生产的商品性质，否认社会主义商品交换与市场，否认价值规律的作用。按照这种产品经济论的要求，人们就会在计划管理体制中推行统一的物资分配和消费品配给，从而破坏企业经济核算，提倡"吃大锅饭"。这种一切权力集中于国家，主要依靠行政手段的计划管理体制，必然会破坏企业的物质利益，挫伤企业的积极性，给社会主义建设带来极大的损害。这种经不起实践检验的社会主义产品经济论理所当然地应该予以抛弃。

但是，在经济理论中摆脱社会主义产品经济论是难之又难。斯大林承认了社会主义生产的商品性质，但是却将商品限于消费品领域，把全民所有制内部交换的生产资料仅视为商品"外壳"。斯大林虽然承认价值规律对消费品的流通起调节作用，但否认这种调节作用适用于生产领域。斯大林的这些论点，实际上是将价值仅视为一种核算工具，否认价值规律对全民所有制经济的生产与交换的调节作用。可见，斯大林的社会主义商品理论实质上并未能摆脱产品经济论的影响。社会主义经济的商品、市场性，决定了社会主义的计划经济只能是在商品经济基础上的计划经济，它实质是国家有意识控制与计划指导下的商品生产、市场交换与分配。商品生产与市场交换的存在，正是社会主义计划经济固有的特征。在共产主义社会，在完全的全民所有制下，在产品生产最终代替商品生产后，市场不再存在，那时的计划经济将表现为社会中央机关有意识控制下与计划指导下的产品生产与分配。在那里，价值规律对生产的调节作用将代之以"劳动时间的社会的有计划的分配，调节着各种劳动职能同各种需要的适当比例"。显然，在社会主义阶段，如果实行排除市场机制的、建立在直接物资调拨基础上的计划管理体制，就使计划管理方法、形式与手段超出了社会经济发展的必经阶段，违反了客观经济规律，这是在计划管理中的"冒进"行为。只有把国家的集中的计划管理与一定范围与限度的市场经济机制结合起来，才能保证计划管理的方法、形式与手段适合于现阶段社会主义社会的性质以及客观经济规律的要求。

（二）要把对国民经济的计划调节与一定范围的市场调节结合起来

在计划管理中，运用一定范围与限度的市场经济机制和市场调节作用，是否会出现经济的自发性？如果存在自发性，怎样来看待它？是否任何自发性因素都与社会主义计划经济不相容？这是计划经济理论中未得到正确解决的问题。社会主义市场是有计划的商品流通，但是商品流通的计划性不是绝对的，与之相关并存的还有一定范围的市场自发活动，它表现在一定范围与一定程度内的自发购销活动和价格自发形成，这正是价值规律发生作用的一种形式。这种市场自发调节作用的结果是引起企业生产适应市场变动的自动调整，引起国民经济一定范围和一定程度上的比例关系的自发形成。这种情况与国民经济的有计划、按比例发展存在着矛盾。如果听其发展、泛滥，不加以限制和调节，就会冲击计划经济。但是，也要看到合理地保存与运用一定的市场机制，与计划经济也有统一的一面。社会主义市场经济是在公有制基础上产生，是在社会主义基本经济规律与有计划、按比例发展规律起主导作用条件下，直接在国家集中管理与计划调节下的有限度的市场经济，它本身不存在资本主义那样的漫无节制、你死我活的竞争，它的自发作用也严格被限制在一定范围。国家通过对整个国民经济活动进行严格的管理与监督，通过价格、信贷、税收等政策，灵活地利用经济杠杆，可以尽可能地减少市场作用的盲目性与自发性，做到利用一定范围的市场自发调节作用，并将它纳入整个国民经济总体有计划发展的轨道。

特别是正确地利用市场机制，才能最有效地处理与调节社会主义商品经济中的矛盾。例如，利用价格的一定的自发变动，才能有效地处理社会主义市场上经常变化的商品供求的矛盾，促使供销的一致。利用价值规律对生产的一定调节作用，保证企业生产对市场状况的适应性，才能有效地处理社会生产与不断变动的社会需求的矛盾，灵活、及时与有效地实现社会劳动在不同生产部门的按比例分配。利用市场机制就能推动企业的技术进步与管理进步，有效处理国民经济发展中的多快与好省的矛盾。可见，在坚持计划调节的同时，运用一定范围的市场调节作用，有助于保证国民经济基本比例关系的平衡，从而有利于促使社会主义国民经济总体的有计划、按比例发展。反之，取消市场机制，依靠行政手段推行中央集权的管理，即使安排制定了各种比例的平衡，由于违反了商品经济的规律，它并不能保证实际经济活动的平衡。恰恰相反，却会引起计划外的生产，商品走后门或黑市等现象，扩大经济活动的自发性甚至出现无政府状态，破坏社会主义国民经济的计划性。在这方面，我们一直存在深刻的教训。

还必须指出，社会主义阶段计划经济的一个特征，是计划的范围与程度的局限性。国家还不能以直接计划来管理与调节国民经济活动的一切领域，而只能直接形成最关键最基本的比例关系。这不仅仅是由于技术上的因素，如现代化计算工具的缺乏和精确统计与协调国民经济分门别类、千头万绪的经济活动的困难等。更重要的是经济的原因，即在社会主义公有制的两种形式下，以及在不完全的社会主义全民所有制下，还必须利用价值杠杆与市场机制，才能妥善地调节不同的社会主义商品生产者之间经济利益的矛盾。因此，在国民经济基本比例关系计划形成的同时，还必须保持某些非基本的比例自发形成。只有在未来社会主义成熟发展和向共产主义过渡，随着商品生产的最终消亡，价值规律对生产与交换的调节作用退出历史舞台，那时社会中央机关的直接计划调节的范围才逐步扩大到更广泛的经济领域，经济活动的自发性才会减少到最小程度，不再成为计划性的威胁。那时，才会真正和完全地实现恩格斯所指出的："社会的生产无政府状态就让位于按照全社会和每个成员的需要对生产进行的社会的有计划的调节。"[1]但是，即使在共产主义计划经济中，也不可能和不需要把自发性驱逐出经济生活的一切领域。例如，在消费品的按需分配中，

---

[1]　《马克思恩格斯选集》第3卷，人民出版社，1972年，第319页。

将为对无限丰富的消费品的按需选择的自由，开辟最广阔的场所。在这个领域，自发性的因素还将存在。可见，把自发性统统等同于资本主义，在社会主义阶段想消灭一切自发性，不容许有任何的"无政府"，把计划性绝对化，是对社会主义社会生产与计划的性质缺乏正确理解而产生的糊涂观念。

在社会主义经济的市场性存在的条件下，经济活动一定领域中的某些自发性是客观存在的。这种一定的自发性与整个国民经济发展的计划性是矛盾的统一关系。人们只能承认这一矛盾，研究这一矛盾发展的规律，并采取措施来正确处理这一矛盾，这就要求把对国民经济的计划调节与一定范围的市场调节相结合，而不能削足适履，因噎废食，因害怕自发性而取消市场调节作用。

（三）要把运用计划管理的行政手段与主要依靠经济手段（包括运用一定市场机制）结合起来

社会主义制度下，代表全体劳动人民与整个社会利益的国家，具有管理国民经济的重要职能，国家要通过有关计划管理机构对于整个国民经济（包括各地方、各部门、各企业）的生产、交换与分配进行周密的调查研究，在此基础上制订统一的经济计划，并安排落实计划，监督计划的执行。这种全面的计划管理离不开运用国家权力与行政手段，离不开体现社会意志的法律、法令、指令等行政方法与手段来对经济活动进行调节。但是，社会主义经济是商品经济，国民经济活动要表现为商品生产与交换，并在不同程度受价值规律的支配。社会主义商品经济存在着一整套价值机构，存在着适应市场供求变化的价格围绕价值变动的市场机制，以及银行的货币信贷机制和财政税收杠杆。国民经济的计划管理，必须依靠这一整套价值机构与市场机制，才能使价值规律有充分发挥作用的场所，才能使社会主义商品经济有计划、按比例、高速度地运转。

苏联中央集权型的计划管理体制，主要依靠行政方法与手段，将自上而下编制的国家计划以命令形式层层下达，直接调节企业的生产、交换与分配。固然计划管理也利用产值、成本、利润、税金等价值形式，但是在产品经济论与生产资料商品"外壳"论的影响下，这种计划管理体制中的价值实质上仅仅是作为核算的工具，缺乏市场机制，从而削弱甚至取消了价值规律对社会主义生产与交换的作用。这种主要依靠行政手段的中央集权的管理方法，超越了社会主义的发展阶段，违反了客观经济规律，它实质上使计划的制订不受价值规律的制约，赋予国家与计划制订者以充分的"自由"，制造人们可以无所不能的假象，这样就不能不为长官意志敞开大门，使计划管理领域唯意志论泛滥，形而上学猖獗，造成计划脱离实际，给社会主义国民经济的发展带来严重的后果。

实践证明，这种依靠纯粹行政方法的管理应当缩小到十分必要的范围，而最大量的经济工作应当由政府行政的范围转入企业经营的范围。企业本身也要尽量缩小纯粹行政方法的管理，扩大依靠经济手段的管理。在社会主义计划经济中，我们必须将运用行政方法与经济方法结合起来，并主要地依靠经济手段。这就要求我们把计划管理置于社会主义商品经济及其固有的经济规律作用之上，自觉地利用价值规律，注意运用一定范围内的市场机制。这样的计划管理才是符合现阶段社会主义生产性质与特点的科学的计划管理方法。

试论计划管理的行政方法与经济方法[①]

在计划管理中，改变单纯依靠行政手段管理经济的方法，把经济手段与行政手段结合起来，充分注意运用经济杠杆来管理经济，这是中共十一届三中全会以来，我们党在总结中华人民共和国成立以来计划管理中的经验教训而制定的重要原则。在当前，为了改革与完善我国计划管理方法，建立起适合我国国情的、具有中国特色的社会主义计划管理体制，对于计划管理中把行政方法与经济方法相结合的问题，进一步地从理论上深入地加以探讨，是十分有意义的。

一、对计划经济要进行新认识

社会主义经济是计划经济。整个国民经济有计划、按比例地发展，是社会主义经济的一个重大本质特征，也是社会主义经济制度的优越性的一个鲜明表现。

社会主义经济机构是由具有相对独立性的、作为它的细胞的

---

① 原载《经济体制改革》1983年第3期。

千百万个企业（在我国当前包括全民所有制的国营企业、集体所有制的企业、各种经济联合体以及作为社会主义经济补充的个体经济）组成的，社会主义的整个国民经济就是这些千百万个企业（包括个人）的自主的生产、交换、分配与消费关系的总和。社会主义国民经济，既然是数量极其庞大的经济单位的各种经济活动的总和，因而它的有秩序、有节奏、按比例的发展，是不可能自然而然地实现的，必须以国家实行计划管理为前提。正是国家通过建立各种用以对经济生活进行管理与调节的完善的组织机构，采用各种有效率的管理与调节方法，才能保证一切生产单位按照统一计划来进行经济活动，从而实现整个国民经济的计划化。十分明显，必须有完善的计划管理，才能实现国民经济有计划与按比例的发展，有如现代工厂必须有控制室的严密的控制与调节，才能实现全厂自动化的生产一样。如果计划管理的方法存在着缺陷，就有如工厂控制室出了毛病，计划管理就会缺乏效率和失灵，计划经济机构就不能正常地和顺利地运转，甚至还会由此进一步促使经济生活中的自发性因素的滋生和发展，并且引起国民经济的失调。因此，许多社会主义国家在改革计划体制中，都十分注意改进与完善计划管理的方法。

社会主义国家的计划管理方法，包括国家采用什么样的组织机构（如是采用行政组织还是采用包括公司、经济联合体等经济组织）管理企业经济和整个国民经济，以及采用什么样的计划管理手段（是采用行政性的手段如命令、指令、法规等，还是采用价格、利润、税收、利息等经济杠杆）去实现计划。如果主要是利用具有国家赋予的强制权力的行政性的管理机构和主要是利用行政的管理手段，就是属于计划管理的行政方法，如果是主要借助于利用经济组织与借助于各种经济杠杆，就是计划管理中的经济方法。我国50年代确立的计划管理体制是承袭苏联的，采用的主要是行政管理方法。它表现在借助于一个自上而下的庞大的行政管理组织和主要地依靠具有强制性的指令性计划来直接地管理企业的生产、交换和分配。人们以为借助于这样的行政手段的直接管理，就能够使社会主义经济有高度的组织性、秩序性与严格的计划性，从而实现全社会范围的按需要生产。但是实践表明，在这种权力过分集中的管理体制与单一的指令性计划的直接调节方式下，由于国家与上级机关管得过多、过死，不仅会产生计划失误，并由此引起生产与需求的脱节，而且更重要的是，这种主要用行政手段大包大揽、一统到底的管理方法，在分配方面必然会引起平均主义和吃大锅饭，严重地挫伤企业和广大职工的积极性，使企业失去活力，造成企业经营管理落后，技术进步缓慢和经济效益低，甚至严重亏损的恶果。实践表明，主要依靠行政手段管理经济的方法，是不适合我国现阶段社会主义计划管理的要求的。十一届三中全会以来，我们在改革经济体制的试验中，在继续采用行政手段进行管理的同时，采用了依靠专业公司等经济组织形式来管理经济；通过对不合理的价格进行调整，实行浮动价格、协议价格等形式，发挥价格杠杆的作用；通过实行利润留成和各种盈亏责任制形式，发挥利润的杠杆作用；通过扩大银行信贷与实行利息浮动等形式，发挥信贷的杠杆作用，等等。由于采用了更多地依靠经济杠杆来管理经济的方法，使企业从过头的行政管理的羁绊中解放出来，逐步具有了相对独立的商品生产者的地位，这样就较充分地调动了企业与职工的经营积极性，使企业的生产与经营更具有灵活性和对市场的适应性，从而收到搞活经济、提高效益和更好地实现产需结合的良好效果。但是在试点中，由于体制改革还缺乏总体设计，其他相应的措施未能跟上，一个完善的经济杠杆体系还未形成和有效地发挥作用，而与此同时，现阶段还不可缺少的行政管理方法的作用又一度有所忽视，因而在经济生活中曾经出现了某些自发性与盲目性，它表现在重复生产与重复建设、市场上一度出现某些商品的涨价风等方面。为此我们又采取了加强国家统一管理，保证国家管理权力的必要的集中和某些领域加强行政领导与管理的措施，特别是加强对基本建设投资规模和消费基金增长的控制，加强基本生产资料与基本生活资料的指令性计划管理等措施。在这种情况下，一些同志产生了这样的模糊认识：似乎前一阶段经济生活中出现的某些"乱"，是由于采用了经济杠杆带来的，似乎用经济杠杆来管理经济，注定要引起经济生活的盲目性和无政府状态。这种认识又导致如下的看法：似乎计划管理中还是应该主要地依靠行政手段和运用行政管理的方法。以上这些模糊认识表明，对于社会主义计划管理的形式，特别是经济杠杆存在的依据、性质与作用等问题，还有必要进一步在理论上加以讨论和弄清楚。

二、计划管理方式要不断革新

应该指出，把依靠行政手段的方法与依靠经济手段的方法结合起来，特别是注意运用经济杠杆的计划管理方式，是与现阶段社会主义经济的性质相适合的，特别是与现阶段我国社会主义经济的具体条件相适应的。

计划管理的方式，不可能听随人意，而是由社会主义经济的性质及其客观经济规律所决定的。社会主义国家实行计划管理，是由以公有制为基础的社会主义生产关系和国民经济有计划、按比例发展的规律所决定的。但是必须看到，计划管理的具体形式与方法是决定于有计划、按比例发展规律发生作用的具体机制，而这一规律作用实现的具体机制则取决于社会主义、共产主义经济的各个发展阶段的具体条件。如在物质技术基础上和生产关系上都高度成熟的共产主义阶段与物质技术上与经济上还不够发达的社会主义阶段，有计划、按比例发展规律作用实现的具体机制就不一样。在消灭了商品关系的社会主义发展阶段与存在着商品关系的社会主义现阶段，有计划、按比例发展规律作用实现的机制与方式也不可能一样。可见，我们不能把计划管理的方式看作是僵硬的与固定不移的，要看到在社会主义社会的不同发展阶段，随着经济条件的变化，计划管理与调节也必然会采取某些新的形式与方法。

马克思和恩格斯由于他们处在社会主义革命尚未胜利的时代，他们曾经论述与设想未来的社会主义是一个高度发达的全社会公有制，那里不仅不存在个体所有制，而且不存在集体所有制，全民所有制的企业也不再存在局部经济利益。在那里，生产物不表现为商品，不具有价值性，从而交换不表现为商品交换。在这种产品经济的高级形态中，价值规律退出了历史舞台，不再对生产与交换起调节作用。假定存在这种没有商品关系的社会主义计划经济，那么，有计划、按比例发展规律就将成为经济的唯一调节器，而且它的发生作用的机制也将摆脱价值规律作用的影响，而以它的原本的面貌出现。在这种条件下的计划管理方式，将表现为：（1）单一的计划调节，而不存在市场调节；（2）直接的计划调节，即由国家（或社会中心）按照科学计算的社会需要而制订的统一的计划，直接地调节产品的生产、交换与消费。这种计划管理方式将无须凭借经济杠杆与市场作用，全社会利益的一致与高度发达的有计划管理手段（包括信息体系），将使国家（或社会中心）对国民经济活动进行直接的和全面的计划调节不仅是可能的，而且也不是困难的。但是世界社会主义革命与建设，并不是如马克思、恩格斯所设想那样，肇始于经济最发达的资本主义国家，而是在资本主义经济发展不足、生产力水平较低的国家开始的。事实说明，社会主义制度下还存在商品生产与交换，价值规律还表现出一定程度的调节作用。在这种情况下，存在着国民经济有计划、按比例发展规律作用与价值规律作用的相互交错。而且，价值规律对于有计划、按比例规律并不是彼此对立、水火不相容的。通过利用经济方法，自觉地与正确地运用价值规律，将对有计划、按比例发展的规律发生作用的机制起着积极的影响。它能有效地完善计划管理的机制，增强计划调节的作用，使计划调节体系表现出更高的效率与强大的威力。凭借这样的计划调节器，才能使极其庞大、极为复杂、存在着许许多多矛盾的社会主义经济大机器的运行服从国家的驾驭、控制与指挥，把它纳入有计划、按比例发展的轨道。

管理中的行政方法是带有强制性的（如直接计划），它是实现计划管理的有效措施。为了切实保证国民经济中某些关键性领域经济活动的严格的计划性，不依靠行政方法是不行的。削弱了必要的行政方法，就会削弱计划经济。行政方法不仅要应用于管理全民所有制领域的经济活动，而且也要应用于某些集体所有制经济的领域，对个体经济的活动也需要实行必要的行政性的管理。我国近年来经济生活搞活以后产生的许多新的矛盾和问题表明，坚持与完善必要的行政管理方法是现实的需要。运用经济方法进行管理（如指导性计划），主要是利用经济利益的引导，依靠企业广大职工从自身的物质利益上对生产的关心，诱导和促使企业按照国家计划要求的方向进行经济活动。这种管理方法，不仅对还存在局部经济利益的现阶段全民所有制领域是适用的，而且最适合于对独立核算、自负盈亏的社会主义集体所有制经济的管理，对于个体经济的生产与交换的管理则尤为适用。特别是，我国现阶段的社会主义还存在着多种经济形式与多种经营形式，把行政方法与经济方法结合起来管理经济，是社会主义生产关系的性质与社会主义的经济规律所决定了的，因而是不以人们的意志为转移的。因此，我们看到，尽管社会主义国家在计划管理中并不是一开始就采用了这种方法，但是，60年代以来，许多社会主义国家所进行的经济体制改革，都采用了上述方法。这种现象绝不是偶然的。

三、行政方式与经济方式要更有效地结合

在计划管理中，为了实行行政方法与经济方法相结合，涉及许多方面，其中的一项关键问题是正确处理指令性计划与指导性计划的关系。指令性计划，是国家运用行政权力与行政手段向企业下达的带有强制性的计划，不论赢利多少，企业都必须按照国家下达计划进行生产。指令性计划是社会主义全民所有制在管理形式上的重要实现形式。全民所有制的国营企业直接地体现全社会利益，又由国家委派领导人员负责管理，因而对它们实行指令性的管理方法，不仅是必要的，而且是可能的。社会主义国家为了确保经济的基本比例关系的协调和发展的计划性，有必要对关系国计民生的重要产品，实行指令性计划。特别是对那些供不应求的重要产品——如我国当前的能源、钢铁、水泥、木材、粮食等——更有必要实行具有行政约束力的计划生产与分配，才能保证重点建设与骨干企业的需要和保证人民基本生活的需要。否认指令性计划的意义，认为可以不顾我国的客观条件，全盘取消指令性计划的观点，是不正确的。但是，指令性的计划管理方式，并不是单纯依靠行政力量逐级向下分配计划指标。为了有效地发挥指令性计划的作用，必须自觉运用价值规律，尽可能做到下达给企

业的计划任务与企业的经济利益相一致。

指导性的计划，是一种用经济方法来进行计划管理的形式。在这种计划管理形式下，国家主要是通过运用价格、利润、税收、信贷等经济杠杆，借助于经济利益关系的调节和引导，把企业的经济活动纳入国家计划的轨道。实行指导性计划，体现了对通过市场机制而起作用的价值规律的自觉运用。在这种调节方式下，国家下达的计划对企业并不具有约束力，企业主要是根据市场状况与自身的条件和利益来确定自己的生产计划。这种计划调节的经济机制中，客观存在着一定程度的市场机制的作用，不过它不是资本主义市场经济中那种自发性的市场机制，而是一种特殊的，由强大的社会主义国家掌握、控制与调节的市场机制。具体来说，就是国家通过掌握与调节市场参数，再通过市场参数的自动调节机制，引导企业的生产活动服从国家计划的要求。如通过适当提高某种供不应求的短线商品的价格，或是相伴以降低税率与扩大信贷等措施，来鼓励与引导企业自动地扩大生产；或者是适当降低某种供过于求的长线商品的价格，或是相伴以其他的经济杠杆的调节，引导企业自动地压缩生产。在实行指导性计划的场合，由于不是通过上级管理部门直接规定企业生产任务，而是借助于企业对自身的利益的关心，用经济杠杆引导企业自主地把它的生产、交换与分配等活动调整得符合国家计划的要求，因而这种计划管理方式能够更好地发挥企业的自主生产的积极性。无疑地，为了管理好独立核算、自负盈亏的集体所有制单位的经济活动，必须运用这种计划管理形式，即使是对于全民所有制领域的经济活动来说，由于全民所有制企业也是具有相对独立性的商品生产者，也要根据条件，充分地运用这种计划管理形式。

在计划管理中，把管理的行政方法与经济方法相结合，并不存在某种固定不变的模式，而是要从各国的具体条件出发。每一个社会主义国家都必须根据自身的经济条件——如物质生产力的水平，地域的广度，各地区经济联系的状况与差别，所有制结构与经营管理形式，计划管理的物质技术条件（包括信息体系的状况）与主观条件，各类物资与消费品的供应能力与需求状况，等等——来正确地划分实行指令性计划与指导性计划的范围，寻找一种与各国的具体条件相适应的，把行政方法与经济方法相结合的最佳形式。

坚持和完善国民经济关键生产领域的指令性计划，是实现这两种计划管理方法的良好结合的前提条件。在坚持国民经济关键生产领域的指令性计划的前提下，正确划分指令性计划与指导性计划的领域，可以采用下列方法和原则：（1）对关系国计民生的基本生产资料与基本生活资料，特别是供不应求的产品实行指令性计划，对于一般物资与一般消费品，特别是那些供求大体平衡的产品实行指导性计划；（2）对于关系经济全局的骨干企业实行指令性计划，对一般企业，特别是中小企业可以实行指导性计划。按照上述方法，用指令性计划严格约束住国民经济的关键部分的生产和交换，经济活动的计划性与基本比例的协调性就有了保证，在此基础上实行指导性计划就出不了乱子。

基于我国经济的现状，根据上述原则来划分两种计划的范围，实行指令性计划的产品是小部分，多数产品与多数企业则要实行指导性计划。这也是符合我们正在进行的经济体制改革的要求的。当前农村家庭联产承包责任制的普遍推行，已使千百万个集体所有制的生产单位成为独立经营的商品生产者；城市国营企业实行利改税和经营自主权的扩大，几十万个国营企业也越来越成为具有责权利、能从事自主经营的经济实体。城乡经济体制与经营管理形式的变革，一方面要求坚持与完善指令性计划，把国民经济活动的关键部分牢牢地管住；另

一方面要求对一般的产品生产领域实行指导性计划，对小商品则实行
不作计划的市场调节，而无论哪一种计划管理形式都要求自觉地利用
价值规律的作用。只有这样，才能使已经实行的和正在实行的一系列
体制改革（包括提高企业素质的措施），能够充分发挥它的成效，增
强企业的活力与主动性，把它们的潜力充分调动起来，进一步提高企
业的经济效益。归根到底，我国日益深入发展的经济体制改革，已经
更加迫切地要求我们在计划管理形式中，把指令性计划与指导性计划
结合起来，把国家对经济自上而下的自觉控制与企业适应市场机制的
自主活动结合起来，真正做到"统而不死""活而不乱"，既充分发
挥千百万个企业的自主活动的积极性、创造性和首创精神，大大提高
经济效益，又有效地保证国家对经济活动的控制，实现国民经济有计
划、按比例的发展。

四、要从体系上构建和完善管理方式

要利用经济方法来进行计划管理，必须要组建起一个由利润、价
格、税收、信贷、工资等构成的完备的经济杠杆体系。经济方法灵不
灵，是否能收到预期的成效，决定于上述经济杠杆体系是否完备，以
及人们对经济杠杆体系是否能有效地加以运用，使它的运行与机制保
持良好的状况。

利润在经济杠杆体系中占有重要的地位。企业利润是销售收入
减去成本与税金的余额。在全面的社会主义经济核算制下，企业纯收
入大部分以税金形式上缴国家财政，其余部分以自留利润形式归企业
支配，作为保证企业独立（相对的）经营的自有基金，用于满足日常
生产与一部分扩大再生产的需要，以及作为职工的补充劳动报酬与福

利的来源。这样的企业基金制度，不仅是为了使企业对它占用的资金负责，促使社会基金的更有效的利用，彻底克服资金占用的吃大锅饭体制中的浪费现象。更重要的是，由于在这种基金管理体制下，通过税后利润的归企业占用，就把企业的物质利益与经营状况联系起来，因而利润就不再仅仅是一个比较企业经济效果的核算范畴，而且是实现企业对一部分纯收入的占用，合理调节国家与企业之间的利益关系的分配范畴。利润的这种性质与作用，就使它成为计划管理的经济工具。在建立起一个完善的国民经济管理体制的条件下，可以使利润杠杆有效地发挥它在社会主义经济中的动力作用。

为了有利无弊或利多弊少地利用利润杠杆的作用，必须有下列条件：

第一，实行完善的盈亏责任制。要把纯收入中上缴国家财政部分以外的余额，以自留利润形式留归企业，由企业自己对盈亏负责，企业的日常生产所需要的资金不再由财政拨付。在我国当前要进一步实行与完善以税代利，根据条件与可能，争取企业在生产与经营上实行相对的自负盈亏，不再在资金使用上吃大锅饭。

第二，要对企业规定合理的留利水平，保证纯收入中国家得大头，实现国家财力的有效集中，另一方面也要做到企业得中头，使企业有必要的财力来满足技术改造和新技术、新产品开发的需要。

第三，建立起一个完善的价格体系和完善的税制，如对固定资产征取占用税和对有利的资源占用征取资源税，以及其他调节税，来排除企业经营中外部因素的影响，使利润成为企业经营状况与经济效果较为准确的测示器。

第四，创造其他的条件，使生产不同产品的企业在正常经营下都能得到同一水准的利润率。

一旦具备上述条件，一般说来，企业为争取更多的利润的努力，将使整个国民经济的效益得到同步的增长。

价格是经济杠杆的重要环节，是用经济方法管理经济的重要手段。由于价格直接关系到企业的收入，价格的变动，通过企业收入的增减，以及企业自留利润的多少，由此影响到企业与职工的经济利益。因此，价格就成为计划管理中十分有效的调节手段。近年来我国调高了农产品及某些工业原料的价格，有效地促进了工农业的增产。特别是某些长期发展不起来的项目，适当调高价格后，生产单位自主地挖掘潜力，增加生产，缓和了市场供求的矛盾。为了有效地实现用经济办法进行管理，必须进一步完善价格杠杆。首先要实行有科学根据的以价格为基础的定价，使各种不同的产品的价格能够反映产品的社会必要劳动耗费，从而使企业的收益能够真正地反映它的经济效果，这样企业与企业之间的交换才能立足于等价的基础之上。而劳动贡献大的企业就能从物质上得到鼓励，劳动贡献小的企业得到的利益也小。

税收杠杆在计划管理中的作用是不容忽视的。税收不仅起着国民收入分配与再分配的职能，而且也是实行计划调节的一种极灵活的手段。由于税收的增减也直接地影响到企业利润的多少，从而影响到企业职工的经济利益，因而国家通过各种税种的设置与税率的合理调整，就能有效地促使企业去增加或是限制某些产品的生产，引导企业的活动去符合国家计划的要求。特别是利用税收来调节各类企业、各种生产的经济利益关系，可以在不变动物价的条件下进行。如在价格尚未调整得合理以前，对定价过高、盈利过大的企业或产品，可以提高税率或开征调节税，对定价过低、盈利少的企业或产品，通过降低其税率，这样，就可以在不牵动更多的相关部门的生产与经营，以及不影响消费者的条件下，使这两种产品的生产者的经济利益关系得到调节。在一个完善的经济杠杆体系中，价格杠杆与税收杠杆必须是各司其职，互相配合。鉴于我国的价格调整涉及面广，是一个极为复杂的工作，需要较长时期才能搞好。因此，更充分注意利用税收杠杆的作用，就有现实的必要，而税收体制的改革完全可以先行一步。

在改革经济管理体制中，我们初步改革了资金管理中的统收统支的吃大锅饭的制度，国营企业固定资产实行有偿占用，流动资金实行由银行贷款，因而企业用以维持简单再生产和实行技术改造的资金，除了依靠自有资金而外，还越来越要依靠银行的信贷资金。在这种情况下，银行信贷就将对企业的生产与交换活动发生重要的制约作用。在银行向某一企业扩大贷款数量或降低贷款利率的场合，企业就能更顺利地实现技术进步和扩大生产规模，从而增加它的生产量和扩大它的商品交换活动。如果银行对企业采取限制信贷的措施，企业就会因缺乏资金而紧缩它的生产与交换活动。可见，有效地运用信贷（包括各种利率）杠杆，通过对银行信贷资金的自觉运用，就能够对微观的企业的生产与交换起到促进或限制作用。此外运用消费信贷还可以调节消费活动，促使市场供求的平衡。总之，信贷在调节生产、交换与消费中，都能发挥十分积极的作用；充分运用信贷杠杆，将使社会主义计划调节的经济杠杆体系，更加完备和更加有效率。

上述计划调节的各种经济杠杆是一个有机体，它们是组成社会主义的经济调节器中的轮轴与纽带。要看到它们各有其发生作用的领域和履行着不同的调节功能。但是，另一方面，它们的作用又是互相交织的，并且表现为相互促进和增强的关系，或是相互矛盾和抵消的"逆调节"的关系。为了有效地调节经济，就必须统筹兼顾，全面考虑，对各种经济杠杆妥善加以安排，注意它们之间的协调，才能充分地发挥经济调节器的效果，实现计划管理的预期的目的。

我国家庭联产承包制
与农村商品生产的发展①

一、农村联产承包化和商品生产的大发展

我国农村正处在伟大的历史性的转变之中，即由自给、半自给经济向较大规模商品生产转化，由传统农业向现代农业转化。商品关系的扩大和发展，是当前每时每刻都正在农村中进行着的深刻变革。我国亿万农民群众，他们的生产热情和劳动积极性，为农业生产责任制所调动，正在废寝忘食地大力发展承包经济中农、林、牧、副、渔各业为市场的商品生产与交换。他们还大力发展商品性的自营经济。这种承包农户的自营经济，不再是传统的集体经济模式下的那种自给、半自给的家庭副业生产，而业已变成了为市场出售的家庭商品生产。此外，在各地蓬勃兴起的乡村工业即社队企业，它是依靠家庭承包制解放出来的农村剩余劳动力办起来的，是农村发展较大规模商品生产

---

① 四川财经学院1984年科学讨论会论文，原载《财经科学》1984年第5期。

的一支重要骨干力量。在那些社队企业获得迅速发展的地方，社队企业的收入已经成为农民收入增长的主要来源。此外，由于党中央及时采取了发展和完善农村商品流通的各项有效措施，包括实行放宽政策，允许农民从事经营商品购销活动，从事短途和长途贩运等，农村的商品流通渠道进一步得到疏通，商品流通得到进一步发展，它由此对商品生产起了有力的积极的促进作用。商品生产大发展，表现在农村出售各种产品的金额，1982年比1978年增加了89.1%，出售农副产品金额增加了98.9%，商品率由51.5%上升为59.4%。

以上情况表明，我国农村正在发生一场普遍的生产与交换商品化的变革，农村经济的那种在很大程度上的自给、半自给的面貌正在发生改变，多年来主要从事于自给、半自给性生产活动的集体农民，现在一下子都卷入了社会主义的商品生产和流通体系之中，成了关心商品价值，关心市场信息，关心经营管理，关心成本核算，关心经济效果的社会主义的联合的商品生产者与经营者，成为当前推动农村生产发展和技术进步的活跃分子和积极力量。农村生产的商品化，可以说是农村联产承包化后，在农村经济中发生的又一次深入的变革，它意味着社会主义合作制生产关系的进一步完善。这一生产的商品化进一步增强了农村社会主义经济的内在动力，健全了它的运行机制，使社会主义农业生产更加充满生机。

我国近年来农业生产全面的、持续的增产，均是与农村商品生产的发展不可分的。商品生产不同于产品生产，在于它不是为生产者自身的消费而进行的生产，而是为市场交换而进行的生产。商品生产存在于前资本主义、资本主义和社会主义诸社会经济形式下，它是为各个社会形态的生产发展服务的。商品性是社会主义生产的一般特性，对于社会主义农业集体所有制的生产，更是带有更加完全的商品生产的特征。社会主义集体经济,是劳动人民自愿联合起来的合作经济,它实行基本生产资料集体所有,产品归集体占有,经营上实行独立核算,自负盈亏,再生产的资金与社员分配依靠集体本身的收入,而不能依靠国家的财政资金。社会主义集体经济是一个具有完全意义的自负盈亏单位,是一个独立的利益主体(共同体),集体所有制的性质决定了它的经济活动必须立足于对自身的利益关心之上,决定了它在与外部进行交换时,必须要考虑价格的高低,要考虑在交换中能否补偿其劳动的耗费,要计算整个生产与交换的利害得失。因此,它的产品不能任意作价卖给对方,更不能无偿地让与他人,而必须按照价值来交换,必须作为商品来对待。可见,集体所有制的性质决定了它必须是一个独立的商品生产者与经营者,保证集体单位具有生产自主权,有经济利益和经济责任,使它能够适应社会的需要、独立自主地进行商品生产与经营,这是社会主义集体经济能够得到顺利发展和表现出它的充沛生命力的重要条件。否认集体经济生产的商品性,对集体单位生产的产品实行调拨,在集体单位的生产与交换中,不尊重价值规律和否认市场机制的作用,总之,把集体经济作为产品经济来管理,就违反了集体所有制固有的性质,并且必然要使集体单位的生产遭受到破坏性的影响。

农业合作化以后要大力发展合作社的商品生产与交换,这也是人们从社会主义国家农业合作化的具体实践中日益得到加深的理论认识。马克思主义的经典作家阐述了通过把个体农民组织到集体所有制的合作社中以实现农业领域的生产资料公有制的英明思想。但是,由于马克思和恩格斯生活在19世纪,当时,在国民经济中还存在着较多个体农民的西欧国家的社会主义革命尚未成熟,因而他们对无产阶级革命胜利后把个体农民组织起来的具体步骤、合作社的具体形式以及合作经济与商品生产、市场等问题并未加以论述。显然，在他们看来，这些问题必须在总结社会主义国家的合作化的实践经验的基础上加以解决。

在俄国十月革命后，苏维埃国家实行了在城乡消灭资本主义生产关系的革命措施，在农村也采取发展"共耕社"（即生产合作）的形式把个体农民组织起来。1918年至1921年，由于帝国主义国家对苏维埃政权进行大规模反革命的武装干涉，特别是由于俄共（布）党在全国范围内实行的消灭商品、货币关系和实行产品经济的方针，在这种情况下，人们对于社会主义农业集体经济组织的商品性是加以否认的。如在余粮征集制之下，当时农村存在的"共耕社"等集体经济组织实际上成为与市场相割裂的自给自足的经济组织，甚至连个体农民经济也失去了它固有的商品经济的性质。事实证明，俄国苏维埃初期的那种对农业生产合作社（即"共耕社"）实行强制性产品调拨的管理方法，破坏了社会主义的物质利益原则，挫伤了广大农民（而且是刚刚联合起来的昨天的个体农民）的积极性，这种情况带来了农业生产减退的严重后果。为了扭转国内形势和迅速地振兴经济，1921年春，在列宁的倡导下，苏联实行了新经济政策，在农村恢复自由贸易，大力发展个体农民的商品生产和交换。列宁总结了苏维埃革命初期企图越过商品生产的发展阶段而直接地过渡到共产主义产品生产的错误，阐述了建设社会主义必须要大力发展与运用商品生产的重要原理，特别是在《论合作制》一文中，列宁设计了一个实行商品生产与交换的合作社（包括从购销合作到生产合作）模式，论述了必须把千百年来习惯于小生产的个体农民，吸引到流通领域的合作，即农产品集体销售和生产资料的集体采购的"买卖机关"①中来。列宁指出，合作社要大力发展对外的商品"周转"②，参加合作社的农民要学会"文明商人的本领"③。显然，列宁是把合作社规定为进行商品生产与交换的集体经济组织，而他也认为这种合作社的商品关系也就是新型的社会主义的商品关系，因为，他指出了："在生产资料公有制的条件下，在无产阶级对资产阶级取得了阶级胜利的条件下，文明的合作社工作者的制度就是社会主义制度。"④在新经济政策时期，列宁不仅仅论述了社会主义国家在对待个体农民问题上，要承认与关心千百年来习惯于小私有农民的"私人买卖的利益"⑤，要通过允许小生产者进行自由贸易，通过市场机制的自发作用来提供对"个体经济相适应的刺激、推动和鼓励"⑥。而且列宁还提出和论证了社会主义合作社（包括购销合作社和生产合作社），也要承认和关心它的作为商品生产者与经营者的利益，也要利用商品关系和利用市场机制的作用，来使社会主义集体的商品生产与经营得到利益上的关心和物质鼓励。

可见，列宁阐明了合作制，一是要采取多样形式，要由流通合作到生产合作，循序渐进地发展。二是合作社要进行商品生产，要与外界发展商品交换关系。可以说，列宁已经是把农业合作化（农民组织起来）与发展商品生产与交换联系起来，这是列宁晚年在农业合作化问题上的重大创新，是列宁对马克思主义的农业合作化理论的重大发展。但是，在苏联的农业集体化运动中，列宁的上述思想并未能得到

---

① 《列宁全集》第33卷，人民出版社，1957年，第423页。

② 《列宁全集》第33卷，人民出版社，1957年，第424页。

③ 《列宁全集》第33卷，人民出版社，1957年，第425页。

④ 《列宁全集》第33卷，人民出版社，1957年，第426页。

⑤ 《列宁全集》第33卷，人民出版社，1957年，第423页。

⑥ 《列宁全集》第32卷，人民出版社，1958年，第207～208页。

贯彻，30年代以来在苏联建立起来的农村经济体制中，集体经济组织（集体农庄）的商品生产与交换未获得充分地发展，农村集体单位的经济活动在很大程度上被束缚于自然经济的运行模式之中，这种情况对苏联农业的发展带来了不利的影响。

把农业合作化与发展农村的商品生产与交换相结合，作为一种理论认识，对我们来说，是经过了许多实践中的曲折才得以明确的。我国在"一五"时期，合作化稳步推进，农村商品生产与交换不断向前发展，农村出售的粮食、经济作物、畜产品和其他产品数量上不断增长，农民能自主地从事商品生产与经营，农民的积极性非常高，农村经济很活。我国农业合作化取得基本胜利后，集体所有制的合作经济占领了农村经济阵地，由于我国农村生产力水平低，社会分工发展不足，合作化基本实现后的农村，除了那些原先商品经济较发达的地区而外，一般地说，仍然在很大程度上保持着自给、半自给的面貌。社会主义集体所有制具有很大的优越性，它能推动农业生产力的迅速发展和促使自给、半自给的农村经济向着交换化和商品化的方向发展，加速分工分业和农业的社会化。这可以从我国一部分农村集体经济单位，经过20多年的发展，在生产增长基础上，提高了商品率和专业化生产取得巨大进展上表现出来。

但是，我国50年代末形成的农村经济体制，和整个国民经济体制一样，是一种高度集权的农村体制。它的弊病是：（1）集体所有制合作经济具体形式还不适当，采取了单一的生产合作的形式，加之以高级合作化发展过快，又推行统一经营、集中劳动、工分分配的不适合我国国情的模式。1958年后，在"左"的思潮下，又进一步并社升级，向"一大二公"的三级所有、队为基础的人民公社体制过渡，进一步导向吃大锅饭与平均主义，这种农村集体经济组织形式，使农民

的积极性受到极大挫伤。（2）对农业实行自上而下的指令性的集中
管理，管得过多、过死，社队集体经济与农民个人的商品生产与交换
受到限制、阻碍与禁止。如对农业生产的广泛领域实行指令性计划，
束缚了社队的生产自主权，在一定时期实行带有强制性的农产品收购
制度（统购）是必要的，但是也存在派购范围太广，农产品价格长期
偏低，对农产品的市场流通限制过死，农村流通渠道不畅通等弊病。
此外，片面地推行"以粮为纲"，搞单一的粮食生产，限制了多种经
营的发展；片面地搞单一的农业生产，限制社队工业、副业的发展，
禁止农业集体单位从事商业经营；搞单一的集体生产，限制农民家庭
自留地和个人经营，限制甚至禁堵农民商品性的个人副业的生产和经
营，等等。上述做法，堵塞了广大社队发展多方面商品生产与交换的
门路，许多社队主要作为商品来生产和交换的粮食，又因粮价偏低，
而生产成本又不断增加，而形成生产得多，卖出得多，亏损得多，
"农业高产，社员减收"的现象，这样就使农民对商品性的粮食生产
失去积极性。正是由于多年来"左"的做法，挫伤了我国集体单位的
商品生产的积极性。延缓了我国农村商品生产的发展，它造成农村商
品生产停滞不前，商品率增长缓慢。1976年前除少数社队（占百分之
十几）而外，大多数社队商品交换的比重没有什么变化，在十年动乱
时期，"四人帮"大肆宣扬发展商品生产就是复辟资本主义，大搞割
资本主义尾巴，取缔自留地，关闭集市贸易，提倡社队自给自足，这
些倒行逆施，进一步打击与禁锢了几百万农村生产队与亿万农民群众
发展商品生产与交换的积极性，它不仅带来了农村万马齐喑的、经济
停滞不前的局面，而且还一度引起农村由商品经济向自给自足性的自
然经济的方向逆转。不少原来商品生产业已发展起来的地方，又重新
退步为自给化生产，一些地方长期从事的传统土特产品生产减产或几

乎绝灭，原来十分兴旺的小集镇逐步冷落和衰败。如甘肃省1977年供销社收购的棉花、大麻、胡麻、黑瓜子、红枣、核桃、花椒、小茴香、椒干、蜂蜡、黄花、木耳、晒烟、棕片、生漆、苇席、蜂蜜等17种农副产品，除了苇席一种超过了历史上最好水平，蜂蜜持平外，其他15种均低于历史上最好水平，棉花、大麻收购数为1958年的1/2，木耳、生漆收购数分别为1956年与1957年的1/3，有的如黑瓜子、椒干甚至仅及历史上最好水平的1/8和1/10。多种经营水平很低，1972年至1977年林、牧、副、渔业的收入仅占全省农业总收入的1/4。由于现金少，全省很大一部分社队社员扣除粮食等折款后基本上没有现金收入。甘肃省这种状况正是在"四人帮"长期破坏下，我国经济实物化的写照。另外，重庆郊区石马生产队有土地231亩，社员283人，人平土地不到八分，多年来由于忽视商品性经济作物，片面强调"自力更生，丰衣足食"，致使该队年年种水稻、小麦、高粱、苞谷、茉莉花、桃子、蘑菇、甘蔗、各种蔬菜等28种作物，每样作物占地很少，加之间杂点种，未连成一片，无法搞机械化，1978年队里买过一台拖拉机，由于不能使用只好又卖了。队里粮食、蔬菜基本自给，由于劳动日值只有三角八分，社员分配收入粮食、蔬菜折款占85%，分得现金很少，购买力低，对社会的依赖性很少，生产队很大程度上保持着自给自足的自然经济状态。这个生产队正是"四人帮"破坏下，从微观来看的我国农村经济自给化的写照。经济的自给化与实物化，是与社会生产力发展的方向与要求大相径庭的，这种趋势必然是劳动生产率低，社员收入增长缓慢和农村长期不能摆脱贫穷。

我国1958年以来，农村工作的经验教训，有两个重要方面：一是在所有制关系上追求"一大二公"，不断变更生产关系，合作经济形式单一（单一的生产合作），集体经济组织形式（高级社，特别是三级所有、政社合一的人民公社）不完善，不适合我国国情。一句话，未找到一个适合我国国情的合作经济形式。二是不重视发展商品生产与交换，没有找到一种适当的宏观的管理方式与微观的经营方式，原有的管理体制把有缺陷的统一经营、集中劳动、工分分配的集体经济组织，禁锢于自然经济的运行机制之中。这种集体经济本来已由于内部结构不完善——平均主义和吃大锅饭——而缺乏动力，再加以缺少商品生产与市场机制（包含着竞争作用）的激励与压力，从而它由此丧失了活力与生机，不能以一个能动的、活跃的商品经济细胞来发挥作用。农村基层单位的活动功能的萎靡不振，必然导致农业生产增长的缓慢和农村商品生产发展的踏步不前，甚至在一定条件下，例如在自然灾害引起的农业严重歉收和极左做法对农业生产的破坏下，还会使农村自然经济的传统秩序强化。

党的十一届三中全会以来，党中央首先在思想政治路线上拨乱反正。在商品生产问题上，批判了"四人帮"的混淆社会主义商品生产与资本主义商品生产的界线的"商品生产是资本主义的温床"论，恢复了建设社会主义要充分地运用商品货币关系的马克思列宁主义的一般原理，并且在总结国内外社会主义建设的经验教训的基础上，特别是在总结我国社会主义建设的正反两个方面经验的基础上，进一步从理论上明确了社会主义制度下还存在商品生产，制定了必须在公有制基础上实行计划经济，同时发挥市场调节的辅助作用，大力发展社会主义的商品生产和商品交换的基本方针。更重要的是十一届三中全会以来，党中央采取了一系列进一步发展和运用社会主义商品关系的方针。（1）我国城市全民所有制的国营经济的体制改革，是从扩大企业自主权开始的，这一改革实质上是赋予国营企业以相对独立的商品生产者的地位，使它们能够在国家计划的指导下，进行自主的商品生产和自觉地运用市场作用。（2）在农业生产上改变了过去单一地从事粮食生产的片面做法，提倡发展多种经营，恢复和发展集市贸易，进一步扩大社员自留地，允许和鼓励社员发展个人副业和支持社队企业的发展，这一切均是旨在扩大农村的商品生产与交换。（3）最具有决定性意义的是家庭联产承包制这一农业生产责任制的推行，使我们找到了与我国国情相适合的社会主义农业的组织形式，它开拓了我国农村发展社会主义商品生产与交换的广阔道路，这一集体所有制的合作经济新形式一旦出现，就带来了我国农村商品关系蓬蓬勃勃地大发展的新局面。

联产承包制乃是一种具有中国特色的、适合于商品关系的发展的合作经济新形式。

第一，家庭承包制使承包农民有对农业基本劳动手段的更充分的支配使用权。承包制使土地所有权与占用权相分离，农民在承包期（15年或更长）以内可以在土地上进行独立自主的生产与经营，但不得从事制砖、造坟茔、修房等破坏土地的活动。此外，农民个人可以购置与占有生产资料（从中小农具、耕畜到拖拉机和汽车、船舶、运输工具等），这种对重要农业生产资料的归家庭占用和占有的形式，赋予了我国亿万农民家庭以自主的商品生产者的地位，同时，它又使农民家庭有了用以发展商品生产的物质条件。

第二，家庭承包制在经营上实行统分结合、以分为主。这种双重经营形式赋予农民家庭以自主的经营主体的地位，农民在生产上拥有充分的自主权。他们可以在完成承包任务前提下，因地制宜，根据自身条件，根据市场需要，自主地生产与经营（包括从事长途、短途贩运等商业活动）。

第三，承包改变了分配的形式。"上交国家的，留够集体的，剩下就是自己的", 在这里, 平均产量范围内按规定提留, 超过平均产量以上的增产部分全部归农民家庭占有, 农民在生产中的物质利益得到清楚的和精确的表现, 因而, 它大大调动了农民进行商品生产的积极性。

第四, 生产队和承包农民拥有市场交换的自主权, 完成统派购任务以后富余的产品均可以在集市出售。这种市场交换的自主权是集体和农民家庭成为真正的商品生产者的必要条件。

总之, 家庭联产承包制, 通过对原先农村集体经济的占有方式、生产与经营方式、分配方式、交换方式的改革与调整, 把生产队集体, 特别是亿万承包农户都变成了责、权、利相结合的商品生产者与经营者。这样在农村中出现了一种双重的商品生产组织结构, 即包括集体(生产队)和家庭商品生产两个层次的崭新的社会主义商品生产组织, 这种社会主义联合的商品生产者既能发挥集体单位的统一经营的商品生产的积极性, 又能充分调动农民家庭的商品生产的潜力和积极性。农民不仅由集体的商品生产与交换得到利益, 而且又能直接由家庭的商品生产与交换得到利益。因此, 家庭承包制不仅仅是把个体农民组织起来的社会主义合作经济的新形式, 而且也是具有中国特色的农村社会主义联合的商品生产者的新形式, 这种集体商品生产的组织结构, 是保证农村商品生产最迅速地发展的经济基础。家庭联产承包制的出现, 使我们终于找到了推动我国农村商品化的最适当的经济形式, 再加以党中央又及时地在计划管理、价格、商业流通、税收等体制上实行了适应家庭承包的变革, 解开原先捆绑着集体单位和农民的手脚的各种各样的束缚, 使农村合作经济的商品性质更加完整, 这样, 广大农民群众发展社会主义商品生产的积极性一下子就涌现出来。在我国广阔的农村就有了亿万承包农民发展商品生产与交换的热潮的兴起。而且, 农村商品生产的发展, 正方兴未艾, 进一步向纵深发展，汇成不可抗拒的潮流，成为推动我国农业振兴的强大动因。

为了进一步促进农村商品生产的发展，在当前，一要进一步坚持与完善家庭联产承包制。完善承包制度，要防止加重农民负担，维护承包人的合法权益，加强承包者的商品生产者的地位。此外，要通过承包期的延长，进一步实行所有、占有的分离，使农民对土地有更长期的占有权，以鼓励承包者从事改良土地和从事开发性活动的积极性，还要实行土地转包和允许招用一定数量的帮工，使家庭生产具有适当的规模，能进行更有效、更经济的较大规模的商品生产与经营。二要进一步实行计划管理体制、流通体制、价格、税收体制等宏观领域的改革，完善对农村商品生产与交换的起动、鼓励、调节的机构和各种杠杆（如健全各种商品市场、健全和扩大农村银行信贷网、建立完备的税收制度、信息体系的建立与完善，等等），以形成一个服从于国家的计划指导的十分灵活的社会主义农村商品经济自动运行的机制（包括允许劳力、技术、资金、产品的自由流动和承包地的转移），这种机制既要保证国家对农村经济活动能实行有效的计划指导，又要使集体单位和承包农户的商品生产与交换能够不受抑阻地进行。

总之，要以有利于农村的较大规模的商品生产与交换来进行家庭承包制微观的调整（即上述的第一个方面）和宏观的承包经济的完善和调整（即上述的第二个方面），这是促进我国农村商品生产进一步发展的重要条件。

二、由自给、半自给经济向较大规模商品生产转变是我国社会主义农村经济不可逾越的必然过程

家庭承包制带来的商品生产与交换的迅猛发展，使农村的自然

经济秩序受到巨大冲击而进一步解体，我国农村正处在一个历史性的转变之中，即由自给性、半自给性经济向较大规模的商品生产的转化（简言之，农村经济的社会主义商品化），如果说，这个转化在农业合作化基本胜利以来在我国就已经逐步开始，但是只是在十一届三中全会以来，特别是在实行家庭联产承包制和贯彻1983年中央一号文件以来，这个转化才真正地迈开了脚步。

以上我们基于社会主义集体所有制的合作经济的商品性，特别是从家庭联产承包制的特点，论述了农村商品生产与交换发展的必然性。在这里，我们要从传统的、自给半自给的农业向现代化社会化农业转变，来进一步阐明农村发达的商品生产是我国社会主义农村经济发展的必然阶段。

对于像我国这样的原先经济十分落后，小农经济有如汪洋大海的国家来说，建设社会主义新农村，包含农业合作化与生产社会化这双重任务。农业合作化在于把农业中的个体私有制生产关系改造为社会主义公有制生产关系，农业的社会化在于把原先的以手工工具为基础的、技术与生产方法落后、生产率低、以自给自足为特征的传统农业，改变和转化为社会化的现代农业。前者是对农业的社会改造，即生产关系的变革，后者是对农业的技术改造，是物质技术、劳动方式的变革。第一个转变是在农业社会主义改造中基本完成的，而第二个转变则是始于土改后，与合作化并行发展，而且合作化后还要继续进行下去，要经历一个很长的发展阶段才能完成。为了顺利地实现农业生产社会化，必须大力发展农村经济的商品化。

传统的农业是以社会分工不发达、缺乏专业化、生产单位内部小（规模）而全（门类）为特征。如传统的小农家庭，除了自己不能生产的铁器农具如犁、镰刀等需要由与外部进行交换来满足外，几乎要生产自己所必需的大部分的生活资料和生产资料，如生产粮食，纺纱、织布、做衣服和自制锄把，自编筐、篮、晒席等。这种传统小农经济是自给自足的经济，"男耕女织"是我国战国以来至近代中国小农经济自给自足性的写照。

传统农业是一种孤立的、封闭式的经营。在生产单位内部，例如农民家庭内部，人们从事各种各样的不同操作（农业——种地，副业——喂猪，手工业——纺纱、织布、染色、缝衣），没有农、林、牧、副、渔各业的社会分工和专业化，农民的劳动不是为了他人，不是为了市场，而是为了满足自己家庭的需要，这是一种孤立的、私人的劳动，它和分工、分业的专业化条件下的社会化劳动不同。这种自给自足性农业生产是不依赖于社会而进行的，人们自己供应自己，互不依赖，互不交往，很少有相互间的活动交换，他们之间"鸡犬之声相闻，老死不相往来"，是一种封闭式的生产，与现代农业中生产单位与外部互相密切交换活动的社会化生产根本不同。

以劳动的孤立性、生产的封闭性和自给自足性为特征的传统农业，是一种十分落后的劳动方式，它是以技术上墨守成规，劳动生产率低下和简单再生产为特征。这种传统农业，甚至经历几百年、几千年，在生产技术上，在劳动方法上从而生活方式上，都保持原来的样子而很少有变化。经济发展的停滞不前，必然也会使社会进步缓慢，正像马克思所指出的亚细亚社会那样，长期保持某种"静止的状态"，这种经济即劳动方式的落后性，也是农民贫困的物质根源。

如果说欧洲中世纪漫长的年代，农村一直保持着传统的自给自足的农业面貌；那么近代资本主义，开始了传统的自给自足的农业向商品性农业的转化。资本主义首先把工业变成发达的商品经济，然后商品关系进一步渗透于农业领域，使自给自足的农业经济解体。资本主义大工业向农村推销廉价的消费品，破坏了农村的家庭工业，大工业在乡村收购农业原料，把自给自足的农民经济变成市场的生产，再加以资本主义农场，在竞争下实行分工分业，与工业领域一样，在农业中专业化生产不断发展。分工是商品生产的必要前提，它的发展必然引起商品生产与交换的发展，即经济的商品化。当代资本主义农业中分工越来越细，因而生产品中作为商品交换的比重越来越大，自给性比重越来越低，对于生产小麦的农民来说，甚至连面包也是以商品形式来购进，对于生产棉花的农民来说，自己从不制作衣服。因此，社会分工、生产的专业化和商品经济的发展，把农业中这个自给自足经济最牢固、保持得最久的王国彻底摧毁了。

从资本主义农业发展史来看，农业的商品化是与生产社会化和农业现代化并行的。商品经济所固有的市场机制和竞争，决定了产品以廉取胜，它推动生产者革新技术，采用机器和各种现代技术，完善经营管理以降低成本，由此推动了农业的机械化和现代化。农业中分工与专业化的进一步发展，专业化农业在区域性的集中，使农业越来越转变为现代化的资金密集与技术密集的大生产，转变为有很高的商品率的大规模商品生产。

美国全国农场自己消费的食物1951年最高时价值23亿美元，现在减到不足此数的1/3。现在99%以上的农产品用于出售，农家自己也多数从市场买回经过加工的食品。销售农产品的现金收入从1950年的285亿美元增加到1977年的950亿美元。农业生产率和商品率的提高，又使每一个农民所生产的产品除供本人消费外，另外供养的人数增加。1820年可供养4人，1920年可供养8人，1950年可供养16人，1977年可供养59人，其中，农产品销售额在1万美元以上的专业农场，一个整劳动力生产的产品，可供养200人。与此同时，农业也愈加专业化、现代化。例如，1825年美国出现第一台棉花播种机，1910年全国有1000台拖拉机，畜力在农用动力中占75%以上，到1977年全国有农用拖拉机438万台（园艺拖拉机89万台除外），谷物康拜因及玉米收割机122.4万台，农用卡车317.9万辆，农用飞机1万多架。[①]

法国、联邦德国、日本等国家也经历过这种发展进程。

以上我们所作历史的追溯表明：资本主义商品化使农业领域实现了资本主义社会化，使自给性的、传统的农业转变为商品化的现代农业。社会主义制度下，还存在商品生产，社会主义商品生产是为社会主义建设事业服务的，对于那些经济不发达的社会主义国家来说，大力发展农村的商品生产与交换，对于改造农村的自给、半自给性的传统经济结构和劳动方式，推动农村生产力的迅速发展和农业的社会化，将起着十分重要的作用，也就是说，农村的社会主义商品化乃是农业社会化的必经阶段。但是，对此，我们多年来在理论上是模糊不清的。在社会主义建设中曾经长期流行一种自然经济的思潮，这种思潮否认社会主义制度下发展商品货币关系对社会主义现代化建设的积极作用，也否认农业领域大力发展商品生产与交换对农业现代化的积极作用。在这种农业自然经济论的思潮的影响下，人们不是去完善农村商品经济的机构，去加强集体单位的商品生产者的地位，去提高与改善它们从事商品生产的能力，去疏通商品流通的渠道，而是采取了一整套管理产品经济的方法，采取了种种限制、堵塞集体单位的自主的商品生产与交换活动的措施。这样，在农村就人为地建立起一个产品经济的运行机构，并以之来规定合作化后农村的集体经济活动。这

---

① 参见中国农业科学院科技情报研究所编：《国外农业现代化概况》，生活·读书·新知三联书店，1979年，第5～6页、12～14页。

种情况最鲜明、最集中地表现于苏联30年代至50年代初的农业经济领域。我国传统的合作经济模式与1958年以来的农村管理体制基本上是承袭苏联的，特别是1958年以来，在"左"的影响下曾刮起否认商品生产、货币交换的共产风，此后，"文化大革命"中"四人帮"又进一步批判所谓"复辟资本主义"的商品生产与商品交换，并采取各种破坏商品经济的极左的做法。因此，合作化以来，在很长时期内，我国农村的商品关系未获得应有的发展，计划经济为主体之下的市场调节未得到有效的运用，商品经济所固有的价值（价格）、货币、盈利等杠杆没有发挥应有的作用，商品生产对于农业的社会化和现代化的积极促进作用没有得到充分发挥。

由传统的自给、半自给性的农业向现代农业的转变，首先开始于农业领域的分工、分业，开始于农业生产单位内部的小而全的生产转变为专业化分工，这一转变是由农村的商品化来起动与推动的。由于生产单位内部的小而全一揽子的生产，转化为专业化农业（一业为主，或只从事某一项生产活动，例如或种植，或养殖，或从事林业，种植业中或只种粮食或只种经济作物，粮食中有的地方只生产水稻，有的地方只种大豆，有的地方只种小麦，养殖业中或专门养猪，或专门养鸡，或专门养鱼，等等）。这种分工、分业是劳动组织的一个变革，分则专，专而精，它由此能够发挥与提高生产者的技艺，能够进行精心管理（对农业生产特别必要），能够因地制宜，从而大大提高地力的运用。因此，专业分工，使劳动者与生产资料能够形成一种最佳、最有效的结合，从而大大提高劳动生产率。分工、分业意味着孤立的劳动变成社会结合的劳动，这种劳动社会化本身就是生产力的大提高，是由传统农业向现代农业转变中的具有重大意义的一步。即使是在社会主义制度下，这个转变的完成也是要依靠商品经济的力量，要依靠生产单位为市场的商品生产的积极性，要靠商品生产条件下专业化分工实现的经济利益来推动。正是由于专业养鸡比小而全的家庭生产能从交换中带来利益，才推动农民主要从事养鸡，甚至放弃种植业而成为离土不离乡的真正的养殖专业户。如果农村保留一种产品经济的体制与运行机制，在那里，农产品不能顺利进入市场流通和得到商业利益，那么专业化生产将得不到利益的鼓励，甚至还会造成经济的困难与损失。例如，一个生产队从事专业的粮食生产而不种植油料作物，他就吃不到更多的油（食油是统购统销的），从事专业养猪，也会因猪养得多而遭受卖不掉的损失。这种情况，不久以前在我国农村经济生活中还是屡见不鲜的。可见，不实行农村的商品化，就不能顺利地推进农业的社会化和现代化，就不可避免地要抑阻农村分工分业的发展。我国农村合作化以来，分工分业和专业化生产在某些地区是有发展的，但农村总的说来分工发展缓慢，农村经济的自给半自给性质未根本改变，这种情况与农村商品化发展不足有关。而另一方面，在实行家庭联产承包后，在农村商品生产和流通大大发展的情况下，由于农村的商品经济机制的起动，实行分工的经济利益，一下子推动了广大承包农民和生产队去大力因地（土地与气候条件）、因人（农民的劳动技巧与专业知识）、因条件（市场、交通等状况）制宜，实行分工分业。我们看见，近年来农村迅速地出现了一批专业户与重点户，在有些地方出现了专业村，地域性的农业专业生产也迅速地发展起来，多年来趋于衰败和几乎绝灭的某些土特产品和传统的手工业产品的生产又迅速地得到恢复，农村分工分业和农业生产专业化正日益向广度和深度发展。我国农村近年来分工分业取得迅速发展的事实证明了在社会主义制度下，商品生产也仍然是促使农村由孤立的、封闭式的生产转化为社会化的生产的重要杠杆。

农业的社会化，除了发展分工分业，实行劳动组织的变革而外，还要对农业的物质基础进行改造，要运用先进生产技术（包括农业机械化）和先进农艺，实行科学种田，即实现农业的现代化。农业的现代化，也需要由农村的商品化来促进。

我国在合作化基本实现后，对农业进行技术改造，实现农业机械化和现代化成为农村工作的首要目标。但是，如何实现机械化与现代化，要采取什么样的方法、步骤和重大政策措施，曾经经历过长期的摸索，在这过程中也曾经发生过一些曲折。我们大力建立与发展了农机工业体系，生产了不少拖拉机，并且打破了苏联的框框，把拖拉机作为商品卖给社队，来加强农村社队的农业机械装备。由于社队积累少，购不起大型拖拉机和其他农业机器，我们采取国家财政扶持，但是毕竟不能由国家资金来实现集体农业单位的机械化。我们曾经设想大力发展全盘机械化的国营农场，以解决我国商品粮的生产和供应，但花钱太多，要几百万美元才能装备一个农场，因而建立机械化的国营农场，对农业机械化与现代化只有示范的意义。对于广大农村社队，机械化只能逐步地进行，例如首先推广手扶拖拉机及其他初级机械化农具。但是，在传统的农村体制下，农村商品经济机制不灵，缺乏商品生产与经营的利益与鼓励，因而造成拖拉机及其他农业机具使用不当，保养不善，效益不高，甚至普遍出现增加生产成本，减少社员分配收入的情况，社队对农业机械化由此缺乏兴趣，不少地方出现铁牛变死牛的现象。而另一方面，农机工业也出现了生产过剩的现象，甚至五马力手扶式拖拉机也一度缺乏销路。合作化以来，我们曾经下大力气和坚持不懈地提倡和推进农业机械化，但效果远远不够理想，农业机械化发展缓慢，除了"文化大革命"十年动乱的干扰外，最重要的原因在于缺乏激励集体单位自主地革新技术、使用机器的经济机制。而在十一届三中全会以来，特别是在农村联产承包化和商品生产大发展以来，农民成为自主生产与经营的商品生产者，他们的生产与经营处在商品经济机制及其规律的激励、推动和磨炼之中，农民要得到经济利益和避免经济损失，必须减少劳动耗费和降低成本，他不仅要依靠分工，而且更重要地要依靠使用先进的劳动手段和科学的生产方法。因此，商品生产激发了农村自觉的农业技术革新，购买与使用拖拉机、汽车、机动船舶的农民越来越多，广大农民竞相钻研与积极引进与他们的财力和技能相适应的技术，多年来农村中技术革新缺乏动力的情况一下子改变，出现了几亿农民学科学、用科学和使用先进技术的热潮，实行机耕，用科学方法种植、养殖，用机动工具运输的农民的家庭农场已经纷纷在各地农村出现。

综上所述，我们看见社会主义商品关系（包括市场作用），乃是促使农业中的分工、分业，调动农民从事技术革新的自觉积极性的强大经济杠杆，是社会主义农业社会化不可少的重要经济动力。农村联产承包化后，农村商品经济运行机制的不断完善，农业经济终于获得了这一强劲的经济动力，我国农村才真正开始了由以手工工具、手工劳动、畜力动力为特征的传统农业，向使用现代劳动手段和科学方法的现代农业的历史性的转变。

农业的现代化必须从我国的具体条件出发，不能照搬他国的方法。我们是社会主义国家，目前尚不能推行美国式的那种资金、技术密集型的现代大农场，不能采用那种大量工业物质投入型，即石油浇灌的农业生产。我国有自身特殊的国情，也不能照搬苏联的大规模集体农庄加康拜因的现代大农业生产的模式。我国农业现代化，不能采取先扩大集体单位的规模，通过并社，由小社——大社——更大的人民公社，实行大规模集中劳动，再进行技术改造，依靠国家财力投入新的现代劳动手段的方法。近年来我国农业的新发展，已经指出了一条中国式的农业现代化的道路，即在家庭联产承包制的集体与家庭双重经营结构下，依靠集体，特别是依靠农民家庭自身力量来扩大现代科学技术使用（包括机械化）的农业现代化的道路。看来，我国农业的现代化，在很长的时期内，主要地将是在家庭承包经营基础上，通过适当扩大生产单位规模（通过土地转包），实行家庭的集约经营和逐步充实新的劳动手段。例如，通过建立与发展数十亩地的家庭承包农场作为核心层，以及建立各种形式产前、产中、产后联合经营作为中间层和外层的家庭农场体系。同时，充分地实行专业化生产和充分运用先进技术。

在这里，特别重要的是依靠家庭承包经营者在商品生产中调动起来的积极性，来逐步地扩大农业积累和使用现代化劳动手段和科学技术。农业出现的各种新的集体所有的经济联合体，也要在发展商品生产的基础上，来进行积累和逐步地采用新技术。

可见，发展农村的商品生产与交换关系，健全与完善农村的有计划的商品经济机制，是我国现阶段农业生产力发展的需要，是打破束缚生产力发展的自给、半自给农村经济结构，发展社会化的现代农业的需要。既然商品关系在农村的发展、扩大，完全是生产力的要求，这也就表明，发展商品生产，绝不是一个权宜之计和暂时性的措施，而是我国社会主义农业发展过程中的一个不可超越的阶段。因此，每一个经济工作者，特别是农村经济工作者，都要有下述清醒的认识：在我国社会主义的一个很长的历史时期，农村商品生产不是要很快地消亡，而是要进一步向纵深的方向发展，发达的商品关系将是我国发达的社会主义农业的必要的特征。因此，不仅在今天我们要大力发展商品生产，要采取各种措施促进农村由自给半自给经济到商品生产的转变，而且在今后很长的历史时期内也要继续坚持发展商品生产，以促进由传统农业向现代化农业的转变。

三、专业户是当前农村发展商品生产的骨干力量

（一）农村商品生产的发展与专业户的兴起

实行家庭联产承包制和发展农村商品生产，必然引起农业生产的专业化趋势，它首先表现为专业户的出现。而农业生产专业化的进一步发展将表现为专业户的增长与地区集中，从而出现专业村、专业镇，这种发展趋势已经日益明显地在我国经济生活中表现出来。专业户，包括承包专业户和自营专业户，前者是向集体承包从事某一项或几项专业性的生产（如承包土地种植、牲畜饲养、果园、山林、鱼塘、药材、花木等），后者是农民运用他的家庭剩余劳动力和家庭自有生产资源（包括自留地）自行从事某种独立的农业或家庭副业的专业生产。专业户的产品主要是以商品形式对外交换，更主要是在市场出售（除一部分采取加工订货外）。因而，专业户的生产与经营本身是以农村的商品关系、以市场的发展为前提。

专业户是实行联产承包后，出现在我国农村经济中的新鲜事物。它的产生和兴起对我国社会主义农业的发展有着极为重要的意义和极其深远的影响。目前，专业户在全国约有368万户，约占全国农户的10%，四川省的专业户约占四川总农户的11%，成都地区（市）专业户（重点户）已由1982年的162346户，增至1983年的247596户，增加了52.5%，占农户的16.4%。其中有的专业户年产粮食2万斤以上，有的产果4万斤以上，有的饲养与出售肥猪百头以上，有的养蜂百群，有的每年饲养与出售鸭4000～5000只，有的每年出售兔子千只。如：灌

县幸福乡养猪专业户周道华，全年交售肥猪112头；龙泉区界牌乡界牌村妇女主任、养鸡专业户曾金秀，全年交售商品鸡1320只，蛋2000多斤；金牛区营门口乡奶牛专业户江国富，养奶牛8头，3头产奶，全年提供牛奶3万多斤；大邑茅金乡养鸭专业户熊进淘全年提供商品鸭3100只，小鸭10.5万只；鹤鸣乡养兔专业户岑吉英全年交售兔子1055只，小兔1257只；蒲江霖雨乡果树专业户邓仪先，全年出售柑橘4.2万斤。成都市的专业户目前已由种植业扩大到其他各个领域。1983年专业户在各业中的比重，种植25.4%，养殖36.3%，编织6.2%，加工6.8%，建材6.8%，商业服务5.5%，交通运输5.6%，采集0.7%，文教0.2%，其他6.5%。一些专业户开始从事开发性生产，1983年造林专业户达到1900户，造速生丰产林28900亩，每户平均14.5亩。不少地区出现了专业队、专业材、专业片。双流县494个村中已有72个村，4015个队中有229个队分别形成了养殖、种植、编织、加工、缝纫等的专业生产。双流五岔村有129户加工卤鸭，1983年出售100万只鸭，向国家出售鸭毛12.5万斤，收入50万元，每户平均收入3870元。郫县安靖乡林湾村，有175户扎帚帕，1983年大队净收入30多万元，每户平均1700元，其中万元户有15户。崇庆县的道明乡、怀远乡则分别形成了集中从事竹编和藤编的专业乡，从事竹编业的数十户100余人发展到1983年的3136户11 076人，分别占全乡总户数的63.1%，总人数的54.4%；主要从事竹编的村有12个，占全乡村数的86%。该乡1983年竹编产值已占农、副、工产值的60%以上。另外，各种专业性的市场也开始出现。

专业户是当前农村新生产力的代表，是农村发展商品生产的骨干力量。它具有下述特点：

第一，商品率高。专业户与一般农户不同，在于它不是"小而全"，而是"小而专"，主要从事某一项或几项农副业生产与经营，利用分工这一社会生产力，提高了劳动生产力，它生产与提供到市场的商品量大，从而商品率高。从全国来看，专业户商品率一般在70%左右，高于一般农户数倍。金牛区圣灯乡专业户商品率高达90%以上。邛崃县桑园乡粮食专业户刘本为承包耕地18亩，一户就提供商品粮15 100斤。

第二，收入增长快。专业户收入增长较一般农户快。商品率的提高与农民收入的提高是成正比的，商品率高的专业户收入增长得快。大邑县专业户代表412人，人均收入1982年为1276元，1983年为1484元，增加了208元，增长了16.3%，而全县人平收入为550元，高于一般农户1.7倍；人平净收入1982年为778元，1983年为865元，增加了87元，增长了11.2%，而全县人平净收入为370元，专业户收入高于一般农户1.34倍，总收入和净收入都高于一般农户一倍以上。一部分专业户，依靠自己的勤劳，收入增长更快，其中万元户不乏其人，他们的物质生活条件有了显著的改善，成为农村勤劳致富的带头人。

第三，提高了文化水平和钻研科学技术的积极性。许多专业户本来就是农村的能工巧匠，家庭联产承包后使他们的技艺与生产知识有了用武之地，他们积极地钻研生产技术和努力学习文化科学知识，而且专业化生产进一步促使他们的劳动熟练化和智力化，因而专业户中一批农业生产能手和农业科技人才，如番茄大王、养鱼能手，养猪、养兔专家等正在各地不断地涌现出来。他们不仅依靠家庭劳动投入的数量，而且更主要地依靠他们劳动的质量，依靠个人的劳动熟练与技巧，依靠他们掌握的科学知识（包括我国传统的农业技术与现代农业技术），即依靠熟练劳动与智力劳动的生产力而夺得高产。他们身上开始表现出我国现代农业生产方式所需要的劳动力的素质与特征。

第四，革新农业生产的物质技术条件的先行者。专业户之所以能够有较大的产量和很高的商品率，不仅在于勤（投入的劳动量）和巧

（劳动的熟练与技能），而且还在于他们业已开始革新生产的物质技术条件和使用较先进的劳动手段。如：种植专业户已经开始使用拖拉机、脱粒机等农业机具和汽车运输；养殖业的专业户，如养鸡专业户已经开始使用现代的鸡舍，自动给水，电灯照明和现代的饲养方法；糕点专业户使用电气烤箱；运输专业户更是使用自己的汽车及机动运载工具。专业户对他们的农业机具，注意使用得当，注意保养维修，使机器充分发挥其效力，收到降低生产成本和给农户带来利益的切实成效。当前，一些专业户的商品生产规模的扩大与收入的增长，就是这种物质技术条件的提高与变革所带来的。这里，我们看到，专业户起了农村的技术革新和劳动手段的现代化的带头人的作用。

第五，新的经营管理方法的采用者。专业户主要从事为市场的商品生产，他们的生产与经营的状况与市场密切相关，并且要在很大程度上受到通过市场起作用的价值规律的调节，市场作用的激励与压力，推动和促使他们去积极地掌握市场信息，学习文明的经营管理，学会适销对路地组织商品生产与组织商品销售，进行家庭经济核算，节约开支和降低成本，他们成为积极学习和采用社会主义的现代商品性农业的经营管理方法的一代新农民的先驱。

第六，共同富裕的带动者。社会主义制度下的专业户（这里指承包专业户）本身就是社会主义合作经济的成员，他们是社会主义的劳动者。承包专业户与一般承包农户之间，是一种社会主义的共同劳动关系。专业户的收入增长较快，一般来说，是由于他们增产更快，而这又是来自他们投入生产的劳动的数量与质量。我们看见，专业户的劳动时间较长，劳动强度较大，劳动的熟练程度和技能水平也较高，因此，他们收入较快增长体现了勤劳致富，专业户这种通过勤劳首先致富不仅不和广大农民的走向富裕相矛盾，而且应该说，正是这一些人先富起来成为农村普遍富裕的带动力量。具体地说，专业户通过他们的发挥社会主义互助精神，通过积极传播生产经验和科学技术知识，带动更多农民去革新生产技术，改进生产方法，提高劳动生产率，起了带动一大批人的生产更快发展，收入更快增长的作用。许多专业户都是应用与传播自身的生产经验和科技知识与新的生产方法的积极分子，如温江番茄大王张文康亩产番茄10吨，他向其他农户传播高产经验，在他的指导下许多农户获得增产。这种带动人们走向共同富裕的事例越来越多。专业户除提供技术协助外，还给予一般农户和对集体以资金支援，这里鲜明地体现了我国80年代新型农民的风貌。

总之，从以上几个方面，我们看见，专业户是首先把先进的劳动手段，科学的农艺和生产方法，新的经营管理方法和新的知识和信息引入农村和运用于农业生产之中，成为当前我国农村商品生产发展的带头人。这种情况表明，专业户是当前农村新的生产力的代表，是发展农村较大规模商品生产的积极力量。我们看见，在专业户比重高的地方，商品率就较高，农民人平收入也就高于一般水平，例如成都金牛区商品率高达74%，全区专业户共29 105户，占总农户的25.4%，农民收入水平占全市第一位。可见，在当前积极支持专业户发展商品生产，便成为当前促进农村商品生产发展的重要环节。

（二）农村专业户与农业扩大再生产的形式

当前专业户（重点户）还处在初生的阶段，一般说来还是一种小规模的家庭商品生产。（1）他们在劳动方式上还带有传统的农民家庭生产的特点，大多数专业户尚未完全摆脱"小而全"和半自给经济的特征，从事非种植业的专业户目前多数还兼营土地种植，还不是严格的或更完全的专业户，还处在由小而全向小而专，向更完全的商品生产转变的过程之中。（2）他们一般说来仍然是使用传统的手工工具和手工劳动，使用的现代劳动手段与先进技术还是很有限的，拥有的生产资金和劳动力较少，生产规模狭窄，商品率也不很高。还是属于传统的农业。以上两方面决定了他们还是一种家庭小商品生产与经营。

但是专业户的商品生产与经营的发展有着广阔的前景，它将通过它固有的扩大再生产形式，由小型的商品生产转化为较大规模的商品生产。

农村专业户的扩大再生产具有下述双重形式：

1. 农业的外延扩大再生产

发展农村较大规模的商品生产，要借助于农业的外延的扩大再生产，这是指借助于扩大农业基本生产资料——土地的规模和投入劳动量的增加来实现的农业生产规模的扩大。我国地少人多，每人平均占有土地面积较少，家庭经营占有的土地的规模具有限制性，因此，我国农业必须采取集约经营，主要不是扩大家庭农场的占有耕地的规模。但是，也必须看到，我国家庭农田规模还是小了一些，这对现代劳动手段与科学的生产方法的使用，会造成某些限制。为了有利于农业扩大再生产，在当前有必要采取措施，适当扩大承包农民占用的土地的规模，以形成一个具有适当规模的家庭经营，以便更加有效地使用先进的劳动手段和现代的科学方法，通过保证有一定的规模经济，以达到提高劳动生产率，使其生产能更加经济和更加具有效益。这种通过适当扩大承包农户占用的土地面积的扩大再生产，属于外延型的扩大再生产。在当前，我们在农村进一步放宽政策，采取允许承包耕地的农户能转包土地，鼓励土地逐步向种田能手集中。此外，进一步把各种荒山、荒滩，安排给社员做自留山种树种草，谁种谁有，长期不变；允许并鼓励承包大户承包较多荒山，从事开发性生产与经营。

采取这些措施就为种植业、养殖业和林、牧各业的外延扩大再生产提供了重要的物质条件。另外，在家庭经营的现有的物质技术基础上，扩大经营规模，必须相应地追加劳动投入，为此，还必须允许农村专业户雇请一定数量的帮手和带徒弟，而那些从事开发性事业的，在雇请帮手人数上还可以适当放宽。在他们实行一些有别于私人企业的制度时（例如，税后利润中留有一定比例的积累作为公共财产；规定股金分红和业主收入限额；从利润中给工人以一定比例的劳动返还等），可以不按资本主义雇工经营看待。这些措施均为农业家庭经营外延的扩大再生产提供了劳动力的条件。在采取上述措施，特别是在今后更好地实行了土地转包之后，我国农村的专业户，尽管还是家庭小生产，但是它却可以因适当地扩大了占用土地面积，能够容纳更大量的物质技术手段和有效地利用一定数量的结合劳动，从而能够实现农业的外延的扩大再生产。当然，上述的外延扩大再生产，只能逐步地进行，特别是它要以农村家庭工业和小集镇的发展以及农业劳动力的逐步向非农业部门转移为重要前提。但是，目前我们已经可以展望：我国农村，按照上述的方向，经过一定的发展阶段后，承包农户，特别是专业户将成为有适当规模的、使用适度的农业机器、现代实用技术和某些先进技术的社会主义商品生产者与经营者，它们既不是个体"小农"，也不是资本主义制度下的现代个体"大农"，而是社会主义的承包制的专业农户经营。它不是缺乏积累能力，连简单再生产也难以维持的小农的个体小生产，而是具有相当效率与较高商品率的社会主义的家庭集约经营。这种专业大户，能够将越来越多的商品粮食提供到市场流转之中，以满足城乡人民和工业发展的需要。如当前华北一些地区已经出现承包近百亩土地的粮食专业户，山西襄垣县商品粮专业户不到总农户的7%，但他们所交售的商品粮占国家征购任务的70%，未来的专业户都将成为这样的较大规模的商品生产者。尽管这种承包专业大户经营在承包农户经营中只占少部分，但它们却是当前发展农村商品生产的骨干和中坚力量。总之，有效地运用农业的外延扩大再生产，我国农业的劳动生产率将大幅度地提高，农业生产在广度上的发展——包括农、林、牧、副、渔各业在更广袤的国土上发展——将逐步得到加强。

2. 农业的内涵型的扩大再生产

农业的内涵的扩大再生产，指的是不依靠土地面积的扩大和投入劳动量的增加，而是依靠劳动生产率的提高而实现的农业生产规模的扩大。我国农村地少人多，每个劳动力占用承包土地较少，这种情况在短时期内是难以改变的。除了利用荒山、荒滩等开发性经营可以有较大些的生产规模而外，在一般农田上的家庭承包经济，借转包而实现的家庭生产规模的扩大也只能是有限的。因而我国农业扩大再生产的主要形式不是外延的扩大再生产，而是内涵的扩大再生产，即在家庭承包农场上追加投资，实行科学种田，改进生产技术，进行集约型的农业经营，在当前特别要抓住专业户的内涵扩大再生产这一中心环节。在这方面，专业户的家庭经营还拥有很大的潜力，如实行专业化生产，改变"小而全"，就可以大大地提高农业生产力。运用小型的适当的现代农业机具，以代替千百年来农村简陋的手工工具，使用科学的农艺，就可以使劳动生产率倍增。特别是现代科学、技术，开拓了家庭农业经营向生产的深度进军的可能性。如成都的从事鸡雏孵化的养殖专业户，能在10多平方米的房间里，一年孵蛋10万个，培育出鸡雏6万多只，总收入达4.2万元。培育蘑菇的专业户，利用少数几间房子可以培育数万袋蘑菇，产值达数万元。随着传统农艺的发掘，现代农艺的使用，特别是现代的自然科学（包括微电子技术）、生物科学等在今后被引入农业生产领域，家庭小生产也将进一步获得它的扩大再生产的能力。可见，具有中国特色的社会主义农业，不能片面追求农场规模大，不能脱离国情去模拟西方的大农场生产。我国社会主义农业在较长的发展时期内，应该以专业家庭经营的内涵扩大再生产为基础，依靠追加投资、改进农业生产条件和提高土地肥力，特别是依靠我国亿万农民的商品生产与经营积极性，依靠他们投入的劳动的质量，依靠智力投入和科学的力量，来不断地夺取高产。为此，我们就要采取下列措施：（1）鼓励农民投资改良土地（通过延长土地承包期，对土地投资实行合理补偿，对因掠夺性经营而降低土地肥力的实行合理赔偿等方法）；（2）允许技术、资金、劳力的自由流动，保护投资者的合法权益，鼓励资金集中起来投入农业生产；（3）动员和组织各方面力量搞好多种形式的服务，以促进科学知识的普及和现代科学技术的使用。因此，在当前，我们一方面要有效地利用专业户进行外延扩大再生产的力量，在农村形成与奠定发展较大规模的商品生产的组织基础。另一方面，我们还要把抓好专业户的内涵的扩大再生产，作为主要的着眼点，要创造各种条件，使蕴藏在家庭经营中的生产潜力能得到充分地发挥，最大限度地调动广大农民群众的积极性，向着生产的深度进军。

总之，在积极发展农村专业户中，帮助和促使专业户充分地利用农业扩大再生产的两种形式，把外延的扩大再生产与内涵的扩大再生产有机地结合起来，实行以内涵的扩大再生产为主，这是当前保证我国农村的商品生产获得顺利发展的重要前提。

社会主义流通是商品流通[①]

——孙冶方流通理论的研究

流通理论是孙冶方经济理论中的一个重要组成部分。孙冶方是以反对社会主义"无流通论"而蜚声经济学界的。在对自然经济论发起批判中，他结合社会主义经济的实际，对有关流通的许多基本问题重新进行了探讨。孙冶方的流通理论，有许多卓越的理论创新（包括十分精湛的分析方法），但也存在着内在矛盾，还有许多未曾深入探讨的问题，还不能说已形成了一个逻辑一贯的体系。因此，我们应该结合孙冶方的流通理论中的一些尚待解决的问题，联系当前流通体制改革的实际，进行新的探讨，把社会主义流通理论的研究进一步地推向前进。

本文只对孙冶方文中如何阐述产品流通的概念和社会主义全民所有制内部的产品流通两个问题，提出一些不成熟的评述。

---

① 原载《财贸经济》1985年第1期。

一、关于产品流通的概念

孙冶方首先提出了与商品生产相脱钩的流通的概念，他认为，流通就是那种社会化大生产和发达的社会分工条件下，企业间以等价为基础的产品交换关系的总和。孙冶方认为，流通的前提是社会分工，这种社会分工不同于工厂内部的技术分工，后者是在"一个独立核算企业内部的技术分工，……他们之间的联系或协作并不需要通过生产品的交换来实现"[①]，而"社会分工发生于各个独立核算的企业之间，它们之间的联系或协作是通过生产品的交换实现的"。孙冶方指出，社会分工越细，企业间产品交换或协作也就越频繁，越密切，流通越重要。

孙冶方把社会化大生产作为流通的基础。他认为，"任何社会化大生产都包括两个过程，即生产过程和由交换组成的流通过程……"，"有社会化的大生产，就会有流通过程。这是流通一般"[②]。这个流通一般，"它的主要内容包括两个方面：产品价值的补偿和产品使用价值的物质代谢……"，以上两者都是交换，即流通的"两个实质性的经济内容……"。流通中实现的价值补偿，使企业获得进行再生产的资金条件，流通中实现的使用价值的替换，则完成企业的物质代谢，以上二者均是保证社会再生产顺利进行的必要条件。

按照孙冶方对流通的这种独特的定义，在消灭了商品关系的共产主义经济中，也存在上述具有价值补偿和物质替换二重内容的产品流通。孙冶方基于上述对流通概念内涵的新的规定，进一步论证了社会

---

① 《孙冶方社会主义流通理论》，中国展望出版社，1984年，第244页。
② 《孙冶方社会主义流通理论》，中国展望出版社，1984年，第247页。

主义制度下全民所有制内部流通的存在，建立了他独特的社会主义流通理论，这是对传统的社会主义经济理论中无流通论的一个突破。

孙冶方的流通理论也有值得商榷之处，首先他提出的产品流通概念就还存在矛盾。

按照马克思的论述，劳动生产物之所以称之为产品，而不是称之为商品，在于它只具有使用价值，而没有价值，即只是具有一重性。而产品交换区别于商品流通，也在于这只是使用价值的换手，而不包含价值形式的变化。马克思说："与直接的产品交换不同，流通过程在使用价值换位和转手之后并没有结束。货币并不因为它最终从一个商品的形态变化系列中退出来而消失。"①由于在产品交换中发生的只是使用价值的转手，因而，对当事人来说，投入市场交换的产品是一去不返，不具有回归性；而在商品交换中，它不仅发生使用价值的换手，而且还包含价值形式的变化。就货币来说，表现为不停顿地运动，就生产者来说，它的活动中包含着货币的流入（售出）和流出（购买），又流入（再售出）的循环，即回到起点的运动，正是因此，它在经济学中被称为流通。

可见，流通，按其原本含义，只能是商品流通，即商品交换关系的总和，而产品交换，它是一种原产品与交换主体相疏远的运动，不包含交换对象或交换手段的回到始点，因而不属于流通，或不属于真正的流通。作为政治经济学范畴的流通，乃是指商品交换关系的总和，是商品经济的生产关系，这是真正的流通。

我们要指出的是，作为政治经济学概念的流通，从来是指商品的流通，而不是指"产品的流通"，马克思把流通称为"从总体上看的

---

① 《马克思恩格斯全集》第23卷，人民出版社，1972年，第132页。

交换"①，这是指的商品交换而不是产品交换。因为流通是指流动，作为商品交换过程，它是一个买卖的统一，一个最简单的商品总形态变化，有货币的两次转移（由第一次的卖方到买方和第二次的由买方到卖方）；而组成这个商品循环的两个形态变化，同时又是其他两个商品相反的局部形态变化。"可见，每个商品的形态变化系列所形成的循环，同其他商品的循环不可分割地交错在一起。这全部过程就表现为商品流通"②。

二、关于全民所有制内部存在流通的依据

孙冶方在社会主义流通理论中的贡献，在于他提出了全民所有制内部存在流通的正确观点，并以自己独特的理论来对这一观点进行了论证。

传统的社会主义政治经济学，基于生产资料非商品或"商品外壳论"，认为全民所有制企业存在着一个"主人"，因而全民所有制企业之间的产品交换必须采取"调拨"和"配给"形式。这种物资的配给制，难免要带来货不对路，企业不需要的产品及其品种规格偏要配给，企业需要的偏偏得不到，它加剧物资的人为紧张，引起物资的超储和积压、流通环节多、流通费用大、浪费严重等弊端，实践证明这种物资配给制违反了社会主义流通的规律。

孙冶方基于他对经济工作实际情况的熟知和深入底蕴的洞察力，把上述情况提高到"无流通论"的理论高度来认识和批评。他指出，

---

① 《马克思恩格斯全集》第12卷，人民出版社，1962年，第749页。
② 《马克思恩格斯全集》第23卷，人民出版社，1972年，第131页。

物资供应有时称为物资分配，是由于当前物资供不应求，不得不在供应时排排队。他认为，这种生产资料配给方式并不是社会主义经济的本质和规律性的现象，因而对于那种将物资分配视为规律的经济理论进行了批评。指出，"在社会主义社会中，有些产品交换本来是一种流通过程，但却叫做物资分配"。"政治经济学要研究生产、分配、交换、消费四要素，但到社会主义社会经济过程，四个要素变成只有三个了，流通没有了。"显然，孙冶方是把生产资料的全面的产品调拨与配给制，视为是违反社会主义流通规律的。孙冶方不单对"无流通论"进行了深刻的批评，而且他还从正面来探讨与论述了社会主义全民所有制内部存在流通的理论。

孙冶方论述全民所有制内部存在流通的必然性，一方面是从分工与社会化大生产引起生产单位间的产品交换和流通来加以论证，另一方面则是从全民所有制的特点——实行经济核算制来进一步加以论证。孙冶方十分敏锐地看到在社会主义全民所有制下，许许多多分工不同的国营企业是一个主人，在这方面有些类似一个工厂中的不同车间，但是社会主义全民所有制并不意味着可以由国家任意地在各个企业之间进行产品调拨。"'自然经济论'者认为社会主义经济一切均按主观计划来办事，犹如车间主任分配工作一样的'一目了然'，这是可笑的。"孙冶方十分注意分析社会主义全民所有制的特点，这就是企业实行"独立的经济核算"和"分离为个别经济单位"。由于全民所有制企业是独立的经济核算单位，基于独立核算的要求，企业之间在互相交换产品时，必须实行等价交换。这样企业之间互相交换产品的社会物质代谢过程，包含着W—G（售卖）和G—W（购买）的形式，这是一种等价交换关系，它使以等价交换为经济内容的使用价值的交换，成为产品交换，而其总和则是流通。在这里，孙冶方一方面认为，全民所有制企业之间的产品交换不发生所有权的改变，因而它不是商品交换；另一方面，他又以这些产品互换立足于等价这一经济特征，指出了它不是无偿的产品"分配"，而是一种作为经济过程的交换，是社会主义产品流通。

孙冶方的流通理论，着眼于改革现行的流通体制，特别是寻找一个合适的体制来组织好全民所有制内部的流通。流通不仅意味着使用价值的运动（物质替换），而且意味着价值的运动（价值补偿），而在流通过程中，上述二者的运动并不是经常保持平衡状态的。首先，使用价值形态的运动也会有物质耗费不能得到补偿和物质替换不能顺利进行的状况，在个别企业的再生产的物质生产条件的循环中，也会发生生产设备与原材料未能实现替换的状况。特别是就价值的运动来说，许多生产环节的价值补偿不能顺利地实现的情况更是有可能经常出现，因而社会主义计划经济的重要任务，就是要根据全民所有制的产品的本性（孙冶方称之为产品二重性）去组织好这种社会主义流通，不仅组织好产品流通，而且要组织好资金流通，以便顺利地实现发生于千千万万个企业之间的十万、百万个产品互换中所必须保持的极其复杂的价值量上与实物量上的综合平衡。总之，要"使流通过程同生产过程相适应，寻找出正确的组织形式和有效的组织方式，使社会劳动产品能以最短的时间和最小的耗费从生产领域进入消费领域，缩短再生产周期，加速社会生产的发展速度，更好地满足各种消费需要"。

孙冶方提出了一个具有独创性的全民所有制内部的产品流通论，来取代传统的社会主义经济理论中的"无流通论"。孙冶方认为全民所有制内部的生产资料流通不同于发生于全民所有制与集体所有制之间的流通，它并不是商品流通，而是一种特殊的产品流通。他的产品流通论是以全民所有制内部交换的生产资料不是商品为立论的出发点。这种观点是值得商榷的。

孙冶方以他十分敏锐的洞察力，观察到社会主义经济机体中除了生产过程而外，还存在一个流通过程。他指出了不承认社会主义经济中还有流通的政治经济学传统观点的错误，并且以其富于独创性的分析，试图从理论上论证社会主义经济中作为经济过程的流通存在的必然性及其客观依据。但是，孙冶方是从生产资料不是商品的传统的理论观点来立论的。如果说，流通是商品流通，那么对一个不存在商品关系的全民所有制领域来说，就不可能谈论有什么真正的流通。传统的无流通论，可以说，正是生产资料非商品论的必然逻辑结论。而为了要从理论上证实全民所有制内部确实存在流通这样的经济周转，唯一的出路，只有赋予这种流通以非商品流通，即"与商品脱钩"的产品流通的规定性。孙冶方正是循着这样的思路来进行分析论证的。

从理论上论证产品流通，必须立足于对产品本性的分析。产品作为与商品相对应的范畴，按一般的含义，是只有使用价值而没有价值的。按照这样的产品观，自然无法从产品内在本性上来说明产品流通，这正是一个理论上的难点。而孙冶方则提出了产品二重性的新概念，论证了社会主义制度下全民所有制企业生产的产品，也具有使用价值与价值的二重性。他从产品存在这一对内在的矛盾出发，论证了这一对矛盾的展开将表现为使用价值在千千万万个企业之间的互换与运动，价值形式在千千万万个企业之间的转变、补偿和运动，因而，他就从产品的本性中发掘出全民所有制内部的流通的根源。这样的分析方法表明，孙冶方是从生产关系的性质去引申出交换关系的性质，这也表明孙冶方的流通论具有一定的理论的彻底性。

孙冶方十分重视价值范畴，重视价值规律的作用，他把全民所有制内部流通的存在归结为产品二重性。他说："透彻地了解社会主义的流通过程，要有产品的两重性和劳动两重性的思想，要从产品两重性的角度来研究流通过程，即要注意产品价值量方面和实物量方面。"我认为，他提出产品二重性的概念，其要点是确立产品的价值性。在说明流通时，他追本溯源，深入揭示产品的经济本质，最终则落脚于产品的价值性这一客观存在。他提出国营企业间的交换具有产品流通的性质，主要也在于这里有价值的补偿这一特殊经济内容。流通总是要涉及产品的W—G和G—W的变化，涉及实物的替换与价值的补偿，涉及企业间的等价交换，"不同部门间的平衡，归根结底还是要还原为抽象劳动和社会必要劳动，还原到价值范畴上去，才能进行独立核算和平衡"[①]。那么，价值是什么呢？为什么企业之间交换产品时要进行等价交换呢？由于孙冶方已经否认了生产资料的商品性，因而不能诉诸商品价值，他就提出了产品价值性的论断，并把它归结为生产产品的劳动二重性。也就是说，孙冶方整个社会主义流通论是以产品价值论为基础的。众所周知，长期以来，政治经济学囿于斯大林的生产资料只具有商品形式即"外壳论"的观点，否认生产资料的价值性，只把价值作为人们用以进行管理和核算的"工具"，而不把价值作为产品固有的本性，这也是传统的社会主义经济理论不能说明全民所有制内部流通的性质的原因。

孙冶方主张在社会主义政治经济学的研究中采用《资本论》的方法，即要运用先从经济机体的具体到抽象，分析和找出事物的本质，然后再上升为具体的方法。他的《社会主义经济论》，就是采用了由产品二重性来作为分析的起点，然后上升到社会主义生产、交换、分配各个方面的具体规定的方法。在阐述流通的本质时，他从产品的二

---

① 《孙冶方社会主义流通理论》，中国展望出版社，1984年，第77、90页。

重性来说明流通中的物质变化和价值补偿这双重内容，体现了由抽象向具体上升的方法。孙冶方把流通的最重要的本质特征，归结为产品所固有的价值性，这样把价值补偿这一流通中的运动的特征，归结为产品的"静止的"本性——产品价值性。这种分析显示了孙冶方经济思想的一个特点：他不是停留在事物的现象上，不是就流通论流通，而是从流通回溯到生产，从交换关系回归到生产关系，从外化于流通的物质替换与价值补偿，回归到产品的内在的本质，这是研究社会主义流通的一种正确的方法。

但是，孙冶方在研究全民所有制内部流通时，并没有将他的正确的分析方法贯穿到底。他的产品价值论，只是从全民所有制是独立的核算单位出发，而只有借助价值才能进行各个企业生产耗费的比较，才能进行经济核算，正是核算关系赋予产品以价值性，在这里，孙冶方实际上提出的是起因于劳动核算的产品价值论。他没有进一步分析社会主义全民所有制的特点，即社会主义全民所有制还有某些自身的利益，它在经营形式上还必须实行所有权和经营权的分离，因而企业间在互相交换产品时，还是以具有自身利益的经济实体的身份相对立，这种利益的差别与矛盾，决定了它们在交换产品时，不能不进行耗费的比较，从而不能不使个别劳动耗费转化为社会平均必要劳动耗费，从而产生抽象劳动和价值范畴，这也表明全民所有制的产品仍然具有商品性和具有商品价值，而它们相互间的产品交换也就仍然是商品交换，这种交换的总和也就同样表现为商品流通和从属于商品流通的规律，如价值规律等。可见，如果我们在阐明社会主义流通时，不仅着眼于分析全民所有制的独立核算性质，而且进一步探究现阶段国营企业的独立核算关系的特点——企业的责权利相结合和独立的自负盈亏的经营形式，并最终去探索和分析现阶段全民所有制的特点——

这是一种除了体现全民利益而外还具有某些企业自身经济利益的不成熟和不完全的全民所有制。把社会主义全民所有制的特点，作为生产资料具有的商品性和价值性的根源，由此来说明全民所有制内部流通的客观必然性，这不仅将更加顺理成章，而且将更加符合孙冶方采用的从交换关系回溯到生产关系的科学方法，对社会主义流通的理论阐述也将更加彻底。

因此，有必要在商品流通基础上来阐述和建立社会主义的流通理论，来达到科学地揭示全民所有制内部的流通规律，并用这一理论来指导我国流通体制的改革，达到合理地组织社会主义流通的实践目的。孙冶方在晚年承认了社会主义生产带有商品性，这一观点的改变，已经打通了使他走向承认社会主义流通是带有商品性的流通的通道，但是无情的病魔夺去了他的宝贵生命，因而在我国社会主义建设的新时期，把孙冶方开拓的社会主义流通理论的研究进一步推向前进的任务，便落到了当代中国经济学家的身上。

简论信用与社会主义商品经济[①]

一、发展信用是发展社会主义商品经济的要求

党的十一届三中全会以来，我国城乡商品经济不断发展，要求更充分地提供资金和有效地融通资金，特别是农村的家庭联产承包化和正在深入发展的城市经济体制改革，搞活了经济，企业在发展商品经济中要求金融机构能进一步满足它们对资金的更加紧迫的需要。另一方面，随着企业活力的增进，也使经济领域中的自发性因素有所增长，需要中央银行加强宏观控制，以保证整个国民经济"活而不乱"。因此，进一步发展和健全社会主义信用金融体系，发挥银行的信贷职能和中央银行的宏观控制职能，就成为保证社会主义有计划的商品经济生机勃勃和健康发展的一个重要条件。

我国传统的金融体制是以信用受到限制为特征。这种信用关系的不发展、金融流动的不活跃，其结果是企业再生产过程中所需要的资

---

①　原载《贵州财经学院学报》1985年第3期。另见《社会主义经济理论新探》，四川人民出版社，1988年。

金融通——货币资金的流出与流入未能顺利进行，工商企业扩大生产与经营所需要的资金得不到有效的满足，需要货币资金时借不到，货币资金有余时无法灵活、经济地加以利用（如用于短期信贷或用于长期投资）。由于资金运行采取了自上而下的纵向供应形式，缺乏资金的横向联系和市场融通形式，因而不存在真正的、开放的、各个资金占用者之间自主进行的社会资金自主流通。在这样的金融体制下，企业的生产活动只能依靠刚性的配给性的资金，而不能自主筹资、动员和运用其他企业占用的资金和居民的闲置资金。这种封闭性与割裂性的资金分配体制，使企业缺乏信用资金的滋养与激励，同时资金供应制又使企业在资金使用上不负担经济责任。可见，信用的薄弱，抑制或阻碍了企业自主的商品生产和经营，使企业缺乏活力。

我国社会主义经济建设对信用机制的运用不足，其根源在于理论上的模糊不清。具体地说，在于传统社会主义金融理论对信用作用的估计不足。它表现在：（1）有关社会主义信用理论研究十分薄弱，对社会主义信用的本质、作用及机制远远说不上有深入的论述。（2）将信用等同于银行信用，而银行信用活动又限制在国家银行储存企业闲置资金、办理居民储蓄和向企业提供流动资金的狭窄范围内，否认企业之间和个人间信贷关系的存在。（3）将信用形式限制在银行指令性的计划分配资金（有偿的）形式，否认自主的信贷形式和特定范围内自发的个人信贷形式的作用。金融理论中的这些观点是一种限制信用论，它否认社会主义经济中存在着发达的信用关系和具有十分丰富的信用形态。这种限制信用的传统观念是社会主义产品经济论在金融理论中的具体表现。

二、信用是商品经济的必然产物

信用作为一种商品生产关系和商品经济的一种内在机制,它存在几千年了。最初的信用是商品交换的一种形式,即延期支付的商品交换或赊买。在前资本主义社会形态中,不仅存在初始期的、不发达的商品信贷关系,而且还存在从奴隶制或封建制社会的商品经营中产生的资金信贷关系,其典型形式是高利贷。

如果说,在商品经济不发达的前资本主义社会,信用是以萌芽的和不发达的形式出现,那么在资本主义商品经济形态下,信用就以十分发达的形式表现出来。在资本主义经济中,不仅存在着发达的商品赊买,还存在着发达的货币资金的有偿让渡或资金借贷。由于资本主义企业主在生产过程和流通过程中需要有追加的货币资本,为了扩大再生产,企业更迫切地需要利用各种闲置的资金。在这种情况下,那些拥有货币财富的借贷资本家,就在收取利息的前提下,将货币资本在一定时期内交给职能工商资本家支配。这种作为特种商品的货币资本的使用权的转移和让渡,是资本主义信用的典型形式,它是通过银行及其他金融机构(保险公司、信托公司、储金机构等)来实现和发展的。

资本主义经济不仅发展了通过银行机构来提供的信用,也发展了工商企业间的信用,同时还存在个人与企业或个人与银行间的信用关系(如消费品赊买、信托、房地产抵押、租佃等)。在股份公司出现以及银行、国家大量发行债券的条件下,还存在股票、债券等有利得的资产凭证(所有权凭证)的发达的市场交换。可见,资本主义信用包括了延期的商品交换、资本的交换(转移)、非实物的资产所有权凭证即股票的交换等众多的内容。这表明信用关系的发展形成了商品市场之外的资本市场的买卖外汇的货币金融市场，实质上是把交换关系进一步发展、扩大了。在发达信用的基础上，产生了新的虚假的商品形式（资本商品和债券等所有权商品），从而使经济进一步地商品交换化，并由此使市场进一步多样化和具有多层次性（商品市场、资本借贷市场、股票市场、外汇市场），使交换关系向深度和广度发展，资本主义经济也就获得最发达、最复杂的交换经济的特征。这也正是资本主义是商品经济的最高形态原因之所在。

在自由竞争的资本主义阶段，信用关系就已经在不断发展，在资本主义的垄断阶段，在银行资本和工业的垄断资本相结合的基础上，信用关系进一步向纵深发展。各种各样的金融机构如雨后春笋般出现，信用的新形式也相继产生，信用活动进一步越过了国界，作为资本主义世界金融活动中心的国际金融市场进一步发展。发达的信用关系进一步加强了资本的国际交流与国际的结合，信用凭借新的物质技术手段而获得更大的发展，如电子计算机可以在几秒钟内将上千亿资本在国际调动转移。总之，信用关系的大发展和向经济生活各个方面的渗透，信用在再生产中的作用的增强或者说经济的信用化，已成为当代资本主义的另一个重要特征。

资本主义信用具有二重性。一方面，信用是加强资本集中和积聚的手段，它体现了资本对剩余价值的剥削。信用把劳动者和扩大居民的储蓄并入资本和成为资本增殖的手段，消费信用旨在刺激和扩大消费品市场，促使剩余价值的实现，它增加买方的负担和损害消费者的利益。特别是当代的信用制度（如控股公司）造成垄断资本对中小资本的控制，使金融寡头肆无忌惮地支配社会资本和独吞社会生产的果实。另一方面，信用又是资本主义生产进一步社会化的有力杠杆，它使个人资本转化为联合资本（如股份制），加速大资本的形成，为巨大的企业、大工厂、铁路、航空等现代化大生产建立和发展创造了条件。信用机制将一切社会闲置资金转化为银行的借贷资本，转化为可供利用于生产的经济资源。信用不仅吸引一切工商企业的闲置资金，使其转化为储蓄，而且以其经济利益的吸引（存款利息、股票红利等），造成居民消费的某种节制，使劳动者的工资收入的一部分转化为储蓄。同时，通过银行发放贷款和推销各种债券等使储蓄转化为投资，引起生产游资与消费基金节余的最大限度资本化，把国民收入最大限度地转化为货币资本，从而扩大了资本再生产的规模。信用还可使个体经营更多地利用社会资金，如目前美国有200万农户的4/5的资金是来自银行信用，大大促进了个体农业生产与经营规模的扩大。信用的发展改变了资本主义的经营形式，造成企业中所有权与经营权的分离，有利于确立现代化的经营方式，以适应社会化大生产对专业化经营的要求。如由精通经济与技术的经理人员阶层专门负责管理当代资本主义经营方式，就是立足于信用和所有权资本与职能资本分离的基础上。信用能加速货币流通速度，节省流通费用，使生产者在商品未销售以前得以提前购买它所需要的原材料，使消费者在商品未销售以前得以提前购买消费品，从而在一定的货币量下实现更大的商品销售量与购买量。

总之，信用通过赊买或资金借贷等融通资金的形式，成为商品经济中扩大再生产顺利进行的条件和方法。居民和企业的货币资金有暂时的剩余，通过借贷关系集中于银行以形成可供人们使用的资金，这就意味着一切社会生产资源得到有效的利用和整个社会再生产得以顺利发展。信用机制的发生作用，保证了企业再生产中货币资金的引进和输出的正常进行，从而给生产提供一种前所未有的伸缩力。同时，信用又刺激与扩大消费，它通过向买方提供信用，以赊销形式出售商品来扩大商品交换，特别是扩大价值高的耐用品的销售，由此赋予消费以伸张力。因此，信用不仅是商品经济的润滑剂，而且为这一经济提供了新的刺激，成为发展资本主义生产的动力，正如马克思所指出：信用把"按性质来说可以伸缩的再生产过程，在这里被强化到了极限"①。

当然，信用也是促使资本主义矛盾深化的因素。这是因为：（1）信用所造成的扩大了的购买连锁机制，包含着支付危机的可能性。在资本主义生产方式的基本矛盾下，这种支付危机更是不可避免。（2）信用创造了一个膨胀的购买力，在生产未相应增长的条件下，它会引起信用膨胀和物价的上涨，刺激生产的增长。在工人阶级购买力增长十分缓慢和远远落后于生产增长的条件下，必然会加强生产与消费的矛盾，促使周期性的经济危机更加深化。因此，当代资本主义经济在信用大发展的同时，也有经常的通货膨胀和失控。信用危机频繁发生，银行和其他金融机构破产，信贷激增与猛降，货币价值猛烈升降，这些就成为发达资本主义商品经济的必然伴侣。由于信用的发展导致资本主义经济矛盾的深化，因而当代资本主义国家都要通过加强中央银行的职能，对自发性的信用机制进行调节与控制，以防止和减轻信用失控与信用膨胀，避免由此引起经济的剧烈波动乃至崩溃。

三、信用在社会主义商品经济中的作用

社会主义商品经济的充分发展必须发展和有效地利用信用，其原因在于：

第一，信用是集聚社会资金的重要形式。信用通过资金的储存和

---

① 《马克思恩格斯全集》第25卷，人民出版社，1974年，第498页。

融通，在有偿的形式下，将各种闲散的社会资金与闲置的企业资金集中起来和使用于经济周转之中，它是社会主义商品经济中的极其有效率的聚财之道。正是银行与其他金融机构发挥其集体和融资职能，保证了社会主义企业的自主扩大再生产对资金的需要。

第二，信用提高资金运用的经济效益，是有效的用财之道。信用是资金的有偿使用，利息是在一定时期内让渡资金使用权的价格。在新的经济体制下，基本建设实行银行贷款制，国家通过中央银行有计划地规定和调节利息率，从经济利益上促使企业去合理选择投资方向和用好、管好资金，提高企业资金运用的经济效益，这样就能克服传统的资金供应制必然会伴有的不讲效益和浪费现象。

第三，信用是国家对国民经济活动实行宏观调控的重要手段。社会主义商品经济有计划地运转，是在国家对企业自主经营活动实行有效率的指导和调节下实现的，而作为社会主义金融体系骨干的中央银行，就是社会主义计划调节体系的核心与最强大的杠杆。中央银行通过对货币流通量的控制，通过贯彻执行国家的信贷计划，对社会生产资金投向、规模的有计划调节，按照客观规律的要求来控制国民经济活动的节奏，使其松紧适度，达到稳定金融和发展经济的双重目的。

第四，信用可以完善按劳分配，发展社会主义消费。如发展消费信用对耐用消费品的购买（包括房屋、电视机、电冰箱等），就可以使劳动者通过信用提前取得未来即将付出的劳动成果。在这里，信用使按劳分配采取了一种灵活和变通的形式，可使社会主义分配形式进一步完善，同时也意味着社会主义消费的发展和消费对生产的积极作用的进一步加强。通过信用形式，还可发展社会主义的居民的生活、劳动保险，作为社会保险的国家形式的补充，将进一步给社会主义劳动者提供平时和退休后的生活保障，增加人民的福利。

总之，社会主义信用是一种资金的有偿使用形式，它体现的是国家、企业和个人，即社会主义经营者和劳动者之间在等价互惠基础上互相融通和共同利用社会资金的关系，本质上是一种社会主义的互助合作关系。这种信用决定于生产，又积极促进生产、交换、分配、消费的发展和完善。因此，信用关系应该是社会主义商品生产关系的一个方面，是社会主义商品交换关系的一个层次。而社会主义商品经济结构——社会主义生产关系的总和，就表现为以下诸层次：

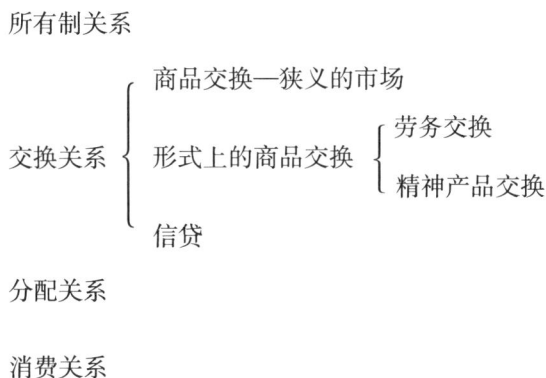

所有制关系

交换关系 { 商品交换—狭义的市场

形式上的商品交换 { 劳务交换

精神产品交换

信贷

分配关系

消费关系

基于对社会主义生产关系系统的结构层次的上述理解，社会主义有计划的商品经济的正常运行，必须有发达的和完善的商品交换关系，即社会主义市场体系来保证流通的顺畅运行，而信贷关系正是社会主义商品交换关系的一个必要的组成部分。

在这里，有必要谈谈社会主义经济理论中无视信用作用的社会资金单一财政调拨论。这种理论的特点是：（1）无视和贬低银行在聚集资金中的作用，主张将企业的利润（剩余产品）统一上缴财政；（2）无视和低估银行在分配资金中的作用，主张实行单一的资金集中分配制，即通过国家预算支出方式对社会资金实行统一调拨；（3）无视对信贷活动的指导性管理形式的作用，主张对资金运用（如用于基本建设、技术革新和改造、流动资金等）实行单一的行政指令的统一管理。这种被人们称为"大财政，小银行"的传统观点，是我国原来实行的社会资金财政分配型的国民经济管理体制（即全收全支的资金管理体制）的理论基础，传统的国民经济管理体制极大地强化了社会资金的财政形式的分配，但削弱了运用经济手段的信贷形式的分配（在苏联，保险收支、折旧收入均作为财政资金范畴，上缴国家财政），其结果是信用活动的不发达，限制了社会主义交换关系和资金融通的发展。

社会资金单一的财政调拨论之所以是错误的，是因为社会主义制度下创造国民收入的基层生产单位并不是一个社会大工厂的个别车间，而是具有相对独立性的自主经营、自负盈亏的商品生产者。这种生产关系决定了分配关系的特点：企业的纯收入除了一部分以税收上缴财政外，另一部分表现为企业自留利润，用以维持企业的自主经营和自我扩张。显然，财政全收全支的资金管理体制是与这种所有制关系的纯收入占用分配关系不相容的。在企业是责权利相结合的经济实体的情况下，只有通过有偿的信用形式，才能有效地吸引和聚集社会资金，实现既定国民收入中的生产资金的极大化。同时，也只有通过有偿使用社会资金的信用形式，才能避免资金分配与使用中的平均主义现象，保证资金用于效益高的项目和部门，提高资金使用的宏观效益。可见，要增大资金聚集量（规模），提高资金利用的质（效益），在社会资金的积聚与分配中就不能单纯地采用财政调拨的形式，而要采取财政和银行信贷双重形式。

在过去财政全收全支的管理体制下，企业成为国家行政机关的附庸，因而通过企业纯收入上缴国家预算和财政拨款的方式来分配资金成为主要的形式。而在经济体制改革后，在企业成为相对独立的经济实体和集体所有制以及个体所有制企业取得重大发展的条件下，企业的自有资金不能无偿地由国家支配和调拨，而要借助于经济杠杆由银行来加以吸收和聚集。如果各种社会主义信贷形式不能充分地发展，如果银行的信贷职能不增强，那就难以将越来越多的企业自有资金转化为储蓄和投资，就不可能适应有计划的商品经济中企业资金运动的需要。我国银行贷款在增加企业固定资金和流动资金总额中的比重，1978年为26％，1983年为50％，而财政在国民收入分配中的比例却下降了。可见，随着实行企业的自负盈亏，主要依靠财政方式聚集和分配资金就不再是有充分效力的，而是要更加依靠信用形式，依靠经济手段、经济利益来聚集资金和分配资金。这是我国经济体制改革必然出现的趋势。

社会主义国家经济建设和体制改革的实践表明，为了大力发展社会主义商品经济，必须使信用获得充分发展和有效地加以利用。因此，人们必须对信用在社会主义商品经济中的作用有科学的理解。社会主义经济理论工作者的一个重要任务，就是要对社会主义信用进行深入的理论探讨，要摒弃那些否认和贬低信用作用的传统的自然经济观，阐明信用机制在发展社会主义商品经济运行中的重要作用，以及搞活信用必然会引起的矛盾和消极现象，特别是阐明社会主义国家自觉地利用信用工具进行宏观控制的方法，为在社会主义现代化建设中充分而有效地发展和运用信用提供理论指导。

四、我国金融体制的改革

进行金融体制改革，首先必须制定有中国特色的社会主义金融体制的理论模式，作为改革的远景目标。在制定这一金融体制模式时，应遵循把马克思主义的原理同中国实际相结合的准则，认真总结中华人民共和国成立以来金融工作的经验，同时要参考和借鉴西方国家发展与管理金融信贷的有益的经验和方法。

金融体制改革应针对我国过去金融工作中的缺陷与弊端：银行作用和信贷关系未充分发展和加以利用，金融机构的单一化和金融业务中集中过多、管得过死，资金分配中主要采用行政手段，资金运用缺乏效益。可以设想，我们应该建立资金经营型的金融体制。这一体制概括起来就是：中央银行集中领导下的、以公有制为主体，同时实行和多种金融机构并存的、采用企业化经营和运用多种信用形式的社会主义金融体系。这一结构和体系下的金融运行机制是以计划性、灵活性、效益性为其特征。其计划性表现在信用与金融活动，按其总体说是处在社会主义国家（通过中央银行）强有力的调节和控制下，社会资金的运动（集聚、分配和融通）表现出计划性，以及适应于社会主义有计划的生产、分配与流通的要求。其灵活性表现在除中央银行以外的基层专业银行金融机构，是责权利相结合的、相对独立的经济实体，它实行独立核算、自负盈亏、自主经营，根据工商企业的需要和金融市场的状况机动灵活地进行信贷和金融活动，从而对社会主义生产与流通（也包括分配与消费）进行有力的渗透和促进。其效益性表现在中央银行的宏观调节和基层专业银行自主经营下实现的资金分配与使用，将使社会资金分配和运用于经济效益高的生产与经营上，并由此实现资金使用上的最大宏观效益。

我国原有的金融体制是以金融机构的单一为特征，除存在信用合作社外，几乎全部信贷事业由中国人民银行独家经营。由于这种单一化和高度集中的金融体制不适合社会主义商品经济发展的需要，1984年春，国务院批准中国人民银行行使中央银行的职权，并成立了中国工商银行，建立了由中国人民银行为首，工商银行、农业银行、建设银行、中国银行、保险公司、国际信托投资公司等专业银行和金融机构为辅的社会主义金融体系，从而在金融机构多样化的道路上迈出了重要的一步。基于我国当前的国情和经济体制改革发展的需要，我们要坚持信用金融领域的全民所有制的国家银行占据主体地位，同时适当发展在所有制上包括集体所有制以及侨资、外资的银行（包括信用社），以及允许一定范围内的个人信用关系的存在。在金融组织形式上，既要坚持以中国人民银行为领导的专业银行体系，同时也要允许建立投资公司、地方银行和地方信托公司及其他金融组织。只有建立起一个多样性的社会主义银行体系与金融体系，进一步克服和改革金融机构的单一性，才可能搞活我国社会主义商品经济。

金融体制改革的中心课题，是实行专业银行与其他金融机构的企业化。银行企业化的必要性在于：（1）我国原来的金融体制的弊端，突出地表现在基层专业银行不具有相对独立的经济实体的地位，政企职责不分，单纯地运用行政方法分配社会资金（流动资金和技术改造贷款）。这种组织形式与经营方法表明，我国银行实质上是国家分配资金的行政性机构，而不是责权利相结合的经济组织。因为银行是商品经济中从事信贷、金融活动的机构，它的性质是由商品经济的性质决定的，所以社会主义银行的组织形式与经营方法必须与社会主义商品经济的性质相适应。在社会主义商品生产者采取自负盈亏、自主经营的组织形式下，基层专业银行也有必要采取企业形式，即成为实行自负盈亏、自主经营的经济实体。（2）在我国原先的金融体制下，由于银行在很大程度上所具有的行政组织的性质，决定了它不是从事货币经营，实质上是行政方法分配资金，造成资金敞开供应和企业吃国家资金的大锅饭。信贷的活动不是适应经济规律的需要，而往往是按长官意志办事。这样，不仅资金使用的经济效益低，而且形成呆账和定期冲销企业不能偿还的资金，这是使我国本来就存在的资金供应紧缺状况更加严重的重要因素。这种资金敞开供应制的弊端，只有在实行银行企业化的条件下才能真正得到克服。（3）银行企业化是从根本上调动银行职工积极性的经济基础。在我国过去的金融体制下，银行缺乏自身的经济利益，银行之间经济的效益好坏一个样，加之银行内部工资分配上的平均主义，严重顿挫了银行职工的积极性。在这种组织和经营方式下，要有效地发挥银行工作的潜力和提高银行的素质是根本做不到的。（4）在商品经济中，由于银行的经营对象是货币资金，后者具有不停顿和迅速运转的本性，能实现资金的增殖。加之作为企业的银行面临着竞争，要为市场行情的变化承担经营风险，这就要求银行在活动中具有主动性、机敏性、灵活性。在社会主义竞争有效地开展起来的条件下，银行如果没有自主经营的积极性，不在业务活动中发挥能动性与首创精神，那么它就不可能适应商品经济发展的要求。因此，为了使银行的业务活动成为一种自主的经营活动，就必须实行银行企业化。这是金融体制改革的一项根本任务，也是商品经济中的银行的本性所决定的，是从根本上把银行办活的关键。

银行是经营货币资金的，自有的货币资金是银行独立经营的必要条件。固然，社会主义国家银行的资金属于全民所有，但是资金的全民所有制并不一定是国家所有、国家经营。这里也可以像国营工商企业一样实行所有权与经营权的分离，即将基层专业银行的全民所有制资金归银行占用。由于银行还要向国家交纳税金和对银行资金的运动进行调节，国家并不丧失它对资金的所有权，但是银行却拥有对固定给它使用的资金的占用权。只有使基层专业银行能占用资金，支配资金（专业银行信贷在国家综合信贷计划指导下有一定独立活动的余地），积累资金，通过将盈利资金化以增加其自有经营资金，同时使银行通过效益与职工收益挂钩，分享占用奖金的效益，成为社会主义的货币资金经营者，才能有效地实现银行的责任权利相结合，使它具有企业的地位，从而解决银行的活力与素质问题，充分发挥货币、信用作为国民经济发展的"第一推动力"的作用。

针对我国原有金融体制下信用形式单调的缺陷，为了搞活金融，充分发挥信用对社会生产、交换和其他社会生活的积极促进作用，有必要创设、发展和利用多种信用形式。一要开展多种银行信用形式，如开展用以吸收居民储蓄的多种存款方式，进一步发展对企业的多种形式的生产信用；开展和扩大对房地产经营的贷款，促进房屋建设和市政建设的发展，发展对居民的消费信用，采取多样的信用形式（包括抵押贷款）促进居民对耐久消费品的购买；发展租佃信贷，通过创立租佃公司实行金融租佃，即由出租人出资购买机器设备，经营机器设备的出租业务。二要发展商业作用。发生在商品生产者之间的商业信用是发达的商品经济的必然产物，它在生产者间融通资金，加速商品的流通，是商品经济顺利运转所必要的一种机制。在社会主义商品经济中，在存在着多种经济成分和实行企业自主经营、自负盈亏的体制下，也必须要求有服务于企业间自主商品交换的商业信用形式。三要发展和利用股票、债券等信用和形式。在股份制经营下，每股资金额度不大，有利于从社会各个方面吸收和聚集闲散资金；股份制下自愿认股，是自主的投资形式，股份制按股分红，能恰当处理不同所有者的利益关系。在允许股票转让的条件下，投资者就能在必要时投放资金而使资金得到融通。因此，股份制是存在不同利益主体的条件下，自主地聚集、利用和融通资金的一种有效的形式，借助于这种形式，不仅能进一步满足企业对资金的迫切需要，而且将有助于资金顺利流转和提高资金使用效益。四要发展保险，因为它是社会主义信用的一个重要方面。由于保险是托保人将价值物（财产、债券）的一定时期内的使用权提供和让渡给受保人，在使受保人获得使用上述资产的一定利益的前提下，由后者为托保人的资产承担风险，因而这是一种信用关系。在发达的商品经济中，人们要求保障企业在生产和经营中，以及人们的消费和其他的生命活动中可能遇到的各种各样风险。在企业的资金是来自借贷的情况下，人们就越是要求通过一定的方式来确保生产的安全。如企业总是要谋求在发生火灾或其他偶然事故时，能够获得一定价值的偿付。可见，保险业务是商品经济中固有的风险产物，而保险费用便成为商品经济中的一种必要经营开支。在商品经济中，为了保证职工退休后的生活，实行职工个人工作期按时交纳一定的费用，在退休后领取年金的制度，从而发展起了年金保险的信用形式。在社会主义有计划的商品经济中，同样存在着企业的商品经营风险。为了更加有效地保障劳动者的生活利益，也需要采用保险形式。因此，发展保险这种信用形式，将成为社会主义资金聚集的重要手段。

上述各种信用形式，是社会主义信用机制发生作用的杠杆、皮带与齿轮，而社会主义商品经济的总机制就是既包括商品流通机制（由商品交换组成），又包括信用机制（商品赊卖和资金借贷、资金所有权证的买卖等）。因此，社会主义国家为了保证商品经济的发展，必须大力充实与健全社会主义信用机制。首先要发展和充实各种信用形式，开展多样性的金融业务（包括保险业务），探索利用各种能有效地扩展社会主义有计划的信贷关系的新形式。在社会主义有计划的商品经济中，信贷活动表现出鲜明的计划性。有计划的信贷包括指令性信贷与指导性信贷。为了保证满足国家批准的重点建设项目（如能源、交通等）和重大科技革新的资金需要，有必要采取专业银行的指令性贷款形式，由国家通过行政方法直接加以安排。特别是在工业化的初始时期，为了保证各个经济部门平衡地发展，这种指令性的信贷更有其特殊的重要性。但是，不能把有计划的信贷理解为指令性的信贷形式。在商品经济十分复杂和迅疾变化着的再生产过程中，一些企业会暂时出现闲置资金，而另一些则会对资金有迫切的需要。为了使这种经常变动的资金融通的需要得到有效的满足，除了指令性的信贷而外，还需要在企业之间、企业与银行之间发展在国家计划指导下的自主性的信贷关系，这是搞活企业的重要条件。

在我国社会主义商品经济中，还存在城乡个体生产者和独立经营的专业户，它们的再生产过程和对资金的需要是极其复杂的，对它们之间的资金融通需要采取自由信贷的形式。这是一种在社会主义国家管理之下的自发性的信贷关系，属于市场性信贷的范畴。它作为社会主义有计划的信贷的补充，能更好地满足多种性质的商品经营者对资金的需要，有利于搞活社会主义经济。

可见，社会主义国家有计划的信贷体系，是作为主体的有计划的信贷与作为补充的自由信贷相结合，而计划信贷中又表现为一部分指令性的信贷与作为主导形式的指导性的信贷相结合。基于我国的国情，我们更需要建立起一种国家能有效地指导和控制的、指令性与指导性相结合的、充分运用经济手段和充分发挥基层银行自主经营的社会主义的计划信贷体制。

社会主义信贷体制具有统一性和灵活性相结合的特点，有计划性无疑是社会主义信贷的重要特性，但是不能把信贷的计划理解为绝对的与无所不包的。现阶段社会主义商品经济中客观存在着自发性的自由信贷因素。信贷的有计划性不是意味着要排斥一切自发性信贷关系，而在于将它限制在特定的范围内和对之进行调节与控制。同时，有计划信贷也不是要采用单一的带有强制性的指令性信贷形式，而是要充分地运用指导性的自主信贷形式。归根到底，财政金融工作的一项重要任务，就是要采取各种调节手段和控制方法来保证信贷活动总体的计划性，避免信贷盲目增长和出现信用膨胀。信贷工作的指导思想是保证宏观的信贷平衡，防止信贷失控。同时，又要着眼于搞活信贷，而不能采用那种单纯依靠行政手段的层层划分指标方法把信用管死。也就是说，既要把大的管住，又要把小的放开，在直接的计划机制与市场机制相结合中实现信贷的总平衡。

五、加强中央银行的职能，有效地实现宏观控制

社会主义有计划的信贷运行机制，是在中央银行发挥其强有力的宏观调节控制职能的前提下实现的。由于基层专业银行及信用机构拥有经营自主权，成为相对独立的金融单位，自主地开展多方面的信贷活动，由于信贷中指导性信贷的发展，以及在某些领域还存在着一部分完全市场性的自由信贷活动，因而信贷活动的一定的自发性是难以避免的。信贷的自发性表现在：（1）信贷量的失控，即信贷的不平衡；（2）信贷方向的偏离，即信贷资金投放领域的不适当，支持了本应加以限制的生产，等等。如果没有社会主义国家通过金融管理的中枢（中央银行）发挥计划调节与控制的职能，如果对信贷活动中的自发作用不加以制约，那么，即使是在社会主义制度下，信贷领域的自发性也会发展为盲目性，出现信用膨胀与货币贬值。因此，在搞活信用中，必须加强中央银行的职能，发挥它的调节与控制信贷的作用，有效地实现对国民经济的宏观控制。为此，首先必须建立起中央银行

的一整套强有力的经济调节杠杆，熟练地掌握指导和管理信贷活动的方法。只有在确保社会信贷管理中心——中央银行的集中控制力的基础上，那些进一步搞活社会主义金融，发挥和扩大自主性信贷活动的措施，才能产生积极的效果。

形成社会的信贷和金融管理中心的集中控制力，有必要采取下述措施：

（一）中央银行对货币发行量进行控制

要按照货币流通量决定的客观规律，结合社会主义国家和再生产实际，探讨与确定每个年度的合理的货币发行量，在此基础上制订出符合经济增长与流通需要的货币发行计划。具体地说，要按国民收入增长以及货币流通速度来确定货币发行的最大限额，用法律形式来加以规定，不允许超过，财政不能任意向银行透支。我国社会主义商品经济流通中的货币量是否适当，信贷规模是否适当，与经济活动的节奏是紧张还是松弛息息相关，与经济运行中是否会发生通货和信贷膨胀也息息相关。因此，中央银行必须对货币发行实行垄断，严格按照国民收入增量来确定货币发行增量，使流通中货币量适应于商品流通的需要，从而保持货币购买力的稳定和由此控制信贷规模。这是维持一个健全的金融信用机制，保证社会主义商品经济正常运行的前提条件。这一点已为当代世界各个国家对货币金融进行严格管理的实践所证明。

（二）中央银行控制信贷规模，保持信贷的基本平衡

中央银行根据国家制订的综合信贷计划，管理与控制指令性的信贷，对专业银行的自主信贷活动进行指导、调节和控制，将它纳入国

家计划的轨道，实现信贷收支的宏观平衡。

（三）在管理和调节信贷活动中，中央银行要动员与使用各种经济手段

如确定专业银行的存款储备金恰当数量，实行灵活的利率政策（如采用差额利率，重贴现率，惩罚利率等），此外，还可以在金融市场抛售与购进国家债券，抛售与购进黄金（包括金币）。在一个具有自动运转功能的社会主义金融信用机制中，经济手段起着有效的宏观控制器的作用。

（四）中央银行在管理和调节信贷活动中必须保持必要的行政手段与法律手段

对于某些生产领域中实行的指令性的信贷（包括当前对专业银行信贷计划的调整），就是体现了行政手段的运用，在主要依靠经营手段的同时，辅之以必要的行政手段与法律手段，才能形成一个强有力的调控工具，以实现自主信贷活动总体上的计划性，才能既搞活信贷，又维持信贷平衡的大局。

（五）建立能保证中央银行领导管理与监督各个专业银行与其他金融机构的活动形式

要保证中央银行对金融的集中领导，避免多头管理，各行其是，互相扯皮，抵消力量。要建立与完善中央银行——专业银行（工商银行、农业银行、建设银行、信用社及地方性专业银行等）的体制，中央银行—省分行—市县支行的体制。

（六）建立能保证中央银行对专业银行进行管理的技术手段和信息系统

充分利用电子计算机，及时掌握企业和整个国民经济活动的情报，汇总和分析各个领域的信贷活动信息，发现它的趋势，为中央银行的宏观控制决策提供依据。

中央银行要与专业银行实行分工，中央银行不应从事日常存款和对企业的放款这类业务，而专门同银行打交道，从事金融信贷的调节和控制，成为纯金融管理机构，"银行的银行"。

按照上述思想，我国的中国人民银行有必要进一步改革，完善它的组织形式，加强它的各种调节工具，充分发挥和有效地运用中央银行作为国民经济宏观调节器的作用。

金融信贷是国民经济中十分敏感的领域，金融体制改革的难度大，风险也大，必须慎重对待。在金融体制改革中，搞活金融必须放在切实加强中央银行的宏观控制基础上。当前要着眼于加强中央银行的宏观调控职能，完善银行体系的组织形式，建立与加强经济调节杠杆体系和其他调节手段，进一步稳定与吸引储蓄，采取多样措施回笼货币，以稳定通货，控制信用规模，严格控制财政赤字。总之，要在切实增强和保证信贷控制机构——中央银行对金融活动的集中控制力的基础上，实行信贷经营机构——专业银行业务活动自主化，由此一步步地把信用金融放活，逐步实现基层专业银行自负盈亏和企业化。

论社会主义商品经济意识①

我国当前正处于旧体制向新体制的转换过程。新经济体制的产生决不会一帆风顺，它不仅需要宽松的经济环境，而且也需要必要的思想条件。因此，在执行"七五"计划期间，我们既要正确处理好改革与发展的关系，为加快向新经济体制的过渡创造更充分的经济条件与社会环境，更要大力加强社会主义精神文明建设，其中包括对广大干部和群众进行社会主义商品经济意识、观念的培育，为社会主义商品经济的顺利发展，建立思想条件。

一

任何商品经济形态都存在反映商品生产与经营活动的观念，这些观念是为维护和巩固商品经济服务的。大体说来，这些观念是：

交换价值观念。对每一种生产品，都从其交换价值的角度，考虑其是否生产，生产多少。

① 原载《红旗》1987年第1期。

市场观念。为市场而生产和经营，在产品选择、推销中高度重视消费者的需要。重视市场交易和市场行情变化，对市场价格极为敏感。

赢利观念即利润观念。经营活动要考虑是否赚钱。

等价观念。商品交换以商品中凝结的社会必要劳动时间为基础。"商品是天生的平等派"，按照商品价值进行公平交易、"老少无欺"，是交换行为的共同规范。

竞争观念。把价格竞争、质量竞争、夺取经济上的优势、占领市场和优胜劣汰作为经营行为准则和生存之道。

节约观念。精打细算，节省开支，节约时间。任何社会都有节约时间的要求，但只有在商品经济的竞争环境中，节约才真正成为一种普遍流行的观念。

经营风险观念。企业一词在英文原意中含有冒风险的事业之义，真正的商品经济的企业经营，必然要承担风险。

效率观念。发达商品经济讲求高效率，快节奏。自然经济则是行动拖沓、节奏缓慢。

商品经济观念。作为一种抽象的共性，它存在于一切商品经济形态之中。但是不同社会经济制度下的商品经济意识，总是表现出这种或那种社会生产关系（首先是所有制）的本性，从而具有其个性。例如，以个体私有制为基础的小商品经济意识，就具有不同于以资本家私有制为基础的资本主义商品经济意识的特征；以公有制为基础的社会主义商品经济意识，则更与资本主义商品经济意识存在着质的差别。

在资本主义条件下，商品经济意识有了进一步的发展。在以私有制为基础的商品经济中，商品经济意识并不是关于商品生产关系的科学认识，而表现为带有宗教色彩的荒诞性的拜物教观念。在资本主义商品经济中，商品拜物教、货币拜物教、资本拜物教更成为主宰人们的意识。人们把商品、货币视为神物，醉心于交换价值的追求，疯狂地从事资本的增殖，拜倒在自己创造的偶像面前。

资本主义制度下，普遍化的商品经济意识，就是交换价值观念、赢利最大化观念、竞争观念等，它们广泛渗入社会生活领域，成为指导人们的一切活动的思维准则和最高信条。

众所周知，资本主义社会关系普遍地商品化了。商品关系不仅囊括了一切经济领域，而且扩大到社会生活领域和精神生产领域，它把一切有用对象（劳动产品，自然物如土地、森林和精神产品），甚至名誉良心都纳入交换范围，转化为商品，由此必然会引起商品经济意识的自由泛滥和向四处延伸。商品经济观念，特别是作为其基础的等价原则和赢利原则，不仅被用于认识、评价和指导商品生产与交换活动，而且也作为人们用来认识、观察和评价一切社会生活、政治生活、家庭生活的最高准则。在资本主义社会，对交换价值与个人利益的追求，成为许多人的人生目的和世界观，导致人们的心理和整个意识的商业化。

对于资本主义商品经济意识，我们不能从某种抽象的道德原则出发，单纯地加以谴责，而应该用历史的和辩证的观点来加以评价。

一方面，它有反对封建主义、为资本主义经济服务的积极作用。资本主义商品经济意识，它与以民主、自由、平等、博爱等为标志的资产阶级政治社会观念、文化观念一起，形成了资产阶级意识形态体系。这个意识形态体系取代了以等级观念、神权观念、君主专制等为标志的腐朽的封建意识体系，彻底地破除了千百年来在人们头脑中根深蒂固的自然经济意识。资本主义商品经济意识改变了人们的思维方式、生活方式和行为特征，塑造出精明的现代企业家和适应于现代生产方式的各行各业的职能人员。资本主义商品经济意识的积极作用，特别鲜明地体现在资本主义取代封建制度的历史时期，它是推动封建制度向资本主义过渡的进步的精神力量。

另一方面，资本主义的商品经济意识，也有其消极的作用。个人利己主义和金钱至上，会加剧社会生活的矛盾和引起腐朽的趋势，对社会的物质文明和精神文明起破坏作用。资产阶级商品经济意识的消极作用，特别鲜明地表现在当代商品经济高度发达的资本主义国家的社会生活中。

二

社会主义经济仍然是商品经济，因而在社会主义历史阶段，也就仍然存在着商品经济的意识。这种商品经济的观念和思维方式，将对社会主义经济建设的发展起着积极的促进作用。

社会主义的商品经济意识，具有不同于资本主义的以及小生产者的商品意识的新特征。

社会主义企业家应该有赢利观念。例如，精心地对企业的生产耗费进行盘算，争取赢利的最大化。但是，这种对赢利的争取和追求，不是为了一己的私利，也不是为了归小集体占有的狭隘的局部利益，而是为了争取主要由国家占有，也包括企业利益和个人利益的社会主义赢利。

社会主义企业家应该有竞争观念。但是这种竞争观念包含着社会主义的新内容。例如，遵纪守法，采用符合社会主义原则的竞争手段，提高质量，降低成本，增进服务，即所谓"人无我有，人有我优，人优我廉，人廉我转"。此外，还包括企业相互之间的协作与支援。因而，社会主义企业家的竞争动机，与资产者的弱肉强食、不择手段的竞争观念有根本的不同。

社会主义企业家应该有市场观念。如细心地捕捉市场信息，适应市场价格的变化（包括预期的价值变动），做出积极灵敏的反应，对生产和经营进行及时的和经常的调整。

社会主义企业家应该有经营观念。细心体察市场脉搏，不断进行新产品的开发，想方设法开拓市场，不倦地进行活跃的和大方的业务交往。但这种社会主义的经营不能搞金钱拉拢，搞不正之风。

以上举出的社会主义生产当事人的商品经济观念，显示出国家利益、集体利益、个人利益的妥善结合。这种商品经济意识，是在社会主义商品经济的基础上产生的，又是社会主义商品经济顺利发展所必要的思想条件。

我国当前正处在新旧体制的转换时期，经济生活中不仅存在着新旧两种体制的矛盾和摩擦，而且也存在传统的产品经济意识、自然经济意识与新的社会主义商品经济体制和运行机制之间的不相适应，甚至是尖锐的冲突。

我国多年来实行的高度集中的经济体制，在人们头脑中形成了一些与商品经济不相符合的观念。例如：（1）重视实物指标，轻视价值指标，加之实行产品调拨和统购包销，造成人们市场观念和交换价值观念淡薄。（2）对国营企业的产品实行集中分配，价值只是作为核算工具，产品价格不反映价值，造成人们等价观念淡薄。（3）产品按照固定价格调拨和统购包销，不存在真正的市场和市场机制，其结果是缺乏市场观念。（4）对国营企业实行统负盈亏，吃国家"大锅饭"，赢利不和职工个人的物质利益挂钩，因而使人们的赢利观念十分薄弱。（5）企业单纯按照上级下达的指令进行生产，而不是适应市场行情变化自主经营，加之企业没有责、权、利，缺乏内在的动力，市场机制的缺乏又使企业没有外在的压力，这就导致生产当事人的经营观念淡薄。（6）实行资金统收统支，企业不关心资金的有效使用和资金效益的提高，因而资金观念（包括资金周转观念和资金增殖观念）淡薄。（7）吃"大锅饭"，端"铁饭碗"，排斥了优胜劣汰，干好干坏、是盈是亏一个样，因此人们不知竞争为何物，也没有风险观念。总之，在国营企业的干部和职工头脑中存在的上述种种观念，是我国多年来实行的旧的经济体制的必然产物。由于意识形态所固有的惰性，加上我国农村生产力水平低，分工不发达，自然经济的传统仍然严重地存在，形成了人们商品经济观念缺乏和淡薄的局面。

当前的情况是：整个社会经济越来越转入商品经济的轨道，但是许多人却仍然固守着老观念，并用这种过时的、落后的思维方式来观察、评判事物和指导自己的经济活动。其表现是：（1）在一部分产品实行价格开放和减少指令性计划后，国营企业实际上已被推入市场，产品的销售状况，以至企业的兴衰成败业已强烈地依赖于市场。但是一些企业领导人，由于缺乏市场观念，他们不是把整个企业活动聚集于市场这个焦点之上，而是按照老一套常规，只是埋头生产，追求产值，不问销售，甚至尽管市场业已饱和，却仍然在继续扩大生产和盲目上项目。（2）由于经营观念缺乏，人们不善于想方设法，挖掘企业内部潜力，扩大生产与经营的范围，发展多种经营，开拓新的产品系列，力争有最大的产出，同时注意广告宣传，改善包装、维护企业信誉，讲求推销方法，而往往是按部就班、照章办事，生产与经营方式僵化，"官工""官商"作风盛行。（3）一些人不习惯于竞争，害怕冒风险。在优胜劣汰的市场机制已经开始起作用的条件下，不是持积极的态度，大力革新生产工艺，加强经营管理，开拓新产品，力争产品价廉物美，增加产品的市场竞争能力，而是消极地等待国家的财政资助和银行的贷款扶持。（4）由于赢利观念淡薄，人们不是把在服从国家的计划指导和遵守国家的方针政策前提下的赢利最大化作为直接目标，并为此在经营上精打细算、降低成本，在技术上大力革新，严格劳动纪律，强化生产活动，而往往以能完成计划为满足，一些人甚至还存在全民所有制企业无须追求赢利的糊涂观念。显然，国营企业如果囿于上述传统观念，就不可能对社会主义商品经济的新型关系和新的运行机制，做出正确的评价，也不可能使自己的行为适应于新经济形式的要求，甚至会与新的体制在思想上格格不入，在行动上消极被动。

如果我们将视野转到广大的农村，那么，更会看见不少农民头脑中的自给自足，只图消费，不顾积累，安土重迁，不求进取，轻易满足等自然经济观念还是根深蒂固的，这些观念已经成为农村商品经济进一步蓬勃发展的障碍。

为了顺利地建立起有计划的社会主义商品经济的新体制，我们需要有意识形态的深入变革作为先导。目前，一些传统观念已经日益和社会主义商品经济发展产生激烈的冲突，及时清除这些传统观念，确立新的商品经济观念，就成为减轻新的经济体制产生的"阵痛"的一个重要条件。

三

当前，一方面有商品经济观念淡薄的问题，另一方面在一些人身上旧的商品经济意识又有所存在。而且，近年来，随着商品经济的发展，这种旧商品经济意识还在一定领域中滋生和蔓延。它的表现是：（1）不顾整体利益的企业赢利观。在这种观念支配下，一些企业的经理厂长热衷于追求企业本位利益，弄虚作假，例如虚报成本、截留利润、变卖固定资产来增发奖金，损害国家利益，导致企业的不合理行为。（2）不顾消费者利益的经营和竞争观。一些企业领导人不是依靠科学管理、技术革新和开发新产品，通过提高劳动生产率、降低成本来增加竞争力，而是挖空心思走捷径，钻政策法令的空子，依靠几手华而不实的宣传伎俩，搞"一锤子买卖"，甚至降低质量、掺假、假冒商标，损害消费者的利益和败坏竞争对手的信誉，以谋取自身利益。（3）思想上的个人利益至上和拜金主义。随着我国商品经济的发展和对外开放，一些人经不起资产阶级腐朽思想的侵蚀，丧失了社会主义和共产主义的理想，损人利己、损公肥私，个别人甚至以权谋私、违法乱纪、欺诈勒索、行贿受贿、贪污盗窃，为了金钱不惜抛弃人格国格。更有甚者，把资产阶级的金钱至上扩大到社会的、政治的和家庭生活领域，引起了许多消极的现象，阻碍和破坏了社会主义的社会政治生活和人际关系的发展，使一部分人的思想情操庸俗化。

总之，随着我国社会主义商品经济的新体制的产生和发展，我国经济意识领域正在发生极其深刻的变化。人们看到，我国国营和集体企业中一支具有浓厚的商品观念和开拓精神的社会主义企业家队伍正走上经济舞台，他们已经开始用社会主义新商品经济意识来指导生产与经营活动。一些个体户和专业户中的先进分子，在党的方针政策指引下，在发展有利于社会主义的商品生产和经营中，能够正确处理国家和个人的利益关系。但是也要看到，这种新的商品经济意识的发展是与某些领域和某些人身上的旧的商品经济意识的滋生和蔓延同时并存的。这种新旧商品经济意识的共存和矛盾，成为我国新旧经济体制转换时期意识形态领域中引人注目的现象。

旧的商品经济意识之所以存在，甚至在一定时期内有所蔓延，有两方面的原因：（1）非社会主义商品经济形式的存在。我国现阶段还存在着个体经济，一定范围内还存在国家资本主义经济，某些领域内还存在雇工经营的私人经济，这些与私有制相关联的商品经济，决定了以个人利益的追求为核心的旧的商品经济意识产生的必然性。（2）某些人头脑中存在资产阶级思想，以及国外资本主义商品经济意识的侵入，这是旧的商品经济意识之所以会滋生和蔓延的思想基础。即使在公有制经济内部，那些思想不健康的人，也会借发展社会主义商品经济之名，行满足个人私欲之实。例如，借贯彻个人物质利益原则，搞个人利益至上；借新体制中货币职能作用的增强，搞对金钱偶像的崇拜。总之，旧的商品经济意识泛起，除了是由于旧的商品关系的存在而外，还有思想认识上的原因，而不是社会主义商品经济必然的产物。

资产阶级的商品经济意识，对社会主义的经营者和劳动者起某种腐蚀作用，妨碍人们在商品经济中正确处理国家、企业和个人的关系，引起不合理的企业行为的产生，从而阻碍商品经济沿着正确的方向顺利健康地发展。因此，在大力发展社会主义商品经济时，我们面临着一项思想建设的新任务，就是培育和发展文明、健康的社会主义商品经济意识。社会主义的商品生产者与经营者要清除对赢利、市场的淡漠，对竞争的畏惧等意识，树立起以社会主义思想为指导的交换价值观念、等价观念、市场观念、竞争观念、成本核算和讲求赢利的观念，使自己具有社会主义企业家的经济头脑，形成正确观察、评判复杂的商品经济过程和正确指导自己行动的思维方式。如果我们普遍地确立起这样的社会主义商品经济意识，就能为顺利向新的经济体制过渡，创造出重要的思想条件。

宏观控制与市场机制①

一、改善宏观控制应该使用经济手段

我国近年来按照既要搞活企业，又要进行宏观控制这一思路在进行体制改革。实践中，我们一方面继续扩大企业自主权，增强企业活力，发展市场；另一方面，又积极探索如何运用经济杠杆把逐步呈现出活力的企业管住，使之活而不乱。发挥企业活力与加强宏观控制，两者是互为条件、相辅相成、缺一不可的。这是推进体制改革的正确思路。但是，真正做到既搞活企业，又在宏观上管住，是很困难的事。这实际上是一个世界性的难题。当代资本主义国家对自发性的商品经济进行干预，企图克服通货膨胀，控制经济"过热"，防止增长速度太快。但是，它们未能解决这一问题。美国从1981年到现在，通货膨胀率比较低，每年平均不超过5％，消费品价格比较稳定。但是，美国经济目前出现了衰退，并且，这种衰退还有加快的趋势，前景并不妙。这就是说，它控制了胀，但避免不了滞。西欧经济也大体

---

① 原载《天府新论》1987年第1期。

如此。我国是社会主义国家，实行公有制基础上有计划的商品经济，企业是相对独立的商品生产者和经营者，应逐步做到自主经营，自负盈亏，这就决定了不能把企业的手脚捆起来。但是社会主义的商品经济并不能完全避免盲目性，因此，必须加强和完善宏观控制。进行宏观控制是一个新事物，我们没有成功的经验可资借鉴，在实践中也曾经出现过曲折。1984年，我们由于着重于搞活企业，对进行宏观控制研究不够，措施不力，致使当年年底发生了宏观失控，出现了"四过一降"。我国1984年的货币投放量为242亿元，货币增量为50%。这一增长幅度是前所未有的。美国实行温和的通货膨胀政策，但长期内每年的货币增量不超过7%。西德每年货币发行不超过国民收入增量的1%。而我们1984年工农业总产值增加14%，货币增长50%，流通中的货币量则由500亿元增加到700亿元左右，由此引起了价格猛涨。1985年针对出现的问题，提出了加强宏观控制，采取了紧缩银根、控制货币发行量的做法。首先，控制贷款总额，货币发行量比1984年少66亿元，然后紧缩财政，减少支出，增加税种，发行国库券，以此来实现财政平衡；同时，还动用外汇，增加进口商品（1985年进口商品422亿元，借外债60亿美元），以回收货币。这样，至1985年下半年，宏观控制初见成效，经济过热现象逐步缓和，工业增长速度有所下降，基建规模有所收缩，消费基金有所控制。但是，在1985年底至1986年上半年的宏观控制中，也存在不少问题，这就是这一期间的宏观控制很大程度上是采用行政手段，方法简单，特别是银行控制信贷"一刀切"的现象十分严重，而经济手段、法律手段使用不够。对企业来说，一度扩大了的自主权许多又不同程度地被收回去了，企业的留利水平很低，一般是总利润的15%～20%。在这种情况下，企业难以搞活。可以说，这时体制改革出现了小小的逆退。特别值得注意的是，1986年初出现了生产滑坡。有人认为，这是社会主义商品经济周期性的表现。我认为，这不是什么社会主义商品经济的周期性，而是由于宏观调控的缺陷引起的。我们没有实现原来的设想，即主要采用经济杠杆、经济方法来进行宏观控制，而是仍然使用旧的以行政手段为主的控制方法。因此，在当前，进一步完善宏观控制就是一个紧迫的课题。1985年上半年，我国工业生产增长4.9%，但是，固定资产投资却增长了18%左右，工资性现金支出增长了20%，经济发展还不能说已完全稳定，过热的现象还没有彻底解决，基本建设过大的情况在许多地方并未刹住，盲目上项目的趋势仍然存在。这就表明，仅仅采用行政手段并不能增强宏观调控能力。因此，完善宏观控制，增强国家的调控能力，关键在于采用间接调控，其实质就是发挥市场机制的调节作用。

二、引进与完善市场，发挥市场机制的作用

利用市场，引进市场机制，是社会主义国家经济体制改革的核心。东欧国家的改革，其要点也就是改变原来高度集中的体制，引进和发挥市场的作用。1949年南斯拉夫首先把中央控制的统治经济变成了社会主义的市场经济。1968年以来的匈牙利改革，实行的是在中央集中的体制之中引进市场，扩大市场的作用。东欧其他国家的改革，都在不同程度地走这条路子。我国在总结了社会主义建设经验后，认为原来高度集权的体制存在着很大的弊端。传统体制的特点是：依靠行政办法而不是依靠经济力量，一切经济活动由国家直接控制，国家直接管理企业活动，甚至直接干预个人消费，国家成了经济的唯一的调节者。传统体制下这种单一的直接计划调节，使市场不能发挥作用，经济运行中缺乏市场自动调节的功能。而市场机制是商品经济的

调节器，市场机制的调节主要是价格调节，价格高生产者就生产，价格低生产者就不生产，以至转产，通过市场价格的这种变动使生产与社会需求相适应。市场的自动调节作用，亚当·斯密称之为"看不见的手"。资本主义经济中，社会分工不同的各部门、各企业，不是由国家下达生产计划，而是通过市场信息、价格信号来引导、推动和调节其生产，实现资源的合理配置，使生产与需求相均衡。当然，市场机制也不是万能的，它能够使经济达到均衡，但这一均衡又是在不均衡中实现，并表现为价格的盲目波动和周期性危机的形式。不过总的说来，市场机制在商品经济中是有其积极作用的，是客观存在的。

过去，我们认为，只有以行政方法直接控制为特征的计划经济，才能保证比例的协调和经济的均衡。实际上，行政控制照样产生不均衡。匈牙利著名经济学家科尔奈说：有控制的宏观经济不等于平衡的经济，而且，控制将造成失衡。捷克著名经济学家奥塔席克说：传统的中央控制引起的是失衡的结构，这种失衡的结构也可能进行再生产，但是，它偏离社会主义生产的目的。目前人们已经越来越清楚地认识到，建设社会主义必须搞商品经济，必须引进市场，必须把计划与市场结合起来，发挥市场的调节作用，特别是发挥价格的调节作用。要把市场作为基本的调节杠杆。社会主义商品经济中的调控方式，应该是国家控制市场，市场引导企业。国家控制市场，即控制市场参数。市场参数主要有：（1）价格。这是基本的市场参数。对价格的控制大体上有两种方法：一是国家直接控制，即国家调价，浮动价格，现在社会主义国家多是采用这种方法；二是国家影响价格，西方控制价格多是采用这种方法。在社会主义商品经济中，国家若既要使经济按比例发展，又不给企业下达生产计划，就必须掌握价格杠杆，即必须把价格放活。我们现在价格不活，商品库存再多也不降低价格，这表明我们还没有充分利用价格这一参数。（2）利息。利息是重要的市场参数。在社会主义商品经济条件下，控制经济过热，要紧缩银根，为此，就要提高利率；而为了刺激经济增长，则要降低利率。这也是资本主义国家在市场调节方面显示出其成效的方法。（3）税收。提高税率，等于降低了企业商品的价格；降低税率，或给以补贴，则等于提高了企业商品的价格。（4）工资。这也是一种杠杆，如要鼓励某些企业或行业得到发展，可适当提高职工工资，反之亦然，因为这样可以促进劳动力的合理流动。

为什么要利用市场机制的调节作用呢？（1）发挥市场机制的作用就是发挥价值规律的调节作用。传统的看法认为，自觉运用价值规律，就是按照价值定价。这种看法是值得商榷的。因为马克思认为：价值是看不见摸不着的，而且是算不出的。价格是在市场中被决定的，是一个市场行为。商品的价值只有投放到市场上，在市场交换中才能得到确切的衡量。因此，价值规律发挥作用必须通过市场机制，市场价格的长期均衡点预示着价值水平。可见，人们要自觉运用价值规律，就需要开放市场，允许价格波动。（2）市场机制的调节是一种自主调节。在社会主义商品经济中，不仅需求是不断变化的，供给也是不断变化的。靠国家的直接计划机制是不可能使企业跟上需求的变化的。就供给方面来说，由于企业的生产方法、物质技术条件在不断发展，企业生产的商品的成本、价格也将相应地发生变化，这就要求企业自身不断进行调节，只有这样，企业才能实现经常性的生产调整和避免供求脱节。（3）市场机制的调节是立足于经济利益之上、由经济利益所驱动的，而用行政手段进行的调节，则是立足于国家的强制力的。企业作为商品生产者，它具有从属于经济利益调节和排斥行政强制的本性。不仅集体企业的运行是这样，全民所有制企业的运行也是这样。搞商品经济，就要把企业对自身利益的关心同全局利益统一起来。社会主义的经济调节，必须立足于企业关心自身利益的基础之上。企业有了以经济利益为基础的市场意识，对市场机制的反应才会灵敏。

我们这里所说的国家利用市场机制的调节作用，是指国家控制市场，市场引导企业，而不是指自发的市场调节。社会主义的调节机制表现为：国家—市场—企业。国家—市场为第一段，市场—企业为第二段。由于国家能够影响并控制市场参数，因此这里体现了计划调节。国家的宏观管理，就是以市场参数为直接对象，使市场参数服从于国家的经济政策。那么，我们到底应该采取怎样的产业政策？在经济起飞的过程中到底扶持什么样的产业？日本60年代初期的经济起飞，产业重点是重工业、化工业，英美30年代是重点发展汽车业，然后就是建筑业、钢铁工业。我们在制定经济政策时，亦应为重点产业的发展开绿灯，要在价格、税收、信贷等各方面为企业提供优惠和照顾。作为国家计划机关，就是要设计好这些市场参数，使这些参数互相配合而不要互相抵消，从而最有效地发挥间接调控的合力。这样，国家虽然没有直接管理企业，企业却能按国家计划目标运行。要实现宏观控制、微观搞活的目的，是要建立如上面所说的这样一种商品经济的运行机制和调节机制。

总之，我们的经济体制改革，由旧体制向新体制过渡，必须掌握三个环节：一是企业，二是市场，三是宏观控制。现在看来，着重点是市场，而市场机制能否发挥作用的一个重要前提是企业能否搞活。

三、稳步地向新体制过渡

社会主义国家如何动用市场机制来进行宏观控制，是一个十分复杂和困难的问题。例如，为了扩大市场的作用，我们实行了生产资料价格"双轨制"，一个调拨价，一个自销价，以便更多地把市场引入指令性计划生产之中。但"双轨制"又产生了新的矛盾，1985年，煤炭、生铁、钢材等17种主要统配物资，有15种因自销过多，没有完成国家计划。这就给一些需要国家分配原材料的重点企业、重点建设项目增加了困难，国家的财政收入也受了影响。此外，还有其他一些副作用，如一些人搞不正之风有了可乘之隙。又如，为了进一步发展农村商品经济，我们实行了粮食由国家订购，剩下的放开，实行自由交易，从而使粮食有订购价与自由价两种价格。但由此又出现了市场冲击计划、粮食订购任务难以完成等问题。在引进市场给经济带来新矛盾的情况下，一些同志觉得还是像过去那样依靠行政手段控制更省事；理论界某些同志也因此主张国家不仅要对宏观经济进行控制，而且对微观经济也要控制。这就表明，我们有必要进一步加深对间接控制的意义的理论认识。

国家采用间接手段进行宏观控制，是计划管理的一项重大变革。国家进行宏观控制的理论产生于30年代的西方国家。在1929～1933年资本主义经济危机的条件下，产生了凯恩斯主义。凯恩斯主义认为，在有效需求不足的条件下，国家必须进行需求管理，采取国家花钱、举办公共工程等措施来扩大总需求，支撑市场，缓解危机。在资本主义制度下，很难真正实现有效的宏观控制。但在社会主义制度下，国家可以自觉地利用市场有效地实行宏观控制，使商品经济"活而不乱"。当前经济生活中出现的"市场冲击计划"情况，原因在于国家调控方法的不当，主要是由于没有充分有效地采用经济杠杆来进行调控。所以，与其说是"市场冲击计划"，不如说是市场还没有充分地发挥调节作用。应当看到，这在当前的转型时期是难以避免的。一方面新的体制刚刚开始建立，远未达到完善；另一方面，旧的体制还没有实现向新体制的完全过渡。双重体制并存（旧体制仍占主导地位），就必然会产生矛盾和摩擦。为了摆脱当前双重体制下的种种矛盾，就必须坚定不移地向新体制过渡。在双重体制下，行政控制力量表面上强大，实际上软弱，市场机制的调节作用也没有能有效地发挥。我们不能再走回头路，只能逐步而又坚定地向新体制过渡，这是唯一的出路。目前的任务是要探讨过渡到新模式的方法和步骤。我认为，当前改革的中心是市场建设，即建立社会主义市场体系，发挥市场机制的作用，在此基础上，完善国家的宏观控制。

要发挥市场机制的作用，首先要确立起一个完备的社会主义市场体系：（1）加速形成统一的商品市场。打破条块分割、部门封锁，使产品进入国民经济的大市场，这是市场机制发挥作用的前提。现在问题是，一方面商品不足，另一方面又出现商品过剩和积压，价格未能有效地在市场上起调节作用，资源不能由价格来合理分配，生产资料和劳动力的有效结合不能由价格来调节，投入大而产出少，国民经济效益低，这也是1986年上半年工业生产出现滑坡的原因之一。（2）形成资金市场。社会主义市场体系的建立必须有资金市场。要让价格灵活地调节生产，就必须有资金的自主流动，这是企业适应市场、灵活地扩大生产的前提。但目前资金不能顺畅流动，企业不能自己筹借资金和互相融通资金。这也是1986年上半年企业间出现互相拖欠（达200亿元）的重要原因。（3）劳务市场。要建立完备的市场机制，劳动力就要流动化，因为企业生产的扩大和缩小都涉及劳动力的流动。劳动力的合理流动包括工资的变动，要使其受市场调节。出现亏损的企业和盈利的企业的职工不加区别地都拿同样的工资，这不符合商品经济的要求。（4）技术市场，即技术商品化。在当前科技革命的时代，生产力的提高更多的是靠技术，技术市场是市场机制的一个重要因素。（5）信息市场。信息已成为生产力的一个要素，因此必须有信息市场。

市场机制中的关键是价格。如果没有价格的涨落，就谈不上市场机制，市场机制发挥作用就在于价格能适应供求变动而变动。这种价格变动既是压力，又是动力，它可以促使效益差的企业努力提高经济效益。国家的宏观调控力的增强在很大程度上取决于能否掌握价格杠杆。为此，必须首先进行价格改革。价格改革有两种思路：一是走快点，即价格联动，把生产资料价格理顺；二是走稳点，一项一项地进行。进行全面的价格改革，要有三个基本条件：（1）刹住了通货膨胀；（2）生产增长率要适当，不搞超高速；（3）财政后备要足。目前，价格尚未完全稳定，消费基金增长过快的势头还没有完全控制住，基建规模仍然过大，财政后备问题仍未完全解决。因此，我认为，价格联动没有条件，还是以走稳步为宜。生产资料价格的改革不能停，但要走小步，不能孤立地搞市场建设，要加强市场建设的微观基础。市场建设的微观基础就是企业。目前放活了一部分价格，有的企业有反应，有的企业却没有反应，或反应迟钝，这是因为企业没有责、权、利，没有风险，吃"大锅饭"，软预算约束，企业眼睛盯住国家，而不盯住市场。要使企业两眼盯住市场，就应使企业成为自负盈亏的实体，切实下放自主权，调整国家和企业的分配关系。而要做到这一点，企业所有制的改革是十分必要的。

论计划体制与市场机制的有机结合[①]

一、计划与市场之间的矛盾的性质

我国及苏联和东欧社会主义国家的经济体制改革，都展示了下述特征：大力发展和运用商品货币关系，在经济运行中引进市场机制，实现计划与市场的结合。《中共中央关于经济体制改革的决定》（以下简称《决定》）明确指出，社会主义经济"是在公有制基础上的有计划的商品经济"，"社会主义计划经济必须自觉依据和运用价值规律"。《决定》从社会主义经济的计划性与市场性相统一的理论高度，阐述了我国在新的经济体制中把计划机制与市场机制结合起来的必要性与可能性。我国"七五"计划期间，要进一步扩大企业自主权，搞活企业，建立社会主义市场体系，发挥市场调节功能，加强和完善宏观控制，这些重大改革措施，正是着眼于在经济运行中实现计划机制与市场机制的妥善结合，以保证我国社会主义商品经济生气勃勃地和有计划地发展。可以说，如何解决好计划与市场相结合，是我

---

① 原载《经济纵横》1987年第3期。

国经济体制改革的一项基本的、决定体制改革成败的课题。

社会主义经济是计划经济，它表现为：宏观经济在先定的计划指导下，在国家的调控下，大体上均衡地和有序地运行。社会主义经济是商品经济，经济的商品性（市场性）的主要表现是：微观经济从属于经常变动的市场力量，从而带有不确定性和一定的盲目性。具体地说，企业生产什么产品和生产多少，以及包括个人的经济行为在内的微观经济活动，表现为一个市场性变量。宏观经济是微观经济的总和，微观经济的盲目变动超过一定界限就会影响宏观经济的均衡和运行的有序性。可见，宏观经济运行的计划性和市场作用下企业活动的盲目性，是社会主义商品经济所固有的矛盾。但是，这一矛盾不具有不可调和的性质，在以公有制为基础的社会主义商品经济中，在拥有一个完善的社会主义经济调节机制的条件下，人们完全可以妥善地处理这一矛盾和实现计划与市场的统一。

社会主义国家经济体制改革的实践表明，如何建立和健全社会主义的完善的经济调节机制，圆满地实现计划机制与市场机制的统一，是一个艰难的课题，人们至今尚未取得成熟的经验。在传统的高度集中的经济体制下，通行的是直接的计划机制，这就是：采用行政手段，向下层层分解计划指标，由此来推行全盘的、无所不包的中央计划。人们以为依靠行政的强制力就能使国民经济的各项基本比例协调和实现经济发展的计划性，但是实际上却是经常地出现事与愿违的比例失调。实践表明：传统的、用国家行政权力来进行经济调控的直接计划机制带有僵硬的性质，它扼杀了企业的自主活动，压制了市场机制的调节作用，但并不能协调社会主义再生产过程中出现的种种矛盾。近年来，我们在经济体制改革中，扩大了企业自主权，大力发展商品关系，从而在经济运动中开始引进了市场机制，但1984年底以后一段时期内又出现了表现得十分突出的基本建设失控（投资饥饿）、消费亢进、信贷失控和价格上涨过多等现象。一些同志将这种现象称之为"市场冲击计划"。而在我们采取加强宏观控制的措施后，又出现了1985年国有企业，特别是一些大中型企业中一度放了的权又被收回来，企业重新被管死和市场作用不能得到加强和发挥的情况。这种情况，一些同志称之为是"计划又一次压制市场"。总之，鉴于我国的传统体制和近年来体制改革中，经济运行都出现了调节机制的障碍，一些同志由此产生了一种错觉，认为计划与市场两种机制此兴彼灭，难以统一。特别是个别同志产生了下述两种模糊观念：一种是主张回到传统的僵化性的计划体制，重新用国家行政权力与指令性计划来维持经济的计划性；一种是干脆全盘否定计划的作用，实行完全的市场调节。这两种思路，均立足于计划与市场不能统一、不能结合的观念之上。

把计划与市场视为是水火不容的观念是站不住脚的。这种传统观念，对社会主义经济的计划性做出了一种错误的理解。这就是：（1）把计划当作是无所不包，囊括一切经济活动的领域，否认国家不作计划的自由生产领域的存在。（2）把计划等同于指令性计划，强调"计划就是法律"，否认指导性计划的作用。这种传统的计划理论把社会主义的计划机制视为就是直接计划机制，即用国家强制力和行政手段对宏观的和微观的经济活动实行直接调控。显然，按照上述传统的计划经济观念，人们就会把价值规律与市场机制起调节作用所固有的、微观经济活动的自发性和某些盲目性，视为是对计划的"冲击"和"破坏"。

上述对社会主义经济计划性和计划机制的错误认识，其理论根源是传统的社会主义产品经济论。按照这种理论，社会主义经济就是一个全社会大工厂，企业就是工厂的车间，企业的生产活动必须服从厂部（中央计划机关和经济管理部门）的集中指挥和调度。这种计划经济概念，是由一个消灭了一切企业局部利益的纯公有制理论模式中推导出来的，它并不能表现现阶段社会主义计划经济的特征，从而具有空想性质，人们对此已经看得越来越清楚了。

社会主义经济既然是商品经济，因此人们必须把社会主义经济的计划性和计划机制，放到商品经济的地基之上来加以考察。在社会主义商品经济中，企业（这里指全民所有制企业）存在着局部利益，它是一个自负盈亏的经济实体，企业的商品生产与经营活动，从属于赢利最大化这一直接目的。它表现为：企业要适应市场状况而在经营活动中做出积极反应和自我调整。上述情况在经济运行中就表现为价格→供求、供求→价格的连锁效应。这种市场机制乃是经济生活的基本调节器，它有效地起着发动、经济刺激和平衡的功能。这就是：一方面它赋予亿万个相对独立的商品生产者以自主经营的活力、积极性与首创精神；另一方面，它又在带有盲目性的变动不停的经济活动中进行经常的自我调整。显然，社会主义国家在进行计划管理时，就不能够抛开客观上起作用的市场机制，而是要承认市场机制、利用市场机制，把市场作用纳入计划之中，使之成为国民经济计划化的内在要素和强大杠杆。

可见，社会主义、共产主义社会的计划机制是一个历史范畴，它的具体形式将在新社会的不同发展阶段而表现出不同的特征。当前我国正处在社会主义社会的初级阶段，我们应该谈论的不是抽象的计划性和计划机制，而是社会主义商品经济的计划性和计划机制，这种计划性就不能不受商品经济的制约。具体地说，商品经济所固有的市场作用要贯穿于整个计划机制——中央计划的制订，中央计划的组织实施落实到地方、企业，计划的修订、调整——之中。这样，社会主义经济运行的计划性就表现为，计划机制与市场机制的互相结合和互相渗透。这二重机制有机结合，意味着一方面有企业和个人从属于市场作用的自主活动，另一方面又有国民经济全局的基本比例的协调。既有商品生产者生气勃勃的、独立的经营活动，又有宏观经济的大体按比例的和有秩序的运行。固然，发挥市场机制的调节作用和实现计划机制的要求之间总是存在着矛盾，但是这一矛盾并不具有对抗性，人们完全可以通过经济体制的改革，借助于一种完善的商品经济体制的新机制，把充分发挥市场机制的调节作用和有效地发挥计划机制的作用统一起来。

二、制订计划要充分估计市场作用

要实现计划与市场的统一，关键有二：一是制订与社会主义商品经济相适应的科学的经济计划；二是探索和寻找一种能与社会主义商品经济相适应的能实现计划要求的调控方法和计划机制。

（一）关于计划的科学性

计划的科学性，意味着计划制订要立足于实际，符合经济发展的需要和客观条件的可能，而不是主观主义的"冒进"的计划。但将计划的科学性只是立足于实际还是不够的，还应该明确，计划要立足于市场，制订计划还要密切依据市场状况。科学的计划，必须是既考虑到需要，又要考虑到可能，它不是华而不实的一纸空文，而必须是通过努力能够付诸实现的。在商品经济中，某种计划指标的实现，不仅要考虑到物质条件，还要考虑到市场要素。例如，人们要把煤炭的生产增加50%，不仅要考虑到实现增产的物资保证（用来进行基本建设的三材及机器、设备的供应），而且要考虑到煤炭的价格。如果煤炭价格偏低，而且企业赢利有进一步降低的趋势，即使有充分的物资保证，市场机制作用也将成为制约增产计划完成的要素。可见，商品经济中，市场作用是决定计划能否实现的要素。因此，人们在确定某一产品的计划指标时要估计到市场的作用，要估计到该产品的价格水平和市场供求状况。要废止脱离市场机制和价值规律的作用，单纯地按照现有生产量加码来安排计划的做法；要充分估计市场的作用，把市场作为决定计划指标的一项参数。这样的计划，不仅反映了现实的需要，物质条件的可能，而且估计到市场作用，从而拥有现实的可能性，人们也才能称之为真正的科学的计划。

必须指出，计划的科学性，不在于计划的具体、详尽无遗和数学上的精确性，而在于适应社会主义商品经济的性质。计划主要地应该是指导性的，国家要借助于调整市场经济参数，来引导企业的活动，使之符合计划的要求。因此，对企业来说，计划不应该是作为法律的和十分具体的刚性指标，而只能是一个活动量的规范和总体要求。人们不能把在市场作用下企业对自身活动的调整（它可能达不到计划指标），称为"计划性弱"和归之于企业领导人的"计划观念薄弱"。而对于宏观经济来说，计划性也只是意味着基本比例的大体协调，意味着国民经济大体地按比例地运行，意味着国民经济从中长期看的有计划的发展。上述的计划就是具有弹性的。如果说，在传统体制下，为了实现刚性的计划，人们在计划化实践中千方百计地排斥市场作用，那么，实现弹性计划，就使人们不再去敌视和排斥市场作用。而且，这一弹性计划本身就体现了市场机制的作用。

（二）关于国家调控方式与计划机制的革新

在我国的传统的经济体制下，实行国家的直接调控，国家采取无所不包的指令性计划，依靠行政强制力来约束和干预企业的活动，使之从属于中央计划要求。这种计划管理方式压制与排斥市场作用，但并不能确保国民经济基本比例的协调。为了真正实现计划与市场的结合，必须改革国家的调控方式，把直接调控为主转变为间接调控为主。

间接调控，简言之，就是国家调控市场参数，市场参数影响企业（和个人）行为，其实质是把国家的计划指导、调节与管理，立足于市场机制的基础之上。实行间接调控，国家不再采用单一的行政性手段，通过指令性计划直接地控制企业的活动，而是借助于指导性计划把计划置于市场机制的自动调节的基础之上。例如国家制定扶持某一部门的经济政策，通过提高该部门产品的价格，其结果是：价格的提高引起生产的增长，即 p^1—y^1；国家采取税收政策，降低某一部门的所得税，使该部门在现行价格下能享有更大的自留利润，引起生产的增长，即 r^2—y^2；国家采取信贷政策，给某一部门以优惠利率，也引起该部门生产的增长，即 z^3—y^3。上述场合，计划化的全过程是：国家计划机制（计划制订与用来贯彻计划而采取的经济政策与经济杠杆）+市场调节机制，可简写为 $A - M - K \begin{cases} p^1—y^1 \\ r^2—y^2 \\ z^3—y^3 \end{cases}$。在上述公式中，A—M表现为国家调控市场参数属于计划机制，而后者又采取两种方式：（1）用行政手段直接形成市场参数，例如实行国家定价，国家确定利息率，规定信贷规模等；（2）用经济方法间接形成市场参数，例如国家通过吞吐商品，参与市场价格形成，国家通过公开市场业务影响货币供应量，参与市场利率的形成等。M—K即 p^1—y^1，r^2—y^2，z^3—y^3，表现为市场自动调节机制。但是由于M即市场参数是计划机制作用的结果，因而M—K表面上是市场调节，但实质上却是有计划调节渗透其中。总之，计划化全过程中的A—M，只不过是有计划的经济调节的初步，它还要继之以M—K，即市场调节，而后续的市场调节则体现了国家计划机制的预期目的。可见，上述计划化的全过程，体现了计划与市场双重机制的作用，是二者的统一和结合。计划化过程的上述内在机制表明，市场机制乃是实现计划的经济工具。

社会主义的计划化是立足于经济活动的协调之上的，社会主义经济协调是由国家来组织和推动，但却是自主的协调，它必须是建立在经济利益的吸引的基础之上。国家调控作用的有效发挥，必须依靠调节利益关系的各种经济杠杆，必须启动企业（和个人）的自我调节的作用。总之，应该把国家调控看成是一个经济过程，调控力本质是经济力。传统的计划体制是依靠行政手段，依靠指令进行强制的协调，因而这种计划化模式是以国家强制为基础，实质上把计划化作为行政性的机制与过程。而为了增强国家的调控力，人们也往往诉诸经济管理中国家权力的强化，例如把微观决策收归国家和将计划调节法令化，人们简单地认为，强化国家的管理职能，对微观活动实行直接控制，就能够保证国民经济运行的计划性。社会主义国家计划经济的实践业已表明，传统的直接调控方式引起日常经济生活的种种不协调，甚至出现比例失调，即使在它能实现某种暂时的经济均衡的场合，由于这种均衡是建立在国家对企业活动的直接控制的基础之上，而这种单纯的直接计划机制下形成的产业结构，并不能使生产充分适应于人们的消费需求，因而这种经济暂时的有计划运行，并不能充分地体现社会主义生产的目的。社会主义国家经济体制改革的实践表明，一旦把市场机制引入计划经济的机制之中，就能有效地加强国家的调控力，促进经济的健康均衡和实现计划的要求。

市场机制之所以能成为计划的强大经济工具，成为国民经济宏观运行计划化的基础，这是在于：

第一，市场机制的调节，是依靠经济力的驱动和抑制作用，从而适应于商品生产与经营者的生产关系的性质。商品生产者乃是一个经济实体，它的经济活动具有从属于经济力的调节的本性。社会主义商品经济中，全民所有制企业也具有产品的局部占有和拥有自身特殊利益，这就决定了要通过经济利益关系的调节来对企业活动进行调控，例如要促使企业积极增产，就要依靠经济利益的正值，而要压缩某一生产的数量或是转产，则要依靠经济利益的负值。把计划调节建筑在经济利益的基础之上，依靠利益的吸引，就能真正激发企业内在的积极性，从而使调整成为企业的自觉的行为，促使企业在经常的经营中表现出对市场的积极反应。而在一旦出现销售和经营困难时，企业就能积极地自找门路，迅速转向，较顺利和较少震荡地摆脱困境。实践表明，国家对经济的调控，采用经济方法，利用经济利益的驱动和抑制作用，会收到行政手段的强制所达不到的效果。

第二，市场机制的调节作用，表现为企业的自主调整。在社会主义商品经济中，一方面，由于社会需要的经常变化，科学技术革命的迅速发展，从而要求企业在产品品种、结构等方面有经常的与灵活的调整。另一方面，由于企业是自主的商品生产与经营，就总会有一定的盲目性，从而经常会有这一种产品或那一种产品的产需脱节、货不对路的情况的出现，这样就使企业自身的经常调整更加迫切。由于远离基层的上级国家行政机关，不可能弄清千百万个企业内部的实际情况和企业外部的市场状况，不可能根据千变万化的市场供求状况，为不同的企业做出及时的和正确的调整决策。因此，上述微观活动的日常的调整，只能由处在生产第一线能及时感知和弄清市场状况，充分熟悉自己的条件、优势、劣势、潜力的企业自身来进行。而市场机制的调节作用正是这种企业的自动调整，在社会主义计划化过程中，充分调动企业主动调整的积极性，才能卓有成效地进行微观活动的经常性的调节，保持经济的均衡性和经济运行的有序性。

总之，社会主义商品经济的本性和全民所有制内部所固有的经济利益的矛盾（国家与企业之间，企业与企业之间，企业与个人之间，国家与个人之间的经济利益的矛盾），决定了市场调节机制在社会主义经济调节体系中的重要作用，它是导致均衡的经济杠杆。为了实现对国民经济的计划指导，人们不能单纯地依靠行政性的计划机制，而必须充分利用市场机制的自动调节作用。具体地说，国家借助于经济杠杆，自觉调控市场经济参数，依靠企业对市场的积极反应和自动调整，诱导、影响微观行为使微观经济活动符合先定的计划的要求。这是一种把计划化置于市场机制的基础之上的计划体制，它区别于依靠单一行政性计划机制的传统体制。由于新的计划体制在计划化过程中，实现了行政力与经济力相结合、先定的计划引导和企业的自主协调相结合，以及国家对宏观经济的控制与企业的经营自主相结合，因此，这种以国家间接调控为特点的计划化机制，并不削弱社会主义经济运行的计划性，恰恰相反，由于它把市场作用贯注于计划化之中，从而赋予社会主义经济以蓬勃的生机与活力。

既然新的计划体制的特征是把计划化置于市场机制的基础之上，即A—M—K，那么，计划机制能够开花结果，起到调节和均衡经济的作用，其关键和基础正在于M—K这一自动的市场机制的作用。如果市机制软弱无力，供求→价格效应和价格→供求效应不能充分发挥作用，即市场调节力的疲软，在这种情况下，即使国家采取措施使价格提高，却不能刺激生产的相应增长，这样，意味着国家间接调控失灵和计划要求未能实现。

在当前我国新旧模式转换期中，我们看见上述这种因市场机制未形成和不能充分发生作用而产生的国家的间接调控失灵，或调控力软弱的情况，人们基于经济失控而提出了加强宏观控制和加强经济计划性的论题。但是，不能为了加强经济的计划性，又回到单一行政性计划机制的传统模式，而应该着眼于把计划化置于市场机制充分发挥作用的基础之上。

三、以市场机制为基础和计划的主导作用

把计划化置于市场机制作用的基础之上，这是计划管理方法的深刻变革，即由直接的、刚性的计划管理改变为间接的、柔性的计划指导与调节。在这种新的计划指导下，计划的落实不再采用行政强制，而是诉诸经济利益的诱导，但这并不是放弃了国家对国民经济的调控，取消了计划对经济的规范与指导作用。恰恰相反，在间接调控方式下，计划仍然是指导、规范社会主义经济活动的现实要素，同时也是社会主义经济调节机制中的主导要素。间接调控机制中，计划的主导作用表现在：

（一）在间接调控下，市场机制成为微观活动的直接调节器，微观经济活动一般不再受到国家的指令性计划的干预，而是由市场参数来调节

由于国家要根据市场与计划的矛盾，采取相应的经济政策，借助于经济杠杆来调控市场活动，形成适合于计划要求的市场参数，由此

来对企业进行诱导、影响与调节，使微观活动符合于计划的要求。可见，市场要素每时每刻都是处在国家的调节、影响之下，这也表明：社会主义经济中存在的不是纯粹的、完全竞争的市场和纯自发性的市场，而是为国家采用的经济杠杆所调控的、体现先定计划要求的市场。可见，这种市场自动调节作用中已经是体现了计划指导，国家管理经济的能动作用被寓于市场机制之中。

（二）实行间接调控，企业拥有自主经营权

企业根据市场状况制订自己的计划，这并不意味着取消了国家计划的作用，而只是改变了计划指导的着眼点。这就是：国家计划主要着眼于维持经济的动态均衡，保证宏观经济的协调发展。社会主义国家要基于自身的条件和经济的、政治的和社会的发展需要，制定出一定历史阶段经济发展的战略目标，要基于上述目标，结合现实经济状况（包括市场状况），根据客观经济规律的要求，制订中期和长期的经济计划，确定年度的计划指标。国家要通过指导性的计划机制，力图将这种中长期的计划付诸实现。尽管就较短时期，例如就年度来看的经济发展，可能与预先定的计划有一定的偏离，但是从较长时期看，国民经济的发展却仍然表现出鲜明的有计划和按比例的性质，社会主义的宏观经济和微观经济仍然要直接或间接地为计划所制约和调节，正如人们的生理活动每时每刻受到大脑所制约和调节一样。

可见，实行间接调控，并不是要削弱计划的功能，计划的弹性也并非意味着指导性计划可以是一纸空文，不再采用诉诸行政强制的计划机制；也不是说计划机关"可以无为而治"。其实，计划机关的任务更重，因为计划决策要求更加民主化和科学化，而且使指导性计划落实于市场参数和最终体现于企业自主的微观活动之中，更是一个倍

加艰巨的困难的任务。

四、充分发挥市场机制的作用与国家间接调控力的增强

我国当前正处在新旧模式的转换期，由于旧的行政手段的调控有所削弱，而经济手段的调控又未能跟上，因而出现了国家调控的"真空"。例如，近年来我们减少了指令性计划，但指导性计划的调控机制却尚未形成和跟上，特别是统一的市场尚未形成，价格未理顺，市场机制的作用尚未能得到发挥，从而国家还不可能做到运用经济杠杆来把扩权所调动的带有盲目性的企业行为管住。这就是我国1984年以来一段时期内在生产、基本建设、消费等方面出现"失控"的根源。在当前，我们必须增强国家的调控能力，加强和改善宏观控制。但是国家调控力的强化，应该与微观的放活同时并进，应该运用新的、间接调控方法，而不应该重复老的行政控制方法。这样就有必要大力进行市场建设，充分发挥市场机制的作用。为此，要通过全面的经济体制改革，形成一个完备的市场调节机器，充分发挥这架机器的自动调节功能，并在此基础上完善计划机制，发挥国家的计划协调与指导的功能。

（一）社会主义市场体系的建立

为了发挥市场调节作用，必须建立完备的社会主义市场体系以健全市场机构。任何一个机体固有的功能的发挥，必须有赖于机构的完备和健全。动物消化功能的发挥，在于消化器官机构的健全；人的生命功能的发挥，在于人体复杂的生理机构的健全；市场调节功能的发挥，则是在于市场机构的健全。由于在发达的商品经济中，市场是一

个多样性市场交换的总和，它包括物质产品、精神产品（艺术产品、科技产品）、服务（消费服务、生产服务、流通服务与社会服务）信息的交换、劳动力的交换等，因而市场不是单一的，而是由多种要素市场形成的市场体系。因此，健全了市场机构，也就能形成社会主义市场体系。

完备的市场体系的形成，以国民经济的商品化为前提。资本主义发展了包括物质生产、精神生产、服务和广泛的社会生活等领域的全面的、无所不包的商品化，从而形成了商品、劳动力、资金、信息等要素市场组成的市场体系。由于市场的发育日益完备，形成了一个有机结构和系统，使市场机制更加完全，在多样生产要素从属于市场机制作用的基础上，使价值调节商品供求这一市场功能高度强化，从而才形成了由"看不见的手"灵活地进行调节的资本主义全面的市场经济。

社会主义也应是十分发达的商品经济，也需要有充分发展的，包括消费品、生产资料、劳动力、资金、信息等要素市场的社会主义市场体系。因为多样的生产要素的自由流动和市场化，是市场机制起作用的必要条件。

建立社会主义市场体系是一个市场的发育与形成的过程，它包括以下几个方面：

第一，消费资料的商品化。在传统的经济体制下，消费资料只是在自由购销范围内，才是作为真正的商品来对待，至于那些统购统销的粮食、油类，以及其他实行凭证供应的日用消费品，在这些交换领域只不过是一种有限制的和不完全的市场。为了健全社会主义市场体系，近年来逐步取消了多年来的日用消费品的统购包销和凭证供应，废止了油料、粮食的统购，这些措施使消费品的交换进一步市场化了。当前的任务是进一步放开，实行更完全的市场交换，建立统一的消费资料市场。

第二，生产资料的商品化。生产资料的商品化是建立社会主义市场体系的一项决定性的步骤。流通体制改革的一项重要内容，是把生产资料由国家统一调拨，转变为自主贸易，这就是把生产资料作为商品来生产和交换。由于生产资料中一些品种，还存在严重供不应求，为了保证重点生产建设项目的物资供应，指令性的物资调拨制度还不可能完全废止，但是实行指令性计划的生产资料，也必须做到合理定价，尊重价值规律。因此，必须把生产资料作为商品，以及按价值规律的要求进行交换和流通。目前一部分生产资料实行双轨制，这种体制下生产资料交换部分市场化了，但是双轨制下的两种价格是与市场所固有的价值一元化相矛盾的。双轨制不仅始终会存在市场交换与物资调拨之间的摩擦与矛盾，而且会带来经济生活中的许多消极现象。为了促进生产资料的商品化，要改进生产资料双轨制的机制，进一步减少生产资料的指令性调拨，扩大市场流通，建立和完善生产资料市场。

第三，资金交换的商品化。金融市场是社会主义市场体系的重要组成部分。资金是社会主义商品经济中企业组织生产的基本要素，资金的流通与相互融通，是商品经济中企业的灵活的自动调节，也是国家实行间接调控的重要条件。企业越是步入自主经营、自行发展的轨道，越是需要有十分频繁的资金引入和输出，这就决定了要把资金作为商品推入市场，实行资金占有者和使用者之间灵活的市场交换。可见，建立金融市场乃是发达的社会主义商品经济的客观需要和必然趋势。传统体制下的金融活动是以间接的金融，即银行信贷为特征，这种金融活动不由利率来调节，它很少具有市场性质。而且，这种间接的银行信贷总是难以满足企业的自主经营对资金引进和流出的需要。特别是国家加强对信用的宏观控制后，银行信贷资金供应更加紧张，这就进一步要求搞活金融，实行银行之间互相拆借和企业之间相互利用闲置资金的直接金融形式。总之，资金市场作为社会主义市场体系中一个重要的与不可缺少的环节，在资金市场形成的基础上，发挥资金市场机制的作用，是发挥市场机制的调节作用的关键所在。

第四，劳务市场。劳动力的流动化，是实现劳动者自行择业和企业自主选择劳动力的有效形式，是提高劳动兴趣，发挥劳动者潜力，改进企业劳动组织，形成劳动力与生产资料的最佳结合，从而提高社会劳动使用效益的必要前提。劳动力通过市场交换形式的流动化，更是发达的商品经济的特征，是商品经济所固有的市场机制在劳动力流动中的延伸和具体化，它是社会主义条件下企业实现自主经营和适应市场状况而进行自动调整所必要的。不允许劳动力流动，这是僵化体制的特征，它不仅使企业中的人浮于事和窝工现象越发严重，阻碍企业劳动组织的完善和劳动者积极性的发挥，使企业劳动成本难以降低，经济效益难以提高，造成社会劳动的大浪费，而且人们在工资上的互相攀比和消费"亢进"，也与此密切相关。劳动力流动的市场形式，不仅包括私人企业招雇工人和城市居民雇请保姆——在这里，劳动力的流动在一定程度上从属于市场机制的作用——而且，企业采取合同工形式招工，也是劳动力流动的一种特殊的市场形式。总之，社会主义商品经济的发展，使劳动力通过市场形式的流动成为客观必要[①]，因而劳务市场也就成为社会主义市场体系的必要组成部分。

第五，技术市场、信息市场。这也是我国社会主义市场体系的重要组成部分。技术市场的形成意味着科技产品的商品化和市场流通

---

① 劳动力采用市场形式流动，这是就经济关系的形式来说的，这是一项特殊的、形式上的市场形式，它不意味着社会主义商品经济中劳动力是真正的商品。

化。信息市场的形成则使各种经济信息得以迅速地流动和为人们及时掌握，它是国家、企业与个人迅速而及时的决策的前提，是形成商品生产者对市场状况的积极反应，即自动反馈的市场行为的前提。

总之，建立起一个包括消费品市场、生产资料市场、金融市场、劳动市场、技术市场、信息市场在内的完备的市场体系，实现各个生产要素的交换市场化，这是市场机制起作用的组织基础。目前我国消费品和生产资料的交换市场化进程尚未完成，加以其他要素市场不完备，例如资金、劳务尚未商品流通化，技术市场、信息市场尚处在萌芽状态。这种市场发育的不完全和市场组织的畸形与幼弱，必然会限制市场功能的发挥。

（二）价格放开与市场功能的发挥

建立市场体系的目的是市场功能的发挥，即形成一个价格→供求、供求→价格的自动效应。正是上述两种相反相成的效应，实现了市场调节微观经济活动的功能。市场机制既然表现为价格→供求、供求→价格链，这链的主导要素乃是价格，它包括一般商品价格、利率、工资等。市场机制的作用，从本质上就是价格的调节作用。它表现为：供不应求，市场价格上涨，超过价值的价格，从物质利益上促使各个企业自动地增加生产；供过于求，市场价格下跌，低于价值的价格，通过经济损失促使企业减少生产或转产；在供求相等时，市场价格和价值相一致，使生产者获得平均利润，生产既不增也不减，维持暂时的均衡状态。可见，市场机制的自动调节作用，在于作为变数的价格，通过赢利变动的机制来调节企业的生产与经营活动。如果企业没有定价权，只是实行由国家规定的固定价格，价格不能成为一个变数，从而也就不能通过价格的变动来诱发企业扩大或缩减生产，这样也就不存在市场机制的调节作用。

市场机制发挥作用的关键在于竞争中形成的市场性的价格。当然，这并不是说价格形成是一个纯粹自发性的市场行为，也不是说国家可以撒手不管，听任价格自发性的上涨或下跌。恰恰相反，国家要对价格形成进行引导或影响，甚至是一定的行政干预，例如由国家规定上下限的浮动价格，就体现了行政力量渗透于价格形成之中。但是，社会主义价格体系必须以市场性价格形成为基础，并在总体上带有竞争性价格的特点。我国价格体制的改革，对少数基本商品实行国家定价，国营企业广泛领域中主要实行浮动价格和协议价格，在集体与个体领域中主要实行自由价格，这样的多层次的价格体制，把价格在总体上放活，使价格由国家定价为主逐步地转移到价格在市场力量中形成的基础之上，这样的价格体系将能适应于发挥市场机制作用的要求。我国近年来，除了在城乡小商品领域实行自由价格，以后又对蔬菜、副食品和粮食油料的自由销售部分实行了价格放开。当前的任务是要积极而审慎地进行工业生产资料价格体系的改革，逐步地把价格理顺。在我国多样性的商品市场上，价格均表现为一个变数，在价格→供求和供求→价格效应都充分展示出来的条件下，市场机制的调节功能就将真正有效地表现出来，我国社会主义商品经济的调节机制就将顺利地运转起来，国家对经济活动实行有效的间接调控的市场基础结构，也就由此奠定了。

在金融市场上，利率是借贷资金的价格，利率的变动性是资金市场机制发生作用的必要条件。为了要充分发挥市场机制的作用，必须使利率浮动化，形成自动调节资金供求的市场机制：利率高，对借贷资金的需求量减少；利率低，对借贷资金需求量增多。这种资金市场机制乃是中央银行对信贷活动进行宏观调控的重要工具。我国目前由于企业的软预算约束和资金大锅饭体制，金融市场机制十分微弱，即使利率调高，企业还是要追求扩大银行贷款，对信贷的自动调节机制的缺乏，是我国"投资饥饿"难以抑制的重要原因。为了增强国家对投资活动的调控能力，除了改进基本建设的直接计划机制而外，更重要的是大力进行金融体制的改革，发挥金融市场机制的作用。

为了有效地发挥市场机制的作用，必须大力形成统一的市场，加强市场发展的横向联系，打破阻碍经济流通中的部门封锁与地区封锁，形成一个开放的社会主义大市场，使各种基本产品、劳动力、资金、技术等要素能够在计划指导下充分流动。这是市场效应与市场机制比较充分地发生作用的条件。

五、建立起一个充分作用型的市场机制模式

世界社会主义国家经济体制改革的一个重要的共同特征是：把市场机制引进计划经济之中，尽管引进和利用市场机制的程度、范围和方式有所不同。

社会主义国家，应该根据发展社会主义有计划商品经济的需要和自身的具体特点，来探索引进和利用市场机制的方式，建立起一个与计划机制相结合的最佳的市场机制模式。

为了构建一个最佳的市场机制模式，首先必须明确社会主义市场机制的特征。社会主义的市场机制，是以公有制为基础的社会主义商品经济的内在机制，它必然要体现生产资料公有制的特征。大体说来，这就是：（1）市场机制的不完全性；（2）市场机制的可调节性。

第一，市场机制的不完全性，在于社会主义市场并不是无所不包的。社会主义经济的商品性决定了人们活动交换的广泛的市场化。但

是社会主义公有制条件下，精神生产的广泛领域如严肃的艺术创造、科学研究、思想教育等活动，不具有真正的商品生产的性质，因而，这些人类活动并不从属于市场机制的调节。社会主义制度下的劳动力尽管具有商品形式，但它也不是完全的商品，从而也不是纯然的从属于市场机制的调节。可见，随着社会主义市场体系的建立和发展，多样性的生产要素被卷入市场，但非生产领域的人类活动，如友谊、爱情、社会交往、政治活动、艺术创造等，是不屈从于货币的权力和不受市场机制的调节的。

第二，市场机制的可调节性，在于社会主义的市场机制不再表现为盲目的、不可驾驭的、破坏性的异己力量。恰恰相反，市场机制与计划机制处在内在的结合中，它乃是国家用来进行经济调控，实现计划要求的工具。市场机制从属于计划，可以从社会主义价格变动的特点表现出来。价格波动是市场作用的必然形式，但在不同的商品经济类型中，价格波动的形式是不同的。在资本主义经济中，价格波动表现为自发的、无序的，而且是剧烈的，在那里，价格的大涨大落乃是一种常规。在社会主义市场上也会有供不应求→价格上涨、供过于求→价格下降的现象，但是由于社会主义企业行为的特点，以及社会主义市场机制的作用，决定了市场价格升降带有有序性和适度性。有序性，即价格变动总是由价值变化或供求变化所引起，是有规律可循而不是无政府的；适度性，即价格变动是适当的和有节制的，而不是经常暴涨暴跌。对于以公有制为基础的社会主义企业来说，市场上适度的价格变动波幅，及其所蕴含的适度而合理的物质利益，将能够起到推动生产者使之自动扩产或减产的作用，实现一种有秩序的市场调节，而无须采取价格大涨大落，大赚大亏，企业大兴大灭，社会劳动大浪费和社会震荡很大的自发调节形式。总之，价格波动的有序性和适度性是市场机制的鲜明特点，它意味着市场自动调整机制不仅是十分有效的，而且是较为有秩序和较少会带来大的经济震荡的。

总之，一个最佳的社会主义市场机制，应该是能够保证计划为主导但市场机制又能充分地起调节作用的经济模式。更具体地说，在这种模式下，价格具有自主变动的性质，一般又是有序的、适度的变动，生产要素能在各个地区、各个部门之间自主流动，但这种流动又是受计划指导和调节的，而不是资金、劳动力的全面自由转移；它既是在广泛范围中（包括生产、销售、就业等领域）充分展开竞争，但又是符合社会企业行为规范的竞争。这种市场机制模式既能在经济的广泛领域中充分发挥其自动调节作用，但市场的自动调节作用的强化，又能不影响国家的调控能力和不削弱宏观经济运行的有计划性。这种市场机制模式既能调动和充分发挥千百万个相对独立的社会主义商品生产者生气勃勃地自主活动的积极性，但又不会导致生产的无政府和引起经济的失控。这种经济模式可以称为与计划相结合的市场机制充分作用型，我国经济体制改革的主要任务就是要探索和建立这样与计划相结合的、市场机制充分起作用的经济模式。

为了构建这样的经济模式，需要：（1）在所有制上发展社会所有制的多元化和使全民所有制企业利益主体化，使全民所有制企业真正地自负盈亏，成为拥有自身利益的经济实体，它是市场机制发生作用的根本条件；（2）要改革国民经济管理体制，彻底实行政企分离，赋予企业以充分的自主权；（3）要建立起一个能使各种生产要素流动化的完备的社会主义市场体系，建立起价格自主变动的、真正放活的价格体系；（4）改革政府经济管理的方式，建立起一个主要依靠经济杠杆体系进行间接调控的体制。以上第一点、第二点和第三点使市场机制的发生作用拥有微观基础和外在条件，第四点使市场机制能够与有计划机制相结合而发生作用，做到"活而不乱"。

必须指出，社会主义市场机制的可调节性，决定了人们不能实行那种彻底开放的、纯粹市场调节的社会主义模式，社会主义经济调节机制是计划机制与市场机制的统一和结合，这二者间的结合，一方面要求计划的完善，另一方面要求市场的最佳。就市场来说，并不是任何一种市场机制状态都能够与计划机制完满地结合。如果削弱计划机制的作用，放弃国家的调控，听任价格完全自发地涨跌，那么这种不受干预和调节的市场机制也将表现为价格的猛涨猛跌和生产规模、产业结构的急剧变化，导致资金和劳动力在一切经济领域任意地自由转移。这样，经济活动的盲目性就会增强，甚至还会出现周期性的比例失调。东欧某些社会主义国家，近年来消费基金与基本建设长期控制不住，通货膨胀加剧和持续化，这种情况很大程度上是与市场机制模式和市场机制作用形式的缺陷有关的。总之，对社会主义国家来说，完全不受国家干预的、纯粹市场调节的模式是不可取的。

社会主义经济调节机制①

一、计划机制与市场机制的统一

（一）社会主义经济中的投资失控和经济调节机制的缺陷

社会主义经济建设的实践表明，在实行高度中央集权的经济体制的国家，普遍存在片面追求建设速度，忽视经济效益，追求高积累率，忽视投资效益，从而使建设规模超过了经济承受能力，人们竞相扩大生产规模，盲目地上项目，争投资。上的建设项目越多，在建工程的竣工所需要的追加投资越大，争得的投资越多，待继续建设的未竣工工程就越大，这样就出现了水多加面、面多加水的恶性循环。因此，传统的高度集权的计划管理体制未能有效地实现投资的有计划的增长，反而出现了所谓的"投资饥饿症"，并由此引起资金使用的失控。20世纪50年代后期以来，我国社会主义经济建设中一直存在着"投资饥饿症"，资金使用的失控几度引起国民经济重大的比例失调。这种发展失控现象的原因何在？这是值得认真加以探究的问题。

---

① 见《社会主义经济理论新探》，四川人民出版社，1988年。

社会主义计划经济中的投资失控，有其指导思想上的"左"的错误，也有因计划管理缺乏经验而引起的工作上的失误，但更重要的则在于传统经济体制的弊端及其所决定的经济机制的缺陷。

我国传统的经济体制是一种高度中央集权的体制，其经济运行主要是依靠国家的力量来推动，而不是借助于基层生产单位自身的主动性，经济活动的发动、引导与调节，主要借助于行政办法，而不是依靠经济杠杆和依靠经济力（经济利益）的吸引。因此，在传统的经济体制下通行着一种产品经济的直接计划机制，无论是总生产、总分配、总交换、总消费等宏观活动和企业的经济活动，甚至个人的经济活动，都一律要通过国家的直接计划来加以安排、指挥与控制，国家管理权力过度膨胀，成为经济唯一的调节者，而基层生产单位与个人缺乏决策权力。企业自主权的缺乏，使经济不具有自动运行的性质，也缺乏自我校正、自我调节的功能。在这种情况下，经济活动一旦超逾界限，即违反客观规律的要求，就不能及时地由经济的内在制衡力量与反作用自行校正，而只能在矛盾积累和明显暴露并反馈到上级管理部门以后，经过重新修订和安排计划，借助于国家直接调控来加以校正和调整。由于国家和处在上层的经济管理机构不可能充分了解基层的情况和具体要求，也由于集权体制下复杂的决策程序以及其中难以避免的官僚主义，决定了唯一依靠国家直接调控和行政校正的旧体制，不可能正确地和及时地处理经济发展中必然要产生的各种矛盾，因而它就不可能保证经济实现经常的良性循环，一旦发生了指导思想和计划的失误，就会使业已扭曲的经济活动进一步偏离正轨，甚至陷入恶性循环之中。

可见，传统经济体制是一种主要依靠外力推动和国家直接调控的体制，这是一种外动型的体制。由于它缺乏来自基层生产单位的自我发动、自我调节的功能，因而经济运行就不能不表现出僵化不灵的特点，它既不能在运行过热时自行减速，也不能在运行呆滞时自行加速。社会主义国家出现的"投资饥饿症"现象，正是这种经济调节机构的缺陷的一种表现。

（二）市场机制在商品经济中的作用

任何一种物质运动都需要有调节机制来排除运动中所固有的矛盾，协调它的各个内在机构的相互作用。作为一种高级物质运动的生命活动，则存在更复杂和灵敏的自动调节机制：运动主体适应客观条件的变化，及时地改变运行的形式，这是一种使生命活动延续的自动调节机制。依靠这一机制，复杂的生命活动中必然产生的主体与环境的矛盾以及主体自身的内在矛盾得以及时消除，从而实现自动的生命活动。人类社会是高级生物组成的社会群体，人类社会的经济活动中也体现有这种调节机制的作用。

人类社会的经济活动，是通过物质生产来改变自然物的形态，创造出各种使用价值以满足人们需要的活动。社会经济活动要顺利和不断进行，需要有生产与需要的均衡，也就是要使生产出来的社会总产品适应于社会总需要（社会规定的多种多样的使用价值），就要将社会劳动按比例分配于各种不同的生产部门和其他经济部门（甚至上层建筑部门），从而就需要有一种经济调节与控制的机制。马克思深刻地阐明了社会经济调节与控制机制旨在使社会"得到和各种不同的需要量相适应的产品量"[①]，指出了经济调节机制乃是任何社会经济活动顺利发展的必要前提。我们可以看见，即使是一个十分简单的农民

---

① 《马克思恩格斯选集》第4卷，人民出版社，1972年，第368页。

家庭生产过程，也存在着这种经济调节与控制，如个体农民必须为满足家庭的各种需要而将家庭总劳动自觉地分配于制造工具、耕种、纺织等方面，并且适应于家庭需要和生产的状况而不断调整家庭经济活动。对于一个以现代化大生产为基础的社会化的生产过程，经济调节与控制就更是必要。经济调节机制的发展和强化，成为复杂的国民经济活动顺利进行的契机。而在复杂的国民经济机体中，从事经济调节的劳动也就从简单的物质生产劳动或简单监督劳动中分化出来，成为社会某些阶层和机构的专门职能。

社会经济调节是一种分配劳动、组织物质生产和其他经济活动的方式，它的性质取决于社会经济形态的性质。社会经济调节的形式与机制，在商品经济产生以前的自然经济中和商品经济产生以后有很大的不同。在自然经济形态下，经济调节采取了按照经济主体的需要而直接调节与控制生产的形式。而在商品经济形态下，适应社会需要按比例分配社会劳动，则是采取以市场机制为调节方式来实现的。

按照人们的需要直接地和自觉地调整生产，是经济调节机制的一种方式。无论是原始公社的家长制家庭的生产或是中世纪的农民家庭生产，都从属于这种直接的调节控制机制。在那里，生产者适应于家庭人口的增长，自动地增加粮食生产，在农业丰收之年会增加消费或是增加储备，实现生产与消费之间的均衡，从而为再生产创造经济前提。

自发性市场调节机制是与历史上的商品经济相适应的经济调节机制。马克思说："在社会劳动的联系体现为个人劳动产品的**私人交换的**社会制度下，这种劳动按比例分配所借以实现的形式，正是这些产品的**交换价值**。"[1]这是一种不依赖于人的自觉活动而通过自发性的市

---

[1] 《马克思恩格斯选集》第4卷，人民出版社，1972年，第368页。

场活动来实现的经济调节机制。自发性的市场调节机制表现在简单商品经济中，不是借助于人们的自觉的控制，而是通过市场价格围绕价值的上下波动来调节独立的商品生产者的活动，它发挥了灵活而有效的自动调节和制衡作用，使运转过度的生产和销售活动自行减速和逆向运转，使运转不足的经济活动自行加强和增速，从而实现生产与需求的平衡。市场调节机制从来就带有二重性：它既带有制衡功能，又可能产生失衡作用。因为，市场机制并不能消除市场活动的无政府状态，也不能克服商品性再生产内在的矛盾。它要通过市场价格的盲目波动和生产比例经常的破坏来实现某种暂时的均衡，同时它本身又是打破和导向新的生产和供求不平衡的力量。

市场调节机制的二重作用，在资本主义经济中得到进一步的发展。在最发达市场（包括高度发达的商品市场、劳动力市场、金融市场及其他各市场）的基础上，市场机制获得了最发达、最开放、最灵活、最有力的形式，它一方面对资本主义经济起自动调整的作用，一方面又会发展独立的商品生产与经营的自发性和盲目性，使经济活动的无政府状态进一步加深，加之不可克服和日益加深的资本主义基本矛盾的作用，因而市场机制的自动调节作用与加剧再生产矛盾的作用是同时并进的。市场机制一方面暂时地自动实现供求平衡，使社会各类生产对生产资料的需要和生产资料的供给相适应，使社会对消费品的需要和消费品的供给相适应，但另一方面也起着加深、激化和促发周期性经济危机的作用，并引起资本主义经济发展中经常出现价格的暴涨暴跌、生产急剧变动等不稳定现象。

国家利用市场机制来进行调节和控制，是商品经济基础上产生的另一种经济调节形式。商品经济的生产和经济自发的经济调节机制的作用，为国家利用市场机制来调节经济生活提供了可能性。在古代和中古的中国社会，专制主义的奴隶制国家或封建国家为了增加财政收入，平抑物价，维护城市正常经济生活和防止小农的破产和流徙，早就采取了利用市场机制来调节经济生活。[①]这可以说是国家实行间接调节与控制的萌芽。

利用市场机制进行调节与控制，是资本主义商品经济的暮年时期即垄断资本主义时期的经济调节机制的特征。大体说来，自20世纪30年代以来，资本主义的经济调节机制就发生了新的变化，由早期的自由放任和听任由市场机制自发性的全面调节，转到政府干预经济，实行市场自动调节和国家借助于市场机制的间接调节与控制相结合。当然，在资本主义私有制条件下，这种复合的经济调节机制仍然是以市场的自动调节为基础。

资本主义经济调节机制的变化，使国家对自发性的资本主义市场经济的控制有所增强，对资本主义再生产的内在比例关系实行一定程度的调整，这是当代资本主义经济仍能向前发展的重要原因。但是，经济调节机制毕竟是从属于生产资料所有制的，经济调节机制的变形并不意味着所有制的变化，因而它不能消除生产社会性与资本主义私人占有的矛盾，不能消除个别企业内部的有组织与整个社会生产无政府状态的矛盾。可见，西方经济学家鼓吹的种种关于经济调节控制方式的变化，国家经济调节职能的加强，使资本主义成为"可调节"和有计划的"理论"，都是毫无根据的。

---

① 中国早在战国时期，利用市场机制进行经济调节的经济思想就已经产生，如《管子》一书中，关于利用货币价格关系控制商业、调节谷米价格的思想，李悝（公元前455～前395年）的平粜思想。

（三）直接计划调节的理论与实践

以公有制为基础的社会主义经济的特征，是人们的基本经济活动（包括生产、分配、交换和消费），不再是一种自发性的和无政府的活动，而是由社会先定的计划来加以规范、指导和调节，因而是带有自觉性的活动。但是，社会主义社会的有计划的经济运动，并不是自然而然地实现，而是社会的计划调节机制发生作用的结果。如何认识社会主义调节机制的性质、组织、结构、发挥职能的形式，这是社会主义政治经济学必须加以阐明的一个重要课题，是必须在总结社会主义经济建设实践经验的基础上才能正确解决的问题。

传统的社会主义计划观念，把社会主义的经济调节机制视为一种直接的计划调节机制。它主要表现在两个方面：一是把社会主义的经济调节当作是单一的计划调节，否认局部领域中的自发性的市场调节机制的存在；二是否认借助于市场机制的间接调节控制机制的作用。这种传统的直接计划调节观念，是20世纪30年代以来在苏联形成的中央计划体制模式的产物，它具有下述特征：（1）把国家作为唯一的经济调节主体，无视企业的自我调节功能；（2）采用无所不包的单一性的指令性计划，否认指导性计划的作用；（3）依靠行政组织与行政方法，自上而下地和直接地安排基层单位的生产和对广泛的微观活动（包括个人的消费行为）进行控制，否认经济手段在调节经济生活中的作用。这种经济体制通行的是一种排斥市场和市场机制的单一的直接计划调节机制。

以直接的调节和控制为特征的计划调节机制的缺陷是：一方面国家的直接调节与控制功能既非万能，而且有其难以克服的局限性；另一方面经济的自动调节与控制功能又几乎不存在，这就决定了社会再生产过程中的矛盾不能及时得到解决，一旦出现了较大的比例失调，也不能自动地加以校正。社会主义国家经济建设时期中的"投资饥饿症"，以及货不对路、产品积压等现象的长期存在和难以彻底纠正，其根源就在于此。

在社会主义国家的经济理论界长期流行的直接计划调节论，建立在全民所有制经济是产品经济的基础上。这种理论认为社会主义全民所有制领域不存在真正的商品交换，生产物不具有价值性，因而在全民所有制内部的生产与交换中，价值规律和市场机制不再发生作用。既然全民单位的产品都是完全的社会产品，耗费在产品生产中的劳动都是完全的直接社会劳动，因此，在全民所有制领域的一切经济活动都应该和可能从属于国家计划的调节与控制，代表社会的国家就完全可以用指令性计划来直接控制与调节全民所有制企业的生产、交换与分配。

为了弄清楚社会主义经济调节机制的性质，有必要对全民所有制与市场这一问题进行一些讨论。

市场是通过买卖的生产者之间的关系。市场关系的经济基础是生产者的独自的和特殊的利益，这种经济利益植根于一定的所有制关系之中。因为直接生产者作为一个所有者或是占有者，就是一个个享有经济利益的实体，它们相互之间在产品交换时就要采取有偿的形式，和要进行产品中的投入劳动的相互比较。这种交换过程使劳动二重化：分化为具体劳动和抽象劳动，而劳动产品也就此具有了价值性，即成为商品。劳动产品以商品形式进入市场交换，这种交换行为就不再是从属于个人意志的私人行为，而是一种从属于价值规律支配的市场群体行为。这表现在不管商品持有者怎样从自身利益出发而抬价，不管商品的价格是否不断地上下波动，社会必要劳动时间总是要成为市场价格的中准和轴心。马克思说："在私人劳动产品的偶然的不断变动的交换关系中，生产这些产品的社会必要劳动时间作为起调节作用的自然规律强制地为自己开辟道路，就象房屋倒在人的头上时重力定律强制地为自己开辟道路一样。"①在价格下跌到价值以下时，生产自动地缩减，而在价格上升到价格以上时，生产自动地扩大；或者是在供过于求出现竞卖时降价求售，而在供不应求出现竞买时提价出售。上述市场变动表现为价格→供求效应（价格变动引起供求相应的变动）和供求→价格效应（供求变动引起价格相应的变动），这双重的效应——市场机制的主要环节——体现了作为独立的所有者的商品生产者，从自身利益出发，对变动了的市场价格（价格水平、竞卖或竞买）及时地、灵敏地和自动地调节和自动地适应。

在社会主义制度下，全民所有制领域的各个企业都是一个主人，企业之间不再是对立的私有者之间的关系，而是经济利益基本一致的联合生产者之间的相互协作的关系。这曾经使经济学家把市场关系视为与全民所有制水火不相容。但是，社会主义初级阶段的全民所有制乃是一种不完全和不成熟的社会公有制，因为它一方面是体现全社会公共利益的生产资料全社会公有制，一方面又还带有和包孕某些产品局部占有的性质和因素，从而还要体现企业联合劳动者的局部利益。这就决定了全民所有制企业生产的商品性和交换的市场性。因为，既然全民所有制还包孕有某些局部占有关系和体现了某些企业的特殊利益，企业也就在一定程度上具有利益主体的性质，而与全社会的利益共同体有所不同；由于企业具有责、权、利，是进行自主经营的相对独立的经济实体，它在生产中的劳动投入就表现为企业范围内的社会劳动，而与完全的社会劳动有所不同；具有自身经济利益的企业相互

---

① 《马克思恩格斯全集》第23卷，人民出版社，1972年，第92页。

之间在交换产品时，也就必然要对所付出劳动和获得劳动进行比较，要保证生产中劳动耗费能够得到补偿，因此这里就存在劳动在交换过程中的抽象化和产品具有价值性的情况，而企业之间的活动交换也就必须是立足于有偿的和等价的基础之上。可见，当代现实中的社会主义表明，由于社会主义公有制尚未发展、成熟到马克思主义经典作家所设想的自由人的联合体和全社会利益共同体的程度，社会主义全民所有制的这一特征从而社会主义企业的性质，决定了全民所有制内部的交换就仍然具有市场交换的性质。

社会主义全民所有制的性质决定了企业相互交往活动仍然要表现为市场行为，要从属于市场调节机制的作用。它表现在：全民所有制企业作为自主经营、自负盈亏的相对独立的商品生产者，要基于自身的经济利益，根据市场条件而进行自主的生产与经营。企业之间的活动交换，作为一种自主的经济活动，有必要通过市场来进行。因此，在全民所有制领域中，社会主义市场是社会主义生产者和劳动者之间的自主交换关系的总和。这种总体的自主交换，就会表现出一切市场活动所具有的共同特征：价格适应市场供求的变动而上下波动，市场销售量适应价格变动而变动。市场作用，最重要的是表现为企业根据市场状况（价格、竞争等）而调整生产的产品品种和数量，调整投资方向和生产规模，对于全民所有制来说，市场和市场机制并不是"外铄的"，而是内在的，它是不成熟的社会主义全民所有制在交换活动中的实现形式。因此，那种把市场机制视为与全民所有制水火不相容的传统观念，不过是对现阶段社会主义全民所有制做了一种从法权形式出发的、简单化的理解罢了。

（四）社会主义有计划的商品经济中市场机制的特征

全民所有制内部市场关系的客观存在，表明了社会主义计划经济调节体系中存在着市场调节机制。社会主义制度下的市场机制具有由生产资料公有制所赋予的新特征。

1. 作为实现计划调节手段的市场机制

在社会主义有计划的商品经济形态下，市场机制成为国家实现计划调节的工具。社会主义商品经济是以公有制为基础，生产资料全民所有制赋予了各个商品生产单位以利益的共同性，并在这个共同利益的基础上产生了经济的计划性，即生产活动服从社会先定的计划的指导和调节。社会主义经济的计划性决定了企业的自主行为的特征：它是计划指导下的经济自主，而不是绝对的经济自由；它是从属于国家计划的企业自主经营，而不是超越国家（或社会中心）调控的为所欲为；在完善的经济调节机制下，这种企业活动自主性本身业已体现了计划性。全民所有制经济的计划性决定了这一领域中的市场作用的特点：它是从属于计划指导的市场机制，市场机制不再表现为一种不可控制的、异己的力量，而是带有可调节的性质。例如，作为市场机制的价格→供求效应和供求→价格效应，不再是自发地起作用，而是要受到计划机制的调节和控制。即：价格在一定范围内适应供求变化而波动，而不是自由地大起大落；资金以及各项生产要素在市场作用的引导下自主流动，但不是不受约束、为所欲为地自由转移；在计划机制所规范的范围内的竞争，不是私有制商品经济中那种完全的自由竞争。总之，市场活动被规范在计划许可的范围内，是社会主义有计划的商品经济中市场机制的特点。

在实行间接调控方法和采用指导性计划的情况下，企业的经济活动表现为一种市场性的行为。它的特征是：企业在生产与经营中要对市场做出积极的反应，例如适应价格的升降而改变生产计划与购销计划。乍一看来，这里似乎是一种纯粹的自发的市场调节机制。正是由于着眼于这种调节机制的表面形式，经济理论界一些同志把这种指导性计划范围内的调节方式归于市场调节范畴。我认为，这种观点是不正确的。马克思主义的研究方法要求人们区分经济关系、过程的现象与本质，要求人们不是停留在事物的外表，而是要深入到经济过程、关系的里层。根据这一方法，这一自发性市场活动的先导是国家自觉的计划调节。这是因为：一方面，社会主义国家利用价格、税收、信贷等经济杠杆来自觉地影响和形成某种市场参数，由此来调节市场活动，例如，对于那些急需发展的生产部门的产品，通过规定较大的价格向上浮动的幅度，规定较低的利率，给予信贷的方便和优惠利率，而对于那些产品过剩的生产部门，则可以规定较大的价格向下浮动的幅度，以及采取提高税率和限制信贷等方法。在这里，透过自发性的市场机制的外表，人们会看见，这种价格→生产的自动效应中，业已体现了计划机制的作用，体现了国家自觉的控制和调节。另一方面，就市场机制基本要素的价格来说，尽管存在供求→价格的自动效应，即价格会适应供求状况而变动，但在社会主义商品经济中，价格毕竟不是在自由竞争中自发地形成的，国家可以通过一定的价格政策来指导和规范企业的价格调整和控制价格变动的界限。这一价格变动过程仍然体现了国家的干预，仍然是属于价格的有计划形成，而不是纯粹的价格市场形成，不是完全和纯粹的自由竞争价格，这正是社会主义商品经济中价格形成的特点。这两方面表明，社会主义商品经济中的市场机制已不再表现为一种自发的作用，而是有国家的计划机制贯串其中。

在实行间接调控的条件下，市场机制实质上是一种用来实行计划调节的工具与杠杆。间接的调节和控制方式的特点是：国家不是用计划来直接调节生产，而是借助市场机制的调节作用来实现计划的要求。在这一经济过程中,国家借助计划机制,通过自觉地创造各种经济条件,来影响和形成一定的市场参数,来调节和控制市场活动,从而对企业活动进行指导,使之能符合计划的要求。尽管这一过程中存在计划调节作用与市场调节作用的统一与交织,但是这一过程中的主导方面与决定因素仍然是计划调节,只不过这种计划调节不是采取直接的形式,而是立足于对市场机制的运用。这种借助市场机制的间接调控,是社会主义有计划的经济调节的最主要的形式。这种调节方式通过经济杠杆的作用,利用经济利益的吸引与鼓励,把千百万商品生产者的自主的经济活动,引导和纳入国家计划的轨道内。它既能充分发挥商品经济的活力,又能有效地运用和发挥计划经济的优越性。因此,我国经济体制改革的方向就是要逐步地缩小指令性计划的直接控制,逐步扩大指导性计划范围,使国民经济活动从属于这种间接控制的方式与机制。

2. 间接的经济调控与直接的经济调控相结合

直接的调控方式(或称直接计划机制),是社会主义国家采取指令性计划形式,依靠行政系统的强制力量来对国民经济活动进行直接管理、调节与控制。它表现为国家通过计划机关和政府的经济管理机构,制订控制社会生产、交换、分配、消费等过程的统一经济计划,向下(直到基层生产单位)分配计划任务,组织与监督计划的执行。直接的计划调控的经济基础是生产资料的社会公有制,社会公有制基础上各个联合劳动者利益的一致,使国家能够用较为严格的计划形式来约束与调控企业的经济活动。此外,也由于市场机制的间接调控方式,往往是在产业结构基本合理,商品的供求大体平衡而且经常具有买方市场的条件下,才能充分显示它的自动调节的积极效果。而在商品供求严重失调并在短期内难以改变的历史条件下,特别是战争、自然灾害引起严重的物资匮乏的时期，市场调节机制的作用总是不可避免地会出现价格过度和急剧上涨。因此，为了保证重点单位的生产和保障广大人民群众的基本生活需要的满足，在一定的生产与交换领域采用直接的调控方式还是必要的。即使是在社会主义经济基础业已巩固，在进入社会主义商品经济正常发展时期以后，人们也不能期望就可以完全放弃对直接的调节与控制方式的利用。因为这种较为严格的、具有刚性的调控方式，是用来抑制商品经济发展中可能出现的较为严重的自发性与活动失控的有效调节手段，是社会主义经济调节系统中必须长期加以保存备用的控制阀门。

基于上述，在社会主义经济发展过程中，尽管间接的调控方式的作用范围越来越大，但是间接的调节控制往往是与直接的调节控制相结合而发生作用的。因此，在社会主义社会很长的历史时期内，既不是单一的直接的国家调节控制，也不是单一的间接调节控制，而是一个直接调控与间接调控相结合而以间接调控为主导的双重的经济调节机制。一个完善的社会主义有计划调节机制，就应该是在保证以间接调节为主要形式下做到间接调节与直接调节相结合。

3. 社会主义市场机制的不完全性

社会主义商品经济是特殊类型的商品经济，社会主义市场机制也是一种特殊的、不完全的市场机制。市场机制的不完全性，首先表现在市场机制起作用的范围受到限制。由于劳动力、土地、森林、矿山等不再是商品，艺术制作、科学研究、教育活动等也不是真正的商品生产，因而这些生产资料与精神产品不从属于市场规律，不由市场价格高低来调节。就社会主义的劳务市场来说，尽管劳动力采用某些商品交换的外观，但实质不是商品交换，而且劳动力的价格即工资，不是由供求关系来调节和在市场上自发地形成，而主要地是由按劳分配的规律来调节和有计划地形成。社会主义国民经济的某些领域还会采用直接调控方式。在那些实行指令性计划的商品生产领域，由于商品价格要由国家计划直接规定，生产量由计划机关直接安排，产品在企业之间的交换采取计划调拨方式，在那里生产与交换受国家直接控制，尽管价值规律仍然对经济活动起着作用，但是这种作用方式基本上摆脱了市场机制的形式，不表现为明显的和直接的供求→价格效应和价格→供求效应。这表明，在社会主义有计划的商品经济中，由市场机制起调节作用的范围受到某些限制和不再是无所不包的。其次表现在市场机制的作用形式所具有的特点上。社会主义商品经济是以公有制为基础，全民所有制企业固然是具有自身利益的经济实体，但是全社会利益毕竟是企业经济利益的本质特征，因而企业的自主活动不能超越社会利益而单纯追求局部利益；全民所有制企业固然拥有进行独立经营的自主权，但这种自主权是被规定在合理的范围内，而不是绝对的经济自由；全民所有制企业相互之间的经济联系固然是要通过自主的商品购买和销售的形式来进行，但企业的经济利益、自主权的特征，决定了它的交换活动从属于体现社会利益的统一计划的调节。归根到底，全民所有制企业的交换固然表现为市场行为，但它是以公有制为基础的基本利益一致的独立（相对的）经营主体之间的市场行为，是一种新型的、特殊的、社会主义的市场行为。它不仅在性质上与资本主义所有制下的私人市场行为有重大的区别，而且在运行机制上也具有不同于资本主义市场机制的特征，而不是听凭市场自发地起作用。

价格变动机制是市场作用机制中的关键。社会主义的价格形成（指实行指导性计划领域的全民所有制企业的商品价格），不是纯粹取决于供求的市场价格形成，而是计划调节、控制下的市场价格形成。国家通过规定价格变动幅度和参与市场调节等直接计划机制和间接调控手段，可以对供求→价格效应加以约束，避免市场价格的过度波动。社会主义价格形成不是纯市场行为，而是属于有计划形成的范畴。价格形成与变动的这种性质表明：社会主义市场不存在完全的价格→供求效应和完全的供求→价格效应，国家计划制约着市场价格变动，因此，要把握住市场作用这一基本环节，使市场机制作用从属于计划的要求。

为了发展社会主义市场，要实行开放型的自主流通，建立起统一的、畅通的市场网络，促使各种生产资源在全国范围内和横向地自由流转，打破违背商品经济的本性和要求的部门封锁和地区封锁，但这并不意味着资金、劳动力和其他生产资源可以不受计划指导而自由地在部门中转换。社会主义市场存在竞争，但社会主义企业竞争的方式要被规范在合理的范围内。竞争必然引起企业优胜劣汰和关停并转，但这并不意味着可以自由放任地听凭企业由市场力量摆布，而不对那些需要保护的生产部门进行各种必要的支持（如在贷款上提供便利和优惠），更不意味着可以自由地听凭企业大规模破产。以上情况表明，社会主义的市场机制已经不是一个由市场要素自行发生作用的自发性机制。社会主义国家通过完备的与有效率的经济管理机构，按照社会主义经济规律的要求，采取进行宏观控制的间接调控手段，有效地影响和调节价格、供求等市场要素的变动，避免这些要素的盲目变化和由此产生的经济活动的不稳定性。社会主义市场活动的特征正是在于计划的作用渗透于市场机制之中和对市场作用方式施加影响、加以规范，保留其有积极作用的形式，扬弃其有消极与破坏作用的形式。

（五）作为计划调节机制补充的自发性市场调节机制

社会主义的计划经济处在历史发展过程中，它还要经历一个由不完全、不成熟的阶段逐步地向更完全、更成熟的阶段过渡。在社会主义初级阶段，由于多种所有制形式与多种经营形式的存在，决定了初始期的计划经济制度不可能是十分完全的。例如，我国当前对日用消费品中的小商品和品种纷繁的三类农副产品生产的领域（主要是个体所有制和集体所有制，也包括部分全民所有制领域），不实行计划调节，而是由市场上自发起作用的价值规律来调节。企业生产什么与生产多少，由企业根据市场需求的状况，结合自身的条件来决定，这一领域的经济活动十分鲜明地体现出供求变动——价格涨落——生产扩张或缩减的作用。这是一种完全的自发性的市场机制，价格变动是市场自发性的供求变动的结果，而生产者的生产变动又是自发性的价格变动的结果。这种情况与指导性计划领域起作用的那种可调节的市场机制有根本的不同。

尽管这一领域的市场调节具有历史上的商品经济中的市场机制的特征，但它毕竟是社会主义制度下的市场机制。在这一经济领域，生产者基本上是社会主义联合生产者和其他社会主义劳动者；这种自由生产在范围上受到很大的限制，在工农业总产值中所占比重很小；对这种自由生产，国家要用政策法令来加以规范和指导，并由工商行政机关加以管理。因此，人们一方面能够限制和避免这种自发性市场机制所固有的消极作用，一方面能充分地发挥这种调节方式的积极作用，增强这一自由生产的活力，使它在社会主义国民经济中有效地发挥补充作用。

由于自由生产是计划生产的从属部分，它与计划生产存在有机联系，这就决定了作为调节机制的自发性市场机制和有计划调节机制之间存在内在联系，即这种自发性的市场调节处在强大的计划调节体系的作用之下。社会主义国家拥有规范市场调节的各种手段，国家可以控制个体所有制经济，以及全民所有制经济和集体所有制经济的自由生产的范围，控制和调节社会主义制度下的自由生产部分，使之保持在合理范围内。可见，社会主义经济中的自发性的市场机制，并不是计划机制的对立物，它完全可以在特定的领域以辅助的调节形式来发挥作用，从而有理由将它视为社会主义有计划的经济调节机制中的一个附属部分。

（六）计划调节机制和市场调节机制的统一是社会主义有计划的经济调节机制的特征

基于以上的分析，可以进一步对社会主义经济调节机制的特征做以下的归纳：（1）计划调节是社会主义经济调节的本质特征。社会主义经济是以公有制为基础的计划经济，经济活动的主体要从属于代表全体社会成员的利益和意志的国家计划的控制与调节。这一本质特征表现在：国家通过有科学根据的先定的中央计划来控制宏观的国民经济运动和指导、调节微观的经济活动，同时又通过计划的调整来解决再生产中的矛盾，消除不平衡的要素，保证整个国民经济经常的协调发展。计划调节意味着社会意志和国有力量成为经济的启动器和调节器，它表明了人们的经济活动具有自觉的"自由行动"[①]的性质。人们不再是盲目地进行生产，而是在生产中实现自己预期的目的，由此真正成为生产的主人。这正是计划经济的优越性之所在。（2）社会主义有计划的调节是以计划机制与市场机制的结合为特征。社会主义经济仍然是商品经济，因而有计划调节就必须自觉地运用商品经济所固

---

① 《马克思恩格斯选集》第3卷，人民出版社，1972年，第323页。

有的市场机制的自动调节作用。具体地说，国家通过运用各种经济杠杆来实现计划调节，因而这种有计划调节是以间接调节与控制的形式来发挥职能的。在间接的计划调节机制作用下，个人和企业的经济活动由市场作用来启动和推动，经济发展过程中的矛盾由市场作用来调节。这种情况表明，社会主义经济的运行具有自动发动、自动调节和自动运行的性质，构成一个自动的过程。（3）社会主义有计划的调节主要是以间接控制形式来发挥职能，但并不绝对排斥直接的调节形式，是在以间接调控为主的条件下实行直接调控与间接调控相结合，使直接的国家调节控制作用与间接的经济自动调节控制作用相补充，以充分地发挥社会主义有计划的经济调节的作用。（4）社会主义经济体系（包括个体经济以及其他带有非社会主义性质的经济）中的局部领域由于不做计划，其经济活动是由自发性的市场机制来调节，这种市场调节不属于计划调节范畴，但它与作为主体的有计划调节一起，共同形成社会主义经济调节机制。

总之，社会主义有计划的生产中，国家的直接调控与间接调控的结合，间接调控方式中国家计划通过市场机制发生作用，以及计划经济与市场调节相结合，这三方面均体现了计划调节作用与市场调节作用的统一。正是依靠这一计划机制与市场机制的结合和互相渗透，使制约国民经济活动的外在力量与内在力量，自觉活动与自发活动，经济杠杆的作用与行政杠杆的作用，经济利益的吸引与国家的强制等要素巧妙地结合起来。

二、计划管理体制与经济调节杠杆体系

社会主义经济的有计划发展是不可能自发地实现的，而是在社

会主义国家进行有效的计划调节、发挥国家的计划管理的职能中实现的。计划管理体制越是健全，计划调节方式越是完善和有效率，经济运行的计划性就越是有保证。反之，如果计划管理体制与计划调节的方式不完善，就会直接地影响计划经济的顺利进行。因此，选择与确定一个适当的计划管理体制与科学的调节方式，对于社会主义国家经济有计划按比例地发展，具有头等重要的意义。

社会主义国家的计划管理体制和方式，不可能听随人意，而是由社会主义经济的性质及其客观经济规律所决定的。社会主义国家实行计划管理，是由以公有制为基础的社会主义生产关系和国民经济有计划按比例发展的规律所决定的。但是，计划管理的具体形式与方法却决定于有计划按比例发展规律发生作用的具体机制，而这又取决于社会主义经济发展阶段的具体条件。在消灭了商品关系的社会发展阶段与存在着商品关系的社会主义阶段，有计划按比例发展规律作用实现的机制与方式就不可能一样。因此，不能把计划管理方式看作是僵硬的与固定不变的。在社会主义社会的不同发展阶段，随着经济条件的变化，计划管理与调节必然会采取某种新的形式与方法。

（一）把经济方法与行政方法结合起来，以经济方法为主

社会主义计划管理主要应依靠经济方法，即国家运用价格、利息、税收、工资等经济杠杆来调节经济活动的利益关系，利用经济利益的引导，依靠人们从自身物质利益上对生产与交换的关心，诱使和促进企业按照国家计划所规定的方向进行经济活动，如国家规定和调节市场参数，使某种生产活动能获得更多的经济利益，由此促进企业扩大该种产品的生产，或者使某项生产活动缺乏利益，甚至遭受损失，由此促使有关企业缩减生产。

计划管理的经济方法立足于对市场机制的自觉利用。这种调节与管理方式不仅适合于个体经济，也适合于集体所有制经济和全民所有制经济，因为用经济方法实行管理，适合于各种生产单位自负盈亏的性质和生产活动所从属的利益关系的特点。只要有计划调节善于依靠经济利益的推动和吸引，依靠企业的自主决策，人们就能够在不引起大的震动的条件下，卓有成效地对经济活动进行调整，使之纳入计划轨道。

计划管理的行政方法，是利用命令、指令、法规等来约束企业和个人的经济活动。行政方法的特征是具有强制性，即依靠国家的行政权威和下级服从上级决策的行政原则来实现计划的要求。由于个体企业和集体企业的自负盈亏性质，也由于全民所有制企业具有自身的特殊利益，因而企业的生产活动能自觉自愿地服从国家计划，但必须以国家计划要求能与企业经营的营利性要求相一致为条件。

党的十一届三中全会以来，在改革经济体制的试验中，在继续采用行政手段进行管理的同时，采用了依靠专业公司等经济组织形式来管理经济；通过对不合理的价格进行调整，实行浮动价格、协议价格等形式，发挥价格杠杆的作用；通过实行利润留成和各种盈亏责任制形式，发挥利益的杠杆作用；通过扩大银行信贷和实行利息浮动等形式，发挥信贷的杠杆作用；如此等等。由于采用了更多地依靠经济调节杠杆来管理经济的方法，使企业从过头的行政管理的羁绊中解放出来，逐步具有了相对独立的商品生产者的地位，这样就较充分地调动了企业与职工的生产经营积极性，使企业的生产经营更具有灵活性和对市场的适应性，从而收到搞活经济、提高效益和更好地实现产需结合的良好效果。实践表明，对社会主义有计划的商品经济进行计划管理，必须主要地依靠经济方法。

强调经济方法的运用，但并不否认行政方法的作用。由于全民所有制企业基本利益的一致性，经营自主并不意味着企业是一个独立的利益主体。恰恰相反，在全民所有制领域，国家是全社会利益的代表者，是企业的共同的主人，企业的活动完全能够服从国家的集中管理与调节（包括服从行政性方法的刚性的管理与调节）。因此，社会主义国家不仅有可能，而且应该根据公有制经济发展不同阶段的需要，根据国家的政治经济任务，对全民所有制经济的一定领域或一定活动采用行政方法来进行管理。例如，在社会主义工业化初期，为了切实保证建立起一批社会主义骨干企业的紧迫需要，采用行政方法往往就是十分必要的（当然这不是说行政方法是唯一的计划管理方法）。在资本主义经济和个体经济还在国民经济中占有较大的比重，特别是在资本主义自发势力还表现得十分突出的过渡时期，用行政方法来进行管理是必要的。如果在出现战争和自然灾害的特殊历史条件下，用行政方法来保证经济活动的计划性，那就更是必要的。可见，对实行计划管理的行政方法的作用的考察和估价，应立足于辩证的与历史的观点的基础上。

但是，我们应看到社会主义计划管理体制的下述发展变化趋势：随着原先经济落后国家的社会主义工业化的进程，社会主义经济日益发展成熟，直接调控的行政方法就要让渡间接调控的经济方法。因此适应社会主义商品经济的发展，社会主义经济调节体系就越带有间接调控的鲜明特征。当然，即使在社会主义商品经济充分发展的时期，计划管理在主要依靠间接调控的经济方法的同时，也还要采用必要的行政手段，例如国民收入的积累与消费的比例关系，工资总额增长幅度，某些重要产品的生产计划和价格，重要的部门（能源、交通、科技、国防等）的基本建设，等等，都必须采用必要的行政方法，通过指令性计划形式来加以确定和安排。因此，在很长的一段时期内，计划管理的正确做法看来是：把经济方法和行政方法相结合，而以经济方法为主。这样才能对日益表现出充沛活力的社会主义商品经济进行有效的控制与调节，保证整个国民经济运行与发展的计划性。

（二）指令性计划与指导性计划相结合，而以指导性计划为主

在计划管理中实行行政方法与经济方法相结合，涉及许多方面，其中的一项关键问题是要正确处理指令性计划与指导性计划的关系。指令性计划是国家运用行政权力与行政手段向企业下达的带有强制性的计划，不论盈利多少，企业都必须按照国家下达的计划进行生产。社会主义全民所有制企业的经济活动直接体现全社会利益，又由国家委派领导人员负责管理，因而对它们实行指令性的管理方法，不仅是必要的而且是可能的。社会主义国家在进行工业化建设时期，为了确保经济的基本比例关系的协调和经济发展的计划性，有必要对关系国计民生的重要产品实行指令性计划。即使在大力发展社会主义商品经济的时期，对于那些供不应求的重要产品，如我国当前的能源、钢铁、水泥、木材等，也很有必要实行具有行政约束力的计划生产与分配，才能保证重点建设与骨干企业的需要和保证人民基本生活的需要。

在实行指令性计划的场合，国家通过统一经济计划的制订和自上而下组织落实计划的执行，直接管理和控制企业的经济活动。这里包括国家计划的改变（如补充与修订），通过行政程序直接引起企业生产任务的调整与经济活动的改变。可见，计划是生产与交换的直接调节者，企业的生产是按照国家计划来安排的，而不是由盈利高低来调节，这里体现了国家计划→生产变动的直接计划机制的作用。实行指令性计划的国家对经济生活的调节与控制，并不是单纯依靠强制力，而是要依靠经济规律，依靠价值规律的作用。由于全民所有制企业具有自身的特殊的经济利益，企业职工从企业局部利益上关心生产，因而价值范畴仍然要在全民所有制经济中发生作用，价值规律不仅仅是核算企业的劳动耗费的工具，而且是实现企业之间的活动"交换"的工具，它决定不同企业相互之间进行的劳动交换的比例。因此，指令性计划也并不是单纯地依靠行政方法向企业下达生产指标，而必须对企业的产品合理定价，使企业在完成计划中能做到使生产中的耗费得到弥补，获得相应的利益。这是指令性计划得以顺利地完成的必要条件，它表明计划的直接调控作用也必须立足于自觉地运用价值规律的作用，这里，实行直接调控的指令、命令的作用，实际上是蕴含着经济力，蕴含着价值规律的作用。当然，在实行指令性计划的场合，由于价格形成是采取国家有计划定价与调价的形式，是价格的直接计划形成，因而价值规律未通过市场价格的波动和以市场机制的形式发生作用。这是价值规律在这一特定领域中作用的新特点。

与社会主义商品经济相适应的计划形式是指导性计划，它是一种用经济方法来进行计划管理的形式。国家主要是通过运用价格、利润、税收、信贷等经济杠杆，借助于经济利益关系的调节与引导，把企业的经济活动纳入国家的计划轨道。实行指导性计划，体现了对通过市场机制而起作用的价值规律的自觉运用。在这种调节方式下，国家下达的计划对企业并不具有约束力，企业主要是根据市场状况与自身的条件和利益来确定自己的生产计划，因而客观上存在着一定程度的市场机制的作用，不过，它不是资本主义市场经济中那种纯粹自发性的市场机制，而是一种特殊的，由社会主义国家掌握、控制与调节的市场机制。具体地说，就是国家通过掌握与调节市场参数，再通过市场参数的自动调节机制，引导企业的生产活动服从国家计划的要求。如价格政策的制定，通过适当提高某种供不应求的短线商品的价格，或是配套以降低税率与扩大信贷等措施，来鼓励与引导企业自动地扩大生产；或是适当降低某种供过于求的长线商品的价格，以其他经济调节杠杆的作用，引导企业自动地压缩生产。实行指导性计划，由于不是通过上级管理部门直接规定企业生产任务，而是借助企业对自身利益的关心，用经济杠杆引导企业自主地把它的生产、交换与分配等活动调整得符合国家计划的要求，因此这种计划管理方式能够发挥企业自主生产的积极性。它使企业活动成为一种适应市场条件（主要是价格）的自主的商品生产与经营，成为一种计划指导下的市场行为，既能增强经济的活力，又能做到活而不乱。无疑地，为了管理好个体所有制和集体所有制经济，必须运用这种计划管理形式，在全民所有制企业实行自主经营、自负盈亏的情况下，也必须充分地运用这种计划管理形式。我国经济体制改革的方向，就是要逐步缩小指令性计划，逐步扩大指导性计划。在我国社会主义商品经济充分发展的阶段，指导性计划将成为我国计划的主要形式。

（三）实行间接调控的经济调节杠杆体系

用经济方法进行计划管理，是立足于对经济调节杠杆运用的基础上，经济调节杠杆是商品经济的范畴。在存在商品经济的条件下，国家根据商品经济的机制，利用商品货币形式的经济因素与环节，来影响、调节、控制经济生活，如通过控制价格来调节商品供求，通过税收政策来调节收入分配等，在这里，价格、税收等就成为国家进行经济调节的杠杆。经济调节杠杆又是一个历史范畴，它是在国家的调控经济职能产生后出现的。自由竞争的资本主义时期，那些奉行自由放任政策的国家，政府不干预私人企业的经营活动，价格纯粹是市场现象，税收也只是用以维持国家机器和某些公用事业而不具有调节宏观经济的职能，因此这时价格、税收等不具有经济调节杠杆的作用。只是在资本主义的垄断阶段，由于资本主义基本矛盾的深化，资本主义政府实行国家垄断资本主义的措施，国家干预成为缓解资本主义矛盾和维持社会再生产的必要条件，这时价格、利率、信贷、货币、税收等才成为国家调控经济的杠杆。

社会主义有计划的商品经济，是在国家有效地发挥其经济调控职能下实现，并形成了完备的与具有充分效率的有计划的经济调节机制。这是保证社会主义商品经济健康发展的前提条件。这一社会主义经济调节最主要的机制，就表现在由价格、税收、信贷、工资等组成的经济杠杆体系上。社会主义国家的计划管理是否具有成效，取决于以下两个方面：（1）上述经济杠杆体系是否完备，以及人们对经济杠杆体系是否能有效地加以运用；（2）人们是否能做到在主要依靠经济调节杠杆时，辅以必要的行政手段，使二者互相补充，相辅相成。

社会主义经济调节杠杆体系包括以下几个组成部分：（1）价格杠杆；（2）行政税收杠杆，如税金、罚款（滞纳金）、补贴、公债等；（3）银行信贷杠杆，如利息率、贷款量、货币发行量、汇价等。

以上各个经济调节杠杆对社会经济生活的不同方面的利益关系起着调节作用。例如，价格直接影响企业收入和居民的购买力，税收直接影响企业收入中上缴国家部分和自留部分，工资和奖金直接影响企业利润中归职工部分与用于生产发展的部分。通过正确地安排各个经济调节杠杆的关系，人们就能在有计划的商品经济中实现国家、企业和个人利益关系的一致，维护生产资料的社会主义公有制和按劳分配，这是社会主义商品经济顺利发展的根本前提。经济调节杠杆，有些直接影响企业的固定资产投资，有些影响职工的消费基金和居民购买力，有些经济调节杠杆的某种运用方式又可刺激生产和消费，而某种运用方式则对生产与消费起约束作用。可见，经济调节杠杆体系的作用与社会主义商品经济的复杂的活动机制息息相关。因此，建立一个完备的和高效率的经济调节杠杆体系，就犹如现代化的自动生产体系获得了使用电子计算机的自控系统一样，社会主义国家就能够通过对各种经济参数的设计，确立和修正对社会主义经济各个重要环节及其活动的各个不同方面施加影响、调节和控制，在发挥企业自主经营，实行经济自行运转中实现计划规定的总目标。借助经济调节杠杆的计划调节，是一种"柔性"的调节方式。运用这种以间接调控为特色的调节方式有相当的难度，它的发挥成效有赖于经济调节杠杆体系的完备，有赖于人们运用经济调节杠杆的能力。

价格是经济杠杆的重要环节，是用经济方法管理经济的重要手段。由于价格直接关系企业的收入，价格的变动通过企业收入的增减以及企业自留利润的多少，影响到企业与职工的经济利益，从而价格就成为计划管理中十分有用的调节手段。近年来，我国调高了农产品及某些工业原料的价格，有效地促进了工农业的增产。特别是某些长期发展不起来的项目，适当调高价格后，生产单位自主地挖掘潜力，积极增加生产，缓和了市场供求的矛盾。为了实现用经济办法进行管理，必须进一步完善价格杠杆。首先，要实行有科学根据的以价值为基础的定价，使各种不同产品的价格能够反映产品的社会必要劳动耗费，从而使企业的收益能够真正地反映它的经济效果，这样企业与企业之间的交换才能立足于等价之上。其次，价格必须适应供求而变动，这是发挥价格的调节作用的必要条件。要充分发挥价格的调节作用，必须建立起一个由统一定价、浮动价格、协议价格、自由价格组成的价格体系。对于一部分供不应求的基本生产资料和消费品要实行统一定价，对于多数商品则要实行浮动价格、协议价格和自由价格。浮动价格是发挥价格的调节作用的一种有效形式。在实行完全的浮动价格的场合，国家规定价格浮动的上下限，企业可以在规定范围内适应市场需求而自行将价格向上或向下浮动。在某些情况下，也可以实行不完全的浮动价格，例如只允许向下浮动。价格向下浮动，使供过于求的商品得以扩大销路，又对生产起到刹车作用。价格下浮有利于消费者，也能促使企业采用新技术，改进经营管理，降低成本。价格向上浮动，既对消费起抑制作用，又促使企业增加生产，但它增加了消费者的负担，因而国家要正确规定实行这种价格的商品范围，规定恰当的浮动幅度，就理论来说，则必须使价格能够具有上下浮动的灵活性，才能真正使价格成为调节经济的手段。

浮动价格属于计划价格的范畴。尽管它体现了一定的企业自主定价和一定的价格的市场形成，但由于企业的定价自由被规定在计划所许可的范围内，因而这一过程实质上仍然是价格的计划形成。这是计划价格的特殊形式，它体现了价格形成中的计划调节机制与市场机制的巧妙结合，既能适应商品生产者自主定价的要求，同时又把这种市场性的价格变动规定在计划的范围内，而且是社会主义价值体系中的最重要的形式。社会主义国家要根据价值规律的要求与市场供求的状况，正确地规定商品价格浮动的上下限，使价格向上浮动不表现为价格过度增长，不致损害消费者的利益，给企业以适当的鼓励而不形成暴利。同时，使价格向下浮动不表现为价格的暴跌和形成破坏性市场竞争。这样就意味着价格规律的调节作用被自觉地利用。

要有效地发挥浮动价格的作用，对价格变动幅度不能规定过死，而要根据情况的变化及时地调整价格变动的幅度。对于与人民基本生活需要关系密切的商品，可对价格向上浮动规定较严的界限，而允许有较大向下浮动的幅度。对于不属于人民基本需要的商品，例如高级消费品，应允许有较大的上下浮动；对于那些供不应求，需要发展但非基本消费的商品，可允许有较大幅度的向上浮动；对于供过于求的商品，则可规定较大的向下浮动的幅度；对于供过于求的基本生产资料与基本消费品的向下浮动幅度的范围要适当，要防止过度竞争的破坏作用。总之，要认真研究价格规律与供求规律的要求，正确规定价格浮动的幅度，自觉地运用价格机制的调节作用，力争使经济活动与国家计划预期的目标相一致。

税收杠杆在计划管理中的作用是不容忽视的。税收不仅有国民收入分配和再分配的职能，而且也是实行计划调节的一种极灵活的手段。由于税收的增减也直接影响到企业利润的多少，从而影响企业职工的经济利益，因而国家通过各种税收的设置与税率的合理调整，就能有效地促使企业去增加或是限制某些产品的生产，引导企业的活动符合国家计划的要求。

税收是调节各个企业之间的经济利益关系的主要手段。在社会主义商品经济中，占用了具有优势的生产条件（自然资源和生产设备）的企业，会享有高于占用平均生产条件的企业的级差收入，通过设备资源税或固定资产税，可以将这部分级差收入集中于国家，从而使这些生产条件不相同的企业处在同等起跑线上，这是开展竞争的必要条件。特别是利用税收来调节各类企业的不同生产项目的经济利益关系，可以在物价保持不变的条件下进行。如在价格尚未调整合理以前，对定价过高、盈利过大的企业或产品，可以提高税率或开征调节税，对于定价低、盈利少的产品，可以降低其税率，这样就可以在不牵动更多的相关部门的生产与经营，以及不影响消费者的条件下，使这两种产品的生产者的经济利益得到调节。在一个完善的经济调节杠杆体系中，价格杠杆与税收杠杆必须是各司其职，互相配合。鉴于我国的价格调整涉及面广，是一个极为复杂的工作，需要较长时期才能搞好，因此在经济体制改革过程中，大力进行税收体制的改革，充分利用税收杠杆的作用，就是十分迫切而必要的。

税收也是调节各类劳动者收入差别的不可缺乏的手段。在社会主义有计划的商品经济中，由于企业盈利水平从而自留利润中用于奖金部分的不同，由于脑力劳动的某些领域中的较大收入差别的存在，由于个体经济以及其他过渡性经济形式中人们收入高低不一，因而国家有必要采用所得税对某些高额收入进行征收，以合理调节劳动者之间的收入差别。

信贷是社会主义商品经济的重要调节手段。通过经济体制改革，我们初步改革了资金管理中的统收统支制度，国营企业固定资产实行有偿占用，流动资金实行由银行贷款，因而企业用以维持简单再生产和实行技术改造的资金，除了依靠自有资金而外，越来越要依靠银行的信贷资金。在这种情况下，银行信贷将对企业的生产与交换活动发生重要的制约作用。在银行向某一企业扩大贷款数量或降低贷款利率的场合，企业就能更顺利地实现技术进步和扩大生产规模，从而增加生产数量和扩大商品交换活动；如果银行对企业采取限制信贷的措施，企业就会因缺乏资金而紧缩生产与交换活动。可见，有效地运用信贷（包括各种利率）杠杆，通过对银行信贷资金的自觉运用，就能够对微观的企业生产与交换起到促进或限制作用。此外，运用消费信贷还可以调节消费活动，促使市场供求平衡。

总之，信贷在调节生产、交换与消费中，都能发挥积极的作用，充分运用信贷杠杆可使计划调节的经济杠杆体系更加完备和有效率。

上述计划调节的各种经济杠杆是一个有机体，它们是组成社会主义有计划的经济调节大机器中的轮轴与纽带。它们各有其发生作用的领域和履行着不同的调节功能，同时它们的作用又是互相交织的，在某种条件下可以表现为相互促进和增强的关系，在另一种条件下也可以表现为相互矛盾和抵消的"逆调节"关系。为了有效地调节经济，必须统筹兼顾，全面考虑，对各种经济调节杠杆妥善加以安排，注意它们之间的协调，才能充分地发挥经济调节器的效果，实现计划管理的预期目的。

探寻宏观调控新机制①

在治理整顿、全面深化改革的今天，怎样建立一个宏观调控机制，才能使得政府管理经济放而不乱、管而不死？七届全国人大代表、西南财经大学校长、经济学教授刘诗白日前在接受记者采访时说——

一、诊治宏观失控须寻找新方法

记者：我国经济体制改革的目标是建立"政府调节市场、市场引导企业"的新的经济运行机制，在向这个目标推进的过程中，妥善处理宏观调控与微观搞活的关系，成为政府管理经济的一大难题。放活企业易出现经济失控、经济过热、通货膨胀；而一旦实施紧缩政策，又容易出现"管死""停滞"，影响经济发展。您看产生这个问题的症结在哪里？

刘诗白：十年改革，成绩巨大。但是改革不是一帆风顺，而是经历了曲折，曾几度发生经济过热，然后是调整，出现了放活—失控—

---

① 原载《瞭望周刊》1989年第14期。

紧缩的循环。这种状况的产生，有体制上的原因：在新旧体制转换时期，旧的控制手段削弱了，新的控制手段一时还未形成，因而需求膨胀难以完全避免；但也有主观上的原因：这就是工作指导上的急于求成，在发展中追求高速度，在对企业实行放活中，未能充分注意综合配套，加紧宏观调控体系的构建，把微观"放活"和宏观"管住"结合起来。

记者：许多经济学家都主张把微观"放活"和宏观"管住"结合起来，认为这是现实的迫切需要。可怎样才能做到这一点呢？

刘诗白：关键在于建立起适合于社会主义商品经济的宏观调控体系。目前，迫切需要探索和使用宏观调控的新方法。为了压住猛烈的需求膨胀，采用行政手段"切一刀"，迫使经济降温，是必要的选择，但从根本上、从长远来看，行政手段并不能解决经济失控的问题，只能解决燃眉之急。因为，实行商品经济必须搞活微观，赋予企业以自主经营权，让企业适应市场状况而发挥自主性与首创性，这就要实行市场调节。国家应通过调控市场手段，来引导企业，而不能采用行政手段、指令性计划。即使在目前，企业已实行承包和自主经营的情况下，行政手段的作用也不能估计过高。不分效益好坏、"一刀切"地紧缩信贷，其副作用越来越明显，它不利于产业结构的优化和有效供给的增加。可见，如果只停留在使用旧的一套控制与紧缩方法上，不能达到治理整顿的预期目标。

记者：紧缩和调整本来应扶优汰劣，优化结构，限制那些严重浪费原材料、资源而效益低下的企业，但现在看来，由于行政控制很难摆脱人为因素和地方本位主义的影响，一些效益差的企业特别是乡镇企业可以被地方保住。这是治理整顿中不可忽视的问题。

刘诗白：对。有关部门的统计资料表明，今年头两个月全国工业发展速度回落，但乡镇企业回落的幅度较小。1～2月全民企业增长速度为8%，而乡镇企业仍以超过20%的速度在发展。这表明，由于现行的财政分灶吃饭和包干体制，各级地方政府与企业存在着共同利益关系，行政手段的使用，往往会服务于地方财政收入，从而在调整产业结构中会产生保护地方利益、保护那些低效多耗企业的行为。这个问题是我们当前治理整顿中遇到的最大阻力，迫切需要我们认真理清思路，探寻新的调控方法，来加以解决。

二、把好金融的闸门

记者：人们认为，在各种经济手段中，控制货币发行和信贷规模的金融调控，是使过热的经济降温和控制物价上涨趋势的最重要手段。当前，强化金融调控应如何进行？

刘诗白：当前迫切需要加强金融的宏观调控，特别要发挥中央银行的调控职能，把好货币信贷这个"大闸门"。使用行政手段，对信贷规模实行指令性计划的控制，这在目前是必要的，但还不够。金融调控，也必须充分使用经济手段。利率是金融调控的重要杠杆，根据世界各国和一些地区的经验，要有效地抑制需求膨胀，降低和稳定物价，不很好地利用利率杠杆是难以奏效的。第二次世界大战后，韩国和我国的台湾省为抑制急剧的通货膨胀，都曾把利率提高到40%～50%，起到了非常积极的作用。利率具有吸引存款和排斥贷款的双重职能，提高利率不仅可以吸引流通中的货币，防止储蓄滑坡和挤兑，而且可以有效地抑制企业贷款冲动，扶优汰劣，对产业结构的优化起着重要的积极作用。因而，利率能否成为金融调控的有力杠杆，是中央银行调控机制是否完善的标志，也是宏观调控体系是否有效的标志。

记者：运用利率手段，在我国刚刚开始，今年2月人民银行调高了贷款利率三个百分点，已初见成效。为此还应在哪些方面进一步完善提高？

刘诗白：依我看，利率上调的幅度还小，吸引存款和抑制贷款的作用都还不大。特别是在当前存在着利率低于物价上涨速度的"负利率"的不正常现象，"负利率"的本性必然是对存款的排斥和对贷款的刺激。人们已经看到去年我国物价大幅度上涨时的"负利率"，导致全国性的储蓄大滑坡。特别是"负利率"促使信贷膨胀，企业贷款越多也就意味着获得国家的补贴越多。因此企业并不急于改进经营管理，加速资金周转，节约资金使用额，而是力争多贷款。所以"负利率"起不了发挥择优汰劣的作用。

记者：这些问题已被越来越多地注意到了，最近公布的《国务院关于我国产业政策要点的决定》，明确了扶优限劣的政策，这对调整信贷结构，利用和发挥利率杠杆的作用是有利的。但在金融市场尚不发育、企业改革还不彻底的情况下，运用利率杠杆调节经济是否能真正奏效呢？

刘诗白：当前我国利率杠杆对经济调控作用的发挥，受到诸多因素的制约：

第一，金融市场发育不全，例如拆借市场十分薄弱，债券市场仅在个别城市刚刚建立，股票市场尚在酝酿之中。金融市场发育不充分，市场机制就难以形成，利率对经济调节作用就难以充分发挥。

第二，利率杠杆作用的强化，必须以企业拥有活力和消化能力为前提。我国当前企业效益差，平均利润率较低，难以承担更高的贷款成本，这是在调高利率、运用利率杠杆时遇到的重大障碍。

第三，企业改革未能到位，是中央银行经济手段调控功能难以加强的重要原因。目前企业实行软预算约束，企业有财政资金为其后盾，地方政府基于增加财政收入的考虑，对企业慈父般厚爱，企业有恃无恐，并不能抑制住它的投资饥渴。

记者：这是否意味着，要运用真正有效的宏观调控新方法，必须在治理整顿中进行必要的配套改革？

刘诗白：是的。要运用新的调控方法，当前要抓紧进行这几方面的配套改革：首先，要积极稳妥地推进金融体制的改革，包括积极推进和发展金融资产的转让、推进债券市场化、探索股票转让等；其次，必须大力加强和改进企业经营管理，特别是通过改革，增强企业内部消化贷款成本即高利率的能力，这样即使更多地调高利率，也不致影响多数企业的还款能力和利润水平；再次，必须把企业改革作为当前深化改革的突破口，不仅要进一步在国营企业中推进和完善承包制，而且要积极稳步地推进股份制的实验，加快企业产权的界定、落实和转让工作，使企业真正成为独立自主、自负盈亏的商品生产者和经营者。

三、更多地使用经济和法律手段

记者：在搞好金融调控的同时，还需要采取哪些其他的手段？

刘诗白：财政、税收、价格都是主要的经济调节手段，还有法律手段。当前为控制物价涨势过大，打击流通领域中的官倒私倒，采取了一些行政手段，像实行化肥、地膜、农药等农业生产资料的专营，对粮食流通加以限制等，实际上也是动用的行政手段。这些办法在短期内可以见效，但从长远看，其副作用很多，尤其在产品短缺的情况下，各省各地区要采用行政手段设关卡，不让自己产品外流。这对发展商品经济、建立统一的商品市场是不利的，甚至还会起到阻碍的作用。所以管好流通也要采用经济手段。

记者：怎样使用价格、财政、税收及法律手段做好疏导工作，您能否具体谈谈？

刘诗白：首先要通过价格调整来抑制总需求。

抑制消费需求，要强化税收杠杆。可以考虑对一批高档消费品征收高额消费税，以抑制一些高档消费品生产和消费。大力搞好对个人收入调节税的征收，以抑制一部分过高收入者的过度消费。此外，要实行住房商品化，吸引居民购买力。金融市场要继续开放，不仅要有短期拆借市场，而且要积极开拓债券市场，探索股票交易化的途径，以鼓励人们购买债券、股票的投资行为，使职工具有消费者和投资者的双重身份，从而弱化消费冲动，减轻对消费品市场的压力。

抑制通货膨胀，要利用财政手段，探索抑制地方政府投资冲动的方法。当前普遍实行的财政分灶吃饭一时难以取消，在这种情况下，要完善目前的财政包干体制，研究完善包干方法，保证地方日常财政支出，适当压缩不必要的投资支出，政府财政支出主要用于改善基础设施、发展教育、科技、文化事业，进一步实行投资主体的转换。

法律手段是经济手段实施的保证。该负法律责任的一定要予以追究，该受惩罚的一定要惩罚，这些再也不能停留在口头上，必须真正依法办事，无法可依与有法不依的现象再持续下去不得了。

总之，我国经济体制改革的中心问题在于搞活经济、放活企业，要在宏观调控的前提下充分发挥企业的积极性。因而，在当前治理整顿中，我们应该建立一个既使用行政手段、又充分利用经济手段的宏观调控体系，在宏观"管住"下把微观"放活"，使企业真正能自主经营、自负盈亏，生气勃勃地运行，而又不发生总体失控。这是一个艰难的课题，但也是中国经济体制改革成功的希望之所在。

论计划与市场相结合①

一、在做好结合中，充分发挥计划和市场在经济的组织、调节和运作中的积极功能

计划与市场，就其广泛的含义来说，是两种不同的经济的组织、调节机制，也是两种经济运行形式。市场调节机制，表现在：在自发的市场价格→供求机制中，启动与引导企业的活动，实现资源的优化配置，促进技术进步，自发调整和实现总量均衡。在发达的商品经济中，市场上述功能获得充分体现，市场具有广泛的覆盖性和渗透性，它贯穿于各种经济活动与经济层次中，市场调节由此成为这种国民经济运行的方式。

计划调节机制表现为：由先定的计划来组织生产、交换与分配活动。计划调节是社会主义经济的主导的调节机制，社会主义的宏观经济活动与宏观均衡，主要依靠计划调节功能。微观活动与微观均衡，依靠市场的直接调节，但也贯穿有计划的作用，从而计划调节也在微

① 原载《经济纵横》1991年第1期。

观领域发挥调节作用。以公有制为基础的社会主义经济，使计划调节既具有广泛的覆盖性，又具有很强的渗透性，计划调节贯穿于社会主义商品经济的各种活动与各种经济层次之中，计划性成为国民经济运行的鲜明特征。

社会主义经济，是有计划的商品经济，是以计划与市场的内在统一为其特征，因而我国正在构建的社会主义商品经济的新体制和运行机制，必须充分体现计划与市场的统一。

计划与市场的结合，包括经济组织形式、调节机制，以及经济结构等不同层次上的结合。在上述不同经济层次上，计划与市场有其特有的作用和功能。搞好结合，就能使计划与市场二者各就其位，各显其能，并且互相配合、互相促进，从而使这两种机制的作用和各自拥有的优势得到充分发挥。

（一）作为经济组织与运行方式的结合，主要有两点：

第一，计划经济是由国家计划来组织生产、流通的经济组织形式与运行形式。市场调节是由市场来启动生产与流通的组织形式与运行形式。由先定的计划来组织的生产、分配与流通，体现了集中的功能，它能做到集中生产资源——财力、物力、人力、科技——发挥经济整体和社会群体的合力来办好大的建设和加快现代生产力的形成。对于原先经济落后的国家，在实现现代化过程中，发挥计划经济的集中功能，有效运用整体力，是客观必要的，对于我国来说，更是迫切需要的。市场调节，借助于市场启动企业活动的自主经营形式，有利于发挥一个个微观组织的灵活性，从而发挥整体结构中的个体的活力。对于像我国这样的原先生产力落后、地域广阔、经济分散性强、地区间经济联系薄弱的国家，充分发挥一个个基层单位的生产灵活性，发掘出经济个体的潜力和主动性，根据不同具体条件，灵活组织生产与经营更是十分必要。

第二，依靠计划经济的集中统一功能，在分配中能保证社会公正，防止两极分化，维护劳动者利益的统一性；运用市场调节的分配机制，有利于承认差别，强化物质鼓励，从利益的差别性上调动广大劳动者的积极性。

（二）作为调节机制的结合

计划经济是由先定的计划来组织经济与协调比例关系，是一种事先的与有意识的调节机制。市场调节是从现实的经济结构与供求结构出发的市场力量的自我调节，是一种事后的调节方式。自觉的有意识的调节，是现代化大生产所必需，特别是社会主义现代化大生产所必需，充分发挥先定的国家计划的指导与约束功能，才能保证国民经济的基本比例关系的协调，实现资源的优化配置。由于事物总是在矛盾中发展的，任何有效率的计划的事先协调也不可能消除经济发展中的矛盾，特别是不可能消除商品经济中复杂的供求的矛盾，因而借助于市场机制作用的事后的调节和日常的调整来保持经济均衡，是客观必要的。社会主义商品经济中，在搞好计划的事先的调节的前提下，借助于市场调节的灵活的价格→供求变动，充分利用事后调节的作用，这样才能形成一个完善的调节机制，才能在商品经济充满矛盾和随时表现出不均衡的经济运行中，提供有效的调节机制与均衡机制，以实现产品供求的均衡、产业结构的均衡以及各种宏观经济的均衡，从而实现国民经济持续、稳定地发展。

（三）作为经济结构的结合

社会主义经济在所有制上具有多样性，既有占主体地位的社会主义公有制经济，又有个体所有制和私营经济，中外合资以及外商独资经营经济，显然，经济管理方式应该适应于不同的所有制。社会主义的国家经济管理，要坚持计划经济，用计划来指导和管理国民经济的主要领域——国营经济、集体经济的主要部分的活动，使之成为有组织的整体经济的活力；对作为社会主义经济的补充的个体经济和私营经济的生产活动，以及国营与集体经济中的分散、零星的生产，则实行完全的市场调节。这种计划与市场在经济结构（所有制）层次上的结合，一方面发挥计划经济的优越性，另一方面也发挥了自由市场调节的灵活经营的功能。

可见，计划与市场的结合具有多样的内容，应该在各种经济活动与经济层次上做好二者的结合，有效地发挥两者的积极功能，互相促进、优势互补，以形成一个以计划调节为主导、市场机制为基础的，把有序性与灵活性相统一的社会主义商品经济的调节机制与运行机制。

二、做好结合才能有效地运用计划机制与利用市场机制

计划与市场的结合，还意味着：借助于两种机制的结合、交错、互相渗透、制约，以产生互相增强的效应，从而有效地发挥其积极的功能，以避免二者不结合和对二者之一的单一的、简单的运用下的负效应。

就计划来说，不利于市场作用，单纯凭借行政权力，唯一诉诸指令性计划方式的计划调节，存在着很多弊端。对微观活动的直接干预，会挫伤企业的创意。此外，无所不包的指令性计划，更难以避免

主观主义的瞎指挥。这种不和市场作用相结合的计划，不仅缺乏调控实效，而且会产生来自企业的"逆调节效应"，企业会采取压低计划指标，或是其他的"违反"计划的行为，指令性计划实际上软弱无力，并会带来经济失衡，从而与人们运用的初衷相违。上述情况，业已为几十年的传统计划经济体制的实践一再证实。将市场与计划相结合，就大大增强了计划的调控功能。在指导性计划形式下，将市场机制作为调节工具，把计划调节与市场调节结合起来，就能对企业的经济活动实行有效的调控。在指令性计划形式下，正确地运用价值规律，合理地制定价格，或是对定价过低的生产实行利益补偿，能有效地发挥计划调节的功能，使指令性计划管理落到实处。

就市场来说，如果不是有效地利用计划机制，坚持计划对宏观经济的调控，同时强化法制以规范市场行为秩序，而只是诉诸市场调节和简单地实行放开价格，市场机制所固有的自发性作用，就会鲜明地表现出来，甚至会表现为激化的带有破坏性的形式。即：（1）它不是导致结构（产品、产业）均衡，而是促使其更加失衡；（2）它不是使过高的市场价格下降导致价格向价值接近，而是促使涨价，使价格与价值更加背离。可见，市场机制的本性，它在发挥制衡作用中同时会导致失衡。市场"缺陷"决定了社会主义条件下，人们在利用市场作用时，要通过坚持计划经济和宏观管理，以形成发挥市场调节的积极作用的宏观环境，同时要健全国家宏观调控体系，形成国家调控市场的机制——包括国家调控商品价格、利息、工资等经济参数的机制，从而为市场调节作用的发挥创造条件。

弄清计划与市场为什么要结合，仍然是社会主义经济理论需要加以研讨的课题。这一研讨，一方面要从理论上弄清为什么计划调节的有效发挥，不能离开对市场作用的运用，解决坚持计划经济不等于实行指令性计划，指令性计划不等于行政权力的强制的问题。另一方面，还要从理论上弄清为什么市场调节的有效运用，不能离开坚持计划经济和强化宏观调控，解决发挥市场调节的功能，不等于要放松计划性、实行全面的市场调节，即市场经济的问题。应该说，前一个问题的研讨，将有助于人们澄清传统的计划经济的陈旧观念，确立起有计划商品经济中的计划观念。后一个问题的研讨，将有助于人们确立起马克思主义的社会主义市场理论。需要指出的是，在当前人们的认识中，存在用传统的计划经济观念来看待市场，从而把坚持计划经济和运用与扩大市场调节对立起来，在改革中对运用市场缩手缩脚，不敢迈出步子。另一方面，又存在着用完全市场经济的观念来看待计划，把运用市场调节作用和坚持计划经济对立起来，从而想把改革的着力点，放在市场化上，而不是在坚持计划中运用市场，在强化计划对宏观经济的调控中扩大市场对微观经济的调节。

基于马克思主义的经济理论，市场是商品经济的强大的调节器，但是市场调节也有其固有的缺陷，它不仅在资源合理配置中有局限性，而且市场的收入分配机制也存在难以避免的过度扩大差别的局限性。对上述市场的缺陷，即使是西方经济学家也是不讳言的。而在社会主义有计划商品经济中，市场调节的上述局限性就更加显著，市场调节无论是对于社会主义生产力合理配置，还是对分配实行承认差别、避免悬殊相统一的要求来说，都是难以充分适应的。特别是市场调节的积极功能的有效发挥，需要有市场发育的成熟和市场机制的充分发挥作用，在这些结构与机制条件形成以前，市场机制还不能不表现为扭曲的形式，起着导致不均衡的逆调节作用。例如，扭曲的高价→供给增加机制，只是促使了长线的更长，而扭曲的低价→供给减少机制，却使短线的更短。此外，市场机制作用不充分，竞争的不发达，各种垄断以及违反市场规则的行为等，也会带来不合理的收入差别，强化人们之间的利益矛盾，甚至带来社会的不稳定。如果着眼于像我国这样的商品经济不发达、自然经济传统深厚、长期实行产品经济的国家，改革的一定阶段市场发育"滞后"将是一个客观的现实，从而市场调节不仅软弱，而且逆调节出现也将是难以避免的。基于改革初始阶段市场调节的明显负效应，更需要在改革中，把加强计划机制和各种制衡机制的作用放在优先地位，在实行放开时，要考虑到"管住"，在"管住"的条件下进行"放开"，在强化国家自觉调控力的条件下，发挥自发性市场调节的作用。

三、改革的初始阶段在利用市场调节的作用中存在的困难与矛盾

为了增强在"结合"中利用市场的自觉性，我认为，仔细回顾我国在利用市场过程中出现的矛盾，由此从理论上加深对改革初始阶段市场作用的二重性的认识，是十分重要的。

我国的关于运用市场作用的一系列改革，如对企业实行自主经营、培育市场、建立市场体系和放开价格、改进国家的经济管理方法、实行间接调控，等等，在方向上是正确的。但是在引进与运用市场作用上还存在缺陷与教训。最重要的教训是：运用市场机制中未能与改进和强化国家的宏观调控功能相同步，出现了对市场调控无力，造成市场调节的负效应显著化。

我国在20世纪80年代初，在农村家庭承包制获得成效的基础上，在城市开始了引进市场改革的试点。第一步是赋予国营企业以自主权，即在"扩权"的名义下，使原先按指令性计划生产与调控的国营

企业，可以"找米下锅"，为市场需求而生产，不仅从市场找原料，而且产品在市场销售，盈利一部分作为自留利润自主分配，企业自行积累，自主投资，自行发展。以"扩权"为名义的国营企业改革，把企业推向市场，使它的一部分活动直接从属于市场机制的调节。

有效利用市场的关键是价格放开，形成价格⇆供求的连锁变动机制。1979年大幅度提高了农副产品的价格，1985年放开了城镇除口粮、食油以外的农副产品价格。1985年后价格改革在工业生产领域大面积推开，很多产品采取越过调价而直接放开价格的激进方式。价格放开后，需求拉动的市场价格上涨，激励了企业增产和扩大投资的积极性。由于企业拥有了投资自主权，以及由于实行投资主体多元化，特别是财政包干激发了地方投资的积极性，因而，在我国价格放开所形成的市场价格机制的调节作用，不仅表现为企业日常增产活力的增强，而且突出地表现为企业扩大再生产的投资活力的增强，出现了加工业特别是旺销利大的家电产业及其他产业的投资热潮。1984年底以来，出现了投资活动的迅猛增长和工业生产的高速增长，全国各地一个个新工厂不断投产，新兴产业迅速产生和壮大，乡镇工业拔地而起，表现出前所未有的活力。

在市场发育成熟的商品经济中，市场机制既表现为搞活和促进作用，又表现为调整和制衡作用，尽管均衡是通过不均衡来实现的。但是在我国改革过程中，特别是在改革初始阶段，由于市场处在缓慢的发育过程中，市场机制是不充分的，市场调节作用表现为扭曲形式，即主要是价格上涨的增产机制，而缺乏价格下跌的抑产与转产机制，其结果不是促短抑长，而是造成长线更长，短线更短。

市场调节的扭曲形式，其内在原因：

第一，比价的不合理造成价格信号的失真。价格未能真正放开，价格机制不完全。

第二，企业体制与经营机制的缺陷。由于软预算约束，企业负盈不负亏，缺乏经济损益的内抑制和来自市场竞争破产的外抑制，结果是企业的短期行为，即一方面在价格上涨时，短期利益的驱动，使其表现出十分强烈的和不合理的扩产（包括扩大投资）效应。另一方面在出现价格下降时，企业反映呆滞，抑制生产与转产的自我调整进展缓慢，甚至继续扩产，对下降的价格不发生反应，表现出逆调节。

市场调节的扭曲形式，还会因宏观环境不良而加剧。这就是：经济过热，物资短缺，价格上涨，市场形成普遍需求膨胀的拉力，从而使那些价格放开或是定价较高的领域，涨价促产机制效应更加强化，形成长期卡脖子的"瓶颈"现象，其结果是长线越长、短线更短，进一步加剧了结构失衡。

对于任何一个引进市场的改革的社会主义国家来说，一方面由于难有能实行全面放开价格的宏观环境，在实行放调相结合的情况下，不合理比价必然产生的扭曲的调节机制，市场调节作用在促进某些方面的经济均衡时，又会带来和促进投资与结构的失衡；另一方面，由于经营机制的健全难以短期形成，从而企业改革的滞后是难以避免的，这种微观组织改革不到位，形成企业的扭曲行为，即对价格的不反应或是呆滞反应，甚至逆反应，从而使市场调节作用更多的是促进增长，而不是同时加强调整促进抑产、转产。

可是，改革过程初始阶段出现的初生期的市场机制带有十分鲜明的双重效应，一方面以其利益的驱动增强了经济活力，加快了增长，改善了供给；另一方面又以其固有的、难以避免的扭曲的和不完全的调节，成为经济活动盲目性的动因，并且要导致失衡，在宏观调控功能薄弱条件下，甚至要引起经济失控和通货膨胀。承认改革初始阶段市场调节有双重效应，不是意味着放弃改革，而是要求人们必须对引进市场慎重从事，尽可能地去弊兴利，使市场调节的负效应最小，正效应为最大，特别重要的是要加强与完善国家的宏观调控，使之在宏观管住的前提下，逐步地把价格放开，把微观搞活。

四、对我国改革过程中实行计划与市场相结合的几点看法

我国改革十年，在处理市场引进问题上，存在着值得研究的问题和应予总结的教训。

（一）在一段时间里放得过猛，市场调节的范围过宽

为了发挥市场作用，1979年大幅度提高了农副产品价格，1985年以后，在一段时期绝大部分农产品相继放开，迄至1988年，80%的农产品价格已经在市场中形成。以后消费品工业生产的广大领域也相继放开了价格，迄至1988年，70%的消费品价格采取市场形成方式。农副产品和日用工业品生产领域市场调节的发生作用，给我国经济带来勃勃生机，加快了发展，搞活了流通。1985年开始对生产资料实行价格双轨制，由此把市场引入一部分生产资料的生产与流通领域，迄至1988年，68.6%的加工工业产品价格已采用市场形成方式。国营大工业生产相当广泛的领域从属于市场调节作用——尽管是不完全的——一方面打破了生产资料生产从属于指令性计划的森严秩序，为引进市场调节开拓了道路，但另一方面，也造成市场与计划的摩擦，使受国家计划制约的国营大中型企业在原材料、电力、交通等方面得不到有效保证。由于计划经济有所削弱，国营大中型企业越来越陷于困境，举步维艰。

（二）价格改革步子过大，促进涨价风

继1985年把除了城镇口粮、食油以外的农副产品价格放开后，工业品的价格改革步子迈得很大，采取以放为主，而不是放调结合。大面积的价格放开，在经济过热、需求过旺的条件下，必然是大幅度物价上涨。1985年开始的价格双轨制，尽管起了把市场引入生产资料生产领域的作用，但也造成了削弱计划生产、搅乱流通秩序和促发生产资料领域涨价风的严重消极后果。对农产品定购以外部分的价格放开是必要的，但是在加强宏观调控措施不力的背景下，未及时形成对主要农产品保护最低价格的调控机制，无组织的、分散的家庭生产不能不在自由的市场价格机制下受到损害。其表现形式是丰收谷贱伤农，这是1984年以后粮食生产四年徘徊的重要原因。

（三）统一市场形成步履困难，市场调节的积极功能发挥不出来

由于改革不配套，政企分离进展迟缓，放开的市场处在条条与块块的禁锢之中，成为若干相互割裂的多层次区域市场。由于改革互相制约，例如财政包干体制成为助长市场分割的动因。市场的分割，以及市场体系的不完全，生产资料、劳务、金融等市场发展的缓慢，限制了市场调节的功能。割裂的、区域性的市场不能在国民经济大范围内合理配置资源，反而促进各地区、各部门的"大而全"和产业结构的重叠，再加之价格扭曲造成的市场调节的扭曲化，以及地方投资行为的随意性，这一切进一步强化了投资的盲目性，促进了产业结构的失衡。其表现就是1985年以来投资向工业加工领域的倾斜，农业与基础工业部门进一步落后于加工工业的发展，"瓶颈"现象更加显著。

（四）企业经管机制改革滞后

企业负盈不负亏，缺乏适应市场的自我约束功能，不能形成市场→企业的灵活调节，把国营企业推向市场的改革，着眼于放权让利，强化企业的利益驱动，但却未曾加强对企业的预算约束、产权约束，以形成自我约束功能和对市场灵敏的适应性。负盈不负亏造成企业自我发展畸形化，其表现是：不是力图完善经营管理，大力进行结构调整，提高产品质量，降低成本，增强市场竞争能力，而是一味地追求生产规模的扩大与产值的增加。可见，企业改革滞后只是强化了企业的简单扩产冲动——包括投资冲动和消费亢进——而不曾赋予企业以适应市场的自我调整的功能。这种企业的扩张"冲动"，由于缺乏自我选择方向和自我调整的功能，不能不表现为经济活动的盲目性和企业的短期行为，它不仅会带来结构失衡，而且会造成投资、消费的失控，成为1988年通货膨胀的一个重要成因。

（五）宏观调控体系的建立和国家宏观调控功能的强化未能放在优先地位

冷静地总结我国引进市场的改革的经验教训，最值得汲取的教训应该是：着重于市场的引进和利用，却未曾着眼于对市场的调控和"管住"，人们更多地看见市场调节将带来的"搞活""驱动""发展"的正效应，却未曾及早认识和估计到改革初始阶段具体条件下的市场调节难以避免的盲目性，及其会导致失衡和膨胀的负效应。

归结起来，我国引进市场的改革取得了巨大成效，也表现出负效应和问题，付出了不少代价。但这并不是说，是引进和利用市场造成的，因而当前应该实行以加强计划为唯一目标的，即计划取向的改革。基于马克思主义政治经济学的原理，市场调节是商品经济所固有的，是社会主义商品经济的调节机制和运行机制中所不可缺少的要素。实行引进市场，实行计划与市场的妥善结合，是推进我国体制改革的基本内容，我们不能因为前一阶段引进市场，在经济运行和经济生活中带来了负效应，从而排斥和拒绝引进市场，重新回到僵化的计划经济体制中去。更不能因为市场难以驯服，就只是着眼于限制市场，而不敢大胆推进充分运用市场的改革。更不能把市场调节错误地理解为资本主义的东西，望而生畏，对运用市场的改革犹豫不决。但是另一方面也必须认清市场机制客观上存在的二重作用，市场既会给经济增添活力，也会带来发展的盲目性，因而在引进与利用市场时必须与计划相结合。总之，我们应该树立起计划与市场妥善结合的明确目标，以此作为改革的取向，并且下大力气把计划与市场相结合这篇艰难的大文章做好。

把计划与市场相结合这篇大文章做好[①]

一、计划与市场相结合的必要性

社会主义经济是有计划的商品经济，是计划经济与商品经济相统一的崭新的经济形态，这一经济形态通过计划经济与市场调节的妥善结合，把经济运行的有序性和企业的活力、经济活动的灵活性结合起来，从而能实现国民经济协调、稳定和持续的增长，避免资本主义商品经济中经常出现的周期性的危机。我国经济建设与经济发展中，曾经出现几度经济发展—调整—再发展—再调整的不良循环，在80年代，这一不良循环更以十分显著的发展—通货膨胀—调整的形式表现出来。它并不像一些同志所认为的那样，是由于社会主义所固有的"经济周期"，而在于未能做好计划经济与市场调节相结合。

为了保证我国国民经济在90年代持续、稳定和协调地发展，顺利地实现第二步战略目标，我们必须通过深化改革，构建起能够把计划与市场有机地结合起来的有计划商品经济新体制。中共十三届七中全会通过

---

① 原载《群言》1991年第3期。

的《中共中央关于制定国民经济和社会发展十年规划和"八五"计划的建议》，对于计划经济与市场调节相结合，以及其实现的方法、重要途径做了科学的阐明。为此，我们应该从我国现阶段的具体实际出发，采取有效的措施，把计划与市场的结合切实地做好。

二、计划与市场相结合的多样性

在社会主义有计划商品经济中，计划和市场二者都有着十分广阔的作用和场所，计划经济与市场调节相结合是贯穿于经济活动的各个领域、方面和环节之中的多层次的结合。（1）要做好宏观经济与微观经济的结合。宏观经济的活动，例如国民经济基本比例的形成、产业基本结构的调整和优化、技术进步的方向与主要途径等，主要从属于计划调节；而微观经济的活动则主要从属于市场机制的调节。（2）在调节机制上做好直接计划调节机制与间接调控机制的结合。一方面，在国家调控经济的直接计划机制中，要引进市场作用，实现行政权力的调控作用与经济利益的引导相结合。另一方面，在国家间接调控机制中，即由自发性的市场机制对微观经济进行直接调节中，要充分体现计划的作用。（3）要做好计划经济和市场调节的结合。对于国民经济的主要领域，作为调节主体的全民所有制经济和集体经济的活动通过直接的计划机制或间接的计划机制来加以控制；对于国民经济的局部领域，作为补充的个体经济、私营经济，以及全民所有制经济中的一部分小生产，实行放开由市场机制去进行调节。此外，在经济的其他方面，例如国民经济一般领域和经济特区、内陆地区与沿海地区，商品经济发达地区和经济落后、自然经济占支配地位的地区，对这些不同的经济层次，也要按照经济发展的要求，寻找恰当的形式，搞好计划与市场的结合。实现计划与市场在各个不同层次上的全面结合，是改革所要达到的目标。

在当前搞好计划与市场相结合主要有两个方面：（1）恰当划分与确定经济的不同领域、层次，用计划把全局性的活动即宏观经济管住，使经济整体的功能得到充分的发挥，保证国民经济总体运行有序，同时用市场调节把日常的活动即微观经济搞活，使企业的生产与经营表现出充沛的活力与灵活性。（2）改进与完善调节机制，把市场作用引进于直接的指令性计划机制之中，同时把计划作用贯彻于市场调节之中。总之，搞好经济调节机制内部的计划与市场的结合，是一个关键，需要下大气力。

适应社会主义有计划商品经济的性质和要求，微观经济主要从属于市场机制的调节，对于绝大多数企业，应该放弃采用行政手段，下达指令性计划直接调控企业活动的传统的计划方式。国家的计划管理应该实行间接调控，通过国家调控市场参数，来引导企业，使企业的活动服从计划的要求。在这种调控方式下，经济运行形式表现为国家—市场—企业，在这里，直接调控企业的市场机制，渗透与贯穿了计划的要求，成为实现计划调节的经济工具。对于那些生产与国计民生密切相关、需要实行国家直接管理的少数企业，则要改革和改善指令性计划机制，有效地利用市场作用，使计划价格体现价值规律的要求；同时，要运用承包、招标等经营方式，以贯彻经营权与所有权适当分离和发挥企业的经营自主，由此使指令性计划管理中体现市场作用，并且使在指令性计划管理中的企业经营行为体现出自主的市场性经营的特征，把企业搞活。可见，无论是国家的间接调控还是直接调控，都体现了计划与市场的互相渗透和结合。

在传统计划体制下，计划与市场是两张皮，计划就是上级行政命令，市场就是企业自发活动，二者不相结合，而是互相打架，彼此削弱。而实行计划经济与市场调节相结合的新体制则要把二者结合起来，在调节机制和经济运行中，使计划与市场互相渗透，实现内在结合，这乃是做好计划与市场相结合的重要环节，这也是计划与市场相结合的精义之所在，当然，这也是实践上的一个难点。要突破这一难题，需要深化改革，要过价格改革关和进行包括计划、财税、金融、物资等方面的配套的改革。只要我们坚持不懈地努力做好计划与市场这一内在结合，直接计划将因有市场作用而增加对企业的吸引力，市场调节将因贯穿有计划要求而避免了盲目性，这样就能做到国家对企业（以及其他微观主体）的经济调控，既是有效的但又避免了行政强制，同时又使经济运行既是自主的，但又是有序的。这样，我国国民经济就能够在计划自觉指导下，在市场的自我启动与自动调整中，生气勃勃地运转。

三、深化计划与市场相结合的认识

搞好计划与市场相结合，还需要克服一些认识上的障碍。

第一，必须对传统的计划经济观念，在理论上进行澄清。应该看到，由于多年来实行传统的高度集中的计划经济体制，因而适应于这一体制的过时的计划经济观念与偏见，迄今仍然在一些人的头脑中有重要影响。例如，把计划经济等同于指令性计划；把强化计划性等同于搞无所不包的计划；把计划机制的加强，简单理解为采用更多的、更严格的行政手段，等等。传统的计划经济观念的核心，是把计划经济与市场机制、价值规律作用，和企业适应市场的自主经营、自负盈亏相对立。持这种观念的人，就把扩大市场调节视为是削弱计划经济，甚至认为是搞资本主义市场经济。显然，这些都是误解，因为犹如计划并不是只是为社会主义经济服务，而是在某种形式下可以为资本主义服务一样，市场与市场调节及其机制也不是只为资本主义经济服务，作为商品经济的机制，它也可以为社会主义经济服务，并且可以用来作为实现计划调节的有效的杠杆。由于存在着这种认识上的模糊，造成了在一些地方，计划体制改革迈不开脚步，人们不是去大胆探索以市场来完善、充实和加强计划的调控功能，而是担心引进市场将冲击和削弱计划经济。而一旦在经济出现失控，提出加强计划功能时，人们就往往一方面采用收缩与限制市场，另一方面强化旧的行政性计划管理方法，而不是着眼于探索能实现市场与计划结合的调控方法。甚至是在经济周转与市场流通出现严重阻滞，在传统计划方法已经难以解决经济运行中的矛盾的情况下，人们仍然不能积极地去利用市场调节功能。可见，在计划与市场问题上，从理论上进行澄清，除去陈旧的观念，树立与有计划商品经济相适应的关于计划与市场的新观念，是十分必要和具有现实意义的。

第二，为了搞好计划与市场相结合，还必须对市场万能论在理论上进行澄清，同时要避免在对待市场作用上，脱离现阶段具体条件的理想主义。

在改革僵化的传统体制中，往往容易泛起高估和夸大市场作用的思潮，像否认国民经济有计划发展规律，无视市场调节的缺陷，无视我国市场发育滞后及由此出现的扭曲市场作用和逆调节等，特别是把市场调节作为改革的唯一目标和方向。马克思主义的经济理论和实践表明：市场从来不是十全十美的，在当前具体条件下我们引进市场，总会是正效应与负效应同时并存。此外，市场与计划的矛盾与摩擦，还将长期存在。因而，在引进市场中，自始至终必须强化国家的宏观调控，切实实现计划与市场二者的结合。例如放开价格，必须与形成和强化价格调控机制相结合；放手实行流通多渠道，必须与加强流通主渠道相结合；放活微观，真正把企业推向市场，必须与日常生产、投资、消费等活动的计划调控机制的形成和加强相结合；也就是说，改革自始至终要把引进市场调节与强化计划调节相结合，这就是我国改革的方向和改革的特征。因而澄清市场调节万能论的观念，确立起市场与计划相结合的观念，也是十分重要的。

我国社会主义建设过程中，对待计划与市场的问题曾经走过曲折的道路，在较长时期里，实行过排斥市场作用的僵化的中央计划经济体制，在改革开放过程中，走上了引进市场使计划与市场相结合的正确道路。但一段时期在某些领域中有忽视计划功能，盲目扩大市场的倾向，在治理整顿中，一些地方也曾出现过度强调计划而忽视市场功能的情况，在对待计划和市场上，总是不断表现出认识上的片面性。我们应该冷静地总结这些宝贵的实践经验，认真加以记取。总之，我们要用唯物辩证法，全面地分析和认识下列范畴：计划经济与商品经济，计划机制与市场机制，直接调控与间接调控，行政手段与经济手段，宏观经济与微观经济，经济活力与运行秩序，增长速度与经济比例，等等，并且根据中共十三届七中全会通过的《建议》的精神，正确处理上述矛盾，我们就可能做好计划与市场相结合这一篇大文章。

我的社会主义有计划商品经济观[①]

一、社会主义经济具有两重属性

（一）社会主义经济的商品性

1. 社会主义经济具有商品属性是对社会主义认识的深化

中国共产党十二届三中全会通过的《中共中央关于经济体制改革的决定》，提出了社会主义经济是有计划的商品经济的命题，这一命题揭示与肯定了社会主义经济具有商品性，从而对传统的社会主义经济理论模式，即社会主义经济=公有制+按劳分配+有计划的产品经济，做出了重要的修改和补充，使之成为社会主义经济=公有制+按劳分配+有计划的商品经济。这一新的理论模式是对社会主义经济基本属性和特征的科学概括，是对马克思主义的社会主义理论的重要发展。

提出社会主义经济仍然是商品经济，肯定社会主义经济的商品性质，是基于中国和国际社会主义经济建设实践经验而做出的重要理论

---

① 原载"当代中国百名经济学家自述"丛书之《我的经济观》第1册，江苏人民出版社，1991年。

概括，它标志着人们对社会主义经济性质认识的深化。

马克思和恩格斯在19世纪对未来社会进行展望和科学预测时，采用了以发展成熟的事物为对象，从中抽取事物的本质形态的理论分析方法。他们分析阐述了以西欧发达的工业国英国的生产力为起点，进一步发展成长起来的成熟的社会主义，描绘和提出了一个产品社会主义的基本构架：

第一，社会占有全部生产资料。在那里，不仅不存在私有制，而且也不存在部分劳动人民所有制即集体所有制。在那里，实现了自由劳动者在全社会范围的联合，形成了一个全体自由人组成的大联合体。

第二，自由人大联合体是生产资料的直接占有者，也是生产活动的统一组织者，社会中心或国家是各种生产的物质要素——土地、生产资料等——和人身要素——劳动力——的统一支配者。正如马克思所说："设想有一个自由人联合体，他们用公共的生产资料进行劳动，并且自觉地把他们许多个人劳动力当作一个社会劳动力来使用。"[①]

第三，自由人联合体也是社会产品直接的分配者，社会中心或国家将按照有计划生产的需要，直接组织各种物资在各个生产单位之间的调拨，同时将按照人们在劳动中的付出，通过给以证明劳动付出量的劳动券，而统一地组织消费品的配给。

第四，按照上述对物资实行直接调拨，对消费品实行统一配给的设想，社会主义经济中处在发达的社会分工体系中的众多企业之间十分频繁和十分发达的活动交换和物资互换，将无须通过等价的商品交换来实现。因为，直接的中央计划将轻易地完成这一任务。"在共产

---

① 《马克思恩格斯全集》第23卷，人民出版社，1972年，第95页。

主义社会里无论生产和消费都很容易估计。既然知道每一个人平均需要多少物品，那就容易算出一定数量的人需要多少物品；既然那时生产已经不掌握在个别私人企业主的手里，而是掌握在公社及其管理机构的手里，那也**就不难按照需求来调节生产了**。"①

显然地，这种由国家（或社会中心）直接进行调拨和配给的产品，也就不再进入交换，不具有价值性，不再是商品，从而货币、价值、市场等范畴也就不再存在。正由于此，马克思在著名的《哥达纲领批判》中说："在一个集体的、以共同占有生产资料为基础的社会里，生产者并不交换自己的产品；耗费在产品生产上的劳动，在这里也不表现为这些产品的价值，不表现为它们所具有的某种物的属性。"②

马克思主义创始人所设想的社会主义，就是这种建立在高度发达的物质技术基础上，以全社会公有制为基础的，由社会中心（或国家）根据计划来直接组织生产、交换（调拨）与分配的经济。这是一种消灭了商品生产和市场机制的产品经济。

列宁在其早期的理论中，同样持社会主义要消灭商品经济的观点。在十月革命前后，列宁曾把社会主义经济比喻为社会大工厂，他说："在这里，**全体**公民都成了国家（武装工人）的雇员。**全体**公民都成了一个全民的、国家的'辛迪加'的职员和工人。"③显然，作为这个全社会大工厂的基层单位的企业，有如工厂里的车间，它们之间的活动交换当然是排除等价的商品交换关系的。在俄国十月革命前后的西欧社会民主党人中，也都流行着一旦社会主义取得胜利，商品货币就消亡的观点。1918年倍倍尔在《妇女与社会主义》中说："新社

---

① 《马克思恩格斯全集》第2卷，人民出版社，1957年，第605页。
② 《马克思恩格斯选集》第3卷，人民出版社，1972年，第10页。
③ 《列宁选集》第3卷，人民出版社，1960年，第258页。

会不制造专供买卖用的'商品'……在新社会没有'商品'，所以没有货币。"①

马克思主义创始人论述的关于社会主义产品经济性质的理论，并未被当代社会主义的实践所证实。1917年，俄国十月社会主义革命取得胜利，在世界上诞生了第一个社会主义国家。在俄国十月革命胜利后的战时共产主义时期，苏维埃国家就采取实行由限制商品货币关系到消灭商品货币关系的政策。如俄共（布）八大的党纲中指出，要"坚定不移地继续在全国范围内用有计划有组织的产品分配来代替贸易"，"尽量迅速地实行最激进的措施，来准备消灭货币"②。这种政策由于超越了社会发展阶段，因而它的强制推行只是加剧了当时苏维埃经济的困难。列宁及时总结了战时共产主义政策错误，断然地提出了新经济政策，采取了大力发展商品生产和运用市场来建设社会主义的各种措施：（1）废除余粮征集制，实行粮食税，对农村实行自由贸易，用商品经济来刺激个体农民的生产积极性；（2）国营企业和托拉斯取消实物配给制，改行经济核算，即实行自负盈亏的商品生产和经营；（3）允许一定范围的私人资本主义商品经济发展。列宁对从资本主义到社会主义的过渡时期保存商品生产的必要性做了新的阐明，他特别阐明了社会主义合作化必须建立在对商品货币关系的利用之上，指出应"使全体居民个个都参加合作社买卖"③，提倡建立从事商品经营的供销合作社。可见，这里已包含了商品关系存在于社会主义经济内部的思想。

应该说，由战时共产主义政策到新经济政策这一建设方针的重

---

① 倍倍尔：《妇女与社会主义》，生活·读书·新知三联书店，1955年，第404页。

② 《列宁选集》第3卷，人民出版社，1960年，第768、769页。

③ 《列宁全集》第33卷，人民出版社，1957年，第424页。

大变革，还缺乏充分的理论基础，人们对于社会主义建设与商品经济关系，并未曾从理论上予以透彻的阐明，在更多人的心目中，新经济政策是被视为一种暂时"退却"和向资本主义做出妥协的措施，被当作是某种权宜之计，而不是作为社会主义建设长期的基本方针。对社会主义经济性质的理论认识模糊，导致人们不能深入总结经验和坚持正确的政策。列宁逝世不久，斯大林匆匆取消了新经济政策，在苏联国家工业化和农业集体化过程中，采用削弱和缩小商品货币关系的方针，全面推行指令性的物质调拨和消费品配给，从而在30年代形成了一个高度集中的产品性计划经济。尽管这一体制依靠它的集中功能，在社会主义国家工业化中起了积极作用，但是由于集中过度，从而使经济缺乏活力。

斯大林在晚年重新总结苏联30年社会主义经济建设的经验，在《苏联社会主义经济问题》一书中，论证了社会主义制度建立后还必须保留商品生产，在经济工作中还必须尊重和利用价值规律。但是，斯大林对社会主义商品生产存在的原因、性质、范围、作用、前途等，均未能做出全面科学的阐明，他对社会主义经济的认识，很大程度上仍然停留在社会主义产品经济的框框之中。

把社会主义视为产品经济的传统观念，自从50年代以来，至80年代初，长时期在中国占支配地位。我国1956年基本上完成了生产资料所有制的社会主义改造后，搬用了苏联的建设方法与管理模式，建立起一个高度集中的计划经济体制。在这个体制下，国家用指令性计划来直接调控企业的生产活动，对主要的生产资料实行计划分配，对消费品的主要部分实行计划收购和计划供应，因而这是一个排斥商品生产和市场机制的产品生产和分配体制。对我国这样生产力水平较低，地区之间经济发展水平差别很大，旧的自然经济传统十分深厚的国家来说，在实现社会主义改造后，客观上需要大力发展商品货币关系，要在等价基础上发展企业之间、各地区之间、各个经济主体之间的交换关系，要按照商品经济的机制来组织社会主义新经济的运行。但是，由于人们对此缺乏明确的理论认识，采取了在高度集中的经济体制下限制商品化，推行全面产品化的做法。而且，在幼稚的和盲目的"恐商"心理支配下，在中国出现了两度对商品经济的大限制和大砍伐。第一次在1958～1960年的"大跃进"时期，第二次在1966～1976年的十年动乱时期，由于经济的进一步产品化，经济体制更加不适合，生产力进一步遭到破坏，国民经济濒临崩溃，人们由此进一步尝到排斥、削弱商品关系带来的苦果。

中华民族是具有卓越的理论思维能力的。在党的十一届三中全会提出的"解放思想，实事求是"的正确思想路线指引下，基于对我国社会主义建设过程中正反两方面经验的总结，也基于对世界社会主义经济建设经验的总结，中国共产党和中国经济理论界经过深入的讨论，摆脱了对社会主义书本构架和他国模式的因袭，形成确立了基于实践的社会主义经济新概念——社会主义经济是"有计划的商品经济"。这一关于社会主义经济的概念，通过党的十二届三中全会决议的形式而公之于众。社会主义经济是有计划的商品经济命题，把商品性作为社会主义经济的一个固有特性，由此进一步丰富了马克思主义的科学社会主义理论。这一科学命题，是社会主义经济体制改革的重要理论基础，是确定我国经济体制改革目标模式的基本依据，根据这一命题而开展的发展社会主义商品经济的实践和改革，带来了我国80年代社会主义经济的振兴。

可见，关于社会主义经济是有计划商品经济的命题，不仅具有重大理论意义，而且具有极其重大的现实意义。

2. 社会主义经济的商品性的理论依据

商品是供市场交换，从而具有价值对象性的劳动产品。按照马克思主义的政治经济学理论，产品成为商品，需要有两个条件：一是社会分工的存在；二是当事人是具有特殊经济利益的占有主体。在人类历史上，这种占有关系首先出现于私有制经济，在那里，无论是奴隶主私有制、封建主私有制、个体私有制，或者是近代资本主义私有制，人们都以产品私有者即私的利益主体的身份而在市场上互相对立，互相进行有偿的等价交换。马克思经济学的重大功绩，在于他深刻地分析了这一私人占有关系下，当事人的产品转化为商品的必然性，对商品的产生和商品经济的形成，做出了深刻的理论阐述。这一关于商品根源的理论被称为"所有制论"。

关于商品根源于所有制的马克思主义理论，似乎与社会主义经济具有商品性的论断相悖。因为，社会主义经济是以生产资料公有制为基础，既然实行生产资料全民所有制，形成了大利益共同体，各个全民所有制企业都是以国家为共同的主人，企业和企业之间就不再是利益敌对的关系，企业之间似乎就不再存在有偿等价交换的必要性，就不再有商品关系，似乎理应出现一种社会对产品的直接调拨和对纯产品的直接分配关系，即产品关系。马克思主义经典作家正是基于这一对社会主义全社会所有制的理解，得出了商品经济随私有制的消灭而消灭的古典论断的。①斯大林在《苏联社会主义经济问题》一书中，也是基于对全民所有制的上述理解，得出了全民所有制内部交换的产品只有具有"商品外壳"，实质上是产品的论断。马克思的所有制论阐明社会主义经济商品性的困难，使我国和国外一些经济学家，绕开

---

① 恩格斯：《反杜林论》，见《马克思恩格斯选集》第3卷，人民出版社，1972年，第323页。

所有制，诉诸"社会分工论"或其他理论。而某些西方资产阶级思想家也由此进行攻击，宣扬实行改革的中国放弃了马克思而归依了亚当·斯密。还需要指出，由于绕开所有制难以透彻地阐明社会主义经济的商品属性，使一些同志产生困惑，从而对社会主义是商品经济的命题，在思想上格格不入。

事实上，社会主义经济的商品性，完全可以从社会主义的主体所有制——社会主义全民所有制企业的占有关系和利益关系的特点中得到说明。我在1979年提出了现阶段社会主义全民所有制是不成熟不完整的论题，指出这在于"尽管全民所有制的国营企业生产资料属于全民所有，但企业产品却不是归全民完全占有，而是存在着企业的局部占有；企业活动不是体现完整的全民利益，而是体现有部分的企业局部利益，企业劳动者不是完全从全民所有的统一的社会基金中取得收入，还要从归企业占有与支配的企业基金中取得一部分补充收入"①。"因为不发达社会主义阶段的全民所有制还不成熟，企业对产品有一定的局部占有关系，还具有企业自身特有的经济利益。这种情况，决定了企业不能把它的产品无偿地让渡给对方，它在让渡自己生产的产品时，不能不考虑与计较生产中的劳动耗费能否得到补偿，不能不关心它的生产与交换活动能否给企业带来物质利益，决定了企业只愿意把自己的产品当作商品让出去，从而决定了产品的商品性质"和"社会主义经济的商品性"②。

社会主义全民所有制的这一特点——带有产品的企业局部占有痕迹与因素，是与社会主义社会初始阶段的劳动性质密切相关的。在社会

---

① 《试论经济改革与社会主义全民所有制的完善》，载《经济研究》1979年第2期。

② 《论发展社会主义商品经济与利用市场》，载《社会科学研究》1979年第3期。

主义制度下，由于物质的生产条件成为社会公共财产，人身的生产条件——劳动者的劳动能力也就成为社会的公共资源。由于劳动者是以社会主人的身份，在共同组成的劳动联合体中以联合劳动的形式进行生产，在那里，劳动力已不再是供出卖的商品，因为不能说劳动者将自身的劳动力出卖给自己；劳动力的使用也不再是个人的私事，而是从属于社会共同利益；劳动力使用的结果不再是直接形成归私人占有的收入，而是直接形成归社会统一分配的社会基金。这一切表明，劳动具有社会化①的性质，它意味着千百年来劳动直接从属于个人利益或剥削者私利的历史的结束，开始了劳动从属于社会公共利益的新时代。

劳动的社会化不是一下子就能彻底实现，而是一个历史的发展过程，它取决于生产资料的社会化，但它本身的发展程度与状况又反作用于生产资料的社会化。在社会主义条件下，由于生产力尚未发展到较高水平，产品还未极大丰富，由于劳动还存在重大差别，以及由于人们还存在囿于个人利益的资产阶级权利的狭隘眼界，因而对社会主义劳动必须实行物质鼓励，这就要求贯彻按劳分配、多劳多得原则。由于多劳多得，劳动者的天赋或后天形成的不同等的劳动能力也成为他在个人消费品分配中的某种特殊的占有权利。这就表明，社会主义劳动除了体现公益性外，还体现有一定程度的私益性，因而劳动的社会化还是不完全的。社会主义劳动的这一特点必然要表现在企业中联合劳动的占有关系的特点上。社会主义劳动是组织在企业中的联合劳动。在社会主义社会初始发展阶段，由于社会生产力发展水平的限制，各个不同地区和部门中劳动者联合体所拥有的物质技术条件、劳动力的熟练程度、企业经营管理水平均有不同，因而联合劳动在质

---

① 社会化在这里指公有化。

的规定性上就有差别，即表现为企业的劳动生产力和经济效果有高有低。另外，人们还存在从局部利益出发的资产阶级权利的狭隘眼界，这一切决定了企业之间在分配社会产品中要承认联合劳动的质的差别，要实行等价交换，多产多益，容许那些生产有更大经济效果的企业职工比经济效果差的企业职工能从企业获得更多的收入中享有一定的利益。

实现劳动力与生产资料相结合的社会主义公有制形式，必须适应社会主义联合劳动的这种特点，才能成为具有充分吸引力的组织人们参加社会劳动的新方式和新方法。反之，如果不承认联合劳动这种特点，在企业的收益分配中不承认联合劳动的差别和贯彻社会主义物质利益原则，就不能吸引广大劳动者自觉地参加社会主义劳动，就不可能有生机勃勃的社会主义生产。可见，基于上述社会主义劳动的特点与企业联合劳动的性质，人们在寻找与选择把劳动力与生产资料结合起来的最适当的社会形式时，采取把生产资料和产品社会公共占有与企业对产品有限度的局部占有结合起来的不成熟的社会主义全民所有制，就是不可避免的了。

总之，现阶段不成熟的全社会公有制，以及全民所有制企业之间存在的利益差别性，正是决定社会主义经济商品性的内在条件与根据。分析商品经济存在根源的马克思主义的理论，对于阐明社会主义经济的商品性不仅是完全有效的，而且也是具有充分说服力的。在这一问题上，人们完全不必求助于社会分工等"理论"。而西方某些经济学家所宣扬的"公有制与商品经济缺乏兼容性""关于公有制基础上实行商品经济不能由马克思经济理论来说明"，等等，都是站不住脚的。

（二）社会主义经济的计划性

计划性是社会主义商品经济运行的鲜明特征。以公有制为基础的社会主义经济不仅具有商品性，而且具有计划性。社会主义经济是有计划的商品经济的命题，在肯定和揭示社会主义经济商品性质的同时，又肯定与揭示了社会主义经济的计划性，即社会主义是计划经济。辩证法要求人们认识的全面性，在认识社会主义经济的基本属性和特征时，不仅应该看到它们具有的商品属性，而且应该看到它们具有计划属性，要从商品性与计划性的统一来把握社会主义经济。这样人们才能既看到社会主义商品经济与历史上的商品经济的共性，又看到它所具有的特性，这样人们才不会将社会主义的商品经济与资本主义商品经济混为一谈，才能避免在改革中走偏方向。例如，把资本主义市场经济的机制原封不动地照搬到社会主义经济体制之中。

社会主义商品经济的特征，表现为以下两个方面：（1）以公有制为基础，不存在人对人的剥削，劳动者之间的交换关系，就其本质来说，体现社会主义联合劳动者之间互相合作的关系。（2）有计划地运行。社会主义商品经济的运行，就其总体来说，要从属于事先制订的计划，在社会主义国家自觉的调控下符合目的地发展。这种总体上受人们事先设定的目标制约有计划、有调控运行的经济，就是计划经济。国民经济运行的有计划性，乃是社会主义商品经济的重大特征，也是社会主义商品经济的优越性的鲜明表现。

一般地说，商品经济中，由于生产者进行独立的、分散的生产与经营，生产目的从属于生产主体的特殊利益，因此微观生产活动是直接地由自发性的市场机制来调节。在还不存在更高级的调控市场的机制的条件下，商品经济的运行，纯然由"看不见的手"来调节，从而带有自发的无政府的性质。特别是历史上的以私有制为基础的商品经济，由于生产活动唯一从属于至高无上私有者的利益与意志，由于私有制的市场组织的特征与市场机制的特点，因而决定了微观活动的更鲜明的盲目性和国民经济运行的无政府性质。这种情况集中地表现于资本主义商品经济的运行之中。在那里，变动不居和狂暴的市场力量成为生产者的最高主宰与支配者。生产者的行为不仅仅是适应于市场，而且简直是受市场的摆布。在那里，"产品支配着生产者""生产者丧失了对他们自己的社会关系的支配权"①。资本主义经济的周期性危机，鲜明地暴露了这种以私有制为基础的商品经济的无政府性质。

在资本主义商品经济的高度发达阶段，出现了经济调节机制的新变化。一方面，由于生产社会化的更高发展，社会分工与企业之间的劳动协作更加精细和更为复杂，企业之间、各个产业部门之间和各个地区之间的经济活动更密切地相互依赖，它们相互间的活动交换更加频繁。另一方面，由于自发性的市场经济中日益深重的周期性危机给再生产带来更大的破坏性。在这种条件下，资产阶级国家采取国家干预经济的措施，采用了与私有制相适应的"计划"方法，通过各种经济杠杆和行政手段，对生产、投资、出口、劳动力雇佣以及金融、物价等活动进行控制和调节。第二次世界大战后，西方国家纷纷走上了依靠政府力量来调控经济的道路。因而，当代的国家垄断资本主义的调节机制，业已不同于19世纪的自由资本主义，后者是单纯依靠"看不见的手"来进行调节，而前者却是既要依靠"看不见的手"，又日益地引进和发挥"看得见的手"的作用。当代资本主义调节机制的变化，使自由竞争的资本主义逐步变成有调节的资本主义。

---

① 恩格斯：《反杜林论》，见《马克思恩格斯选集》第3卷，人民出版社，1972年，第312页。

当代资本主义由于调节机制的变化，资本主义再生产的矛盾得到一定程度的缓和，带来了一定时期内的经济相对稳定增长。但是，它毕竟只是赋予局部范围的经济活动以某种暂时的"计划性"，并不能改变资本主义商品经济总体上的运行的盲目性质，更不能消灭这种经济所固有的内在矛盾和周期性危机。可见，即使是实行国家调节的资本主义商品经济，也根本不可能成为实现经济协调有序发展的"计划经济"。

在社会主义商品经济中，一方面，生产的社会化、企业与企业之间的分工和劳动协作的发展，加强了相对独立的生产者之间的相互依赖，形成"全国一盘棋"的格局，使国家对企业的生产和交换加以有计划的组织与调控成为迫切需要。另一方面，社会主义公有制使商品经济活动能有效地从属于国家的调控，从而使经济总体的有计划运行成为可能。

固然，社会主义商品经济中的微观活动，很大程度上直接从属于市场作用，从而还具有自发运行的性质。从企业来说，作为自主的商品生产者，它（按照指令性计划进行安排的部分除外）总是在按照市场状况来自行安排经济活动，企业的微观活动总是随着多变的市场状况而处在不断的变化之中。社会主义企业尽管有其特殊的经济利益，要在各自的经营活动中争取赢利的极大化，但是企业的利益绝不是那种置社会公共利益于不顾的、排他的和拥有至高无上的地位的私人利益。社会主义企业相互之间、企业与国家之间，既存在利益的矛盾，又存在根本利益的相一致，这是自主经营的企业能够从属于国家调节的内在基础。正由于此，较之资本主义政府来说，社会主义国家拥有强大的调控功能。国家通过先进的、有科学依据的计划和一系列组织调节活动，借助经济杠杆与市场作用，依靠行政手段、法律手段、道德规范，以及配合以其他社会组织的调控功能，能做到有效地调节宏观经济与引导微观经济。上述情况决定了具有充沛活力的自主经营、自行发展的社会主义商品经济，在它的总体运行中能表现出有计划的性质。

社会主义商品经济的有计划运行，不是一时的现象，而是带有长期持续的性质。在完备的社会主义经济机制中，在再生产的过程中，尽管有可能出现局部的不均衡，但是，国民经济总体均衡的实现却是完全有可能的。这也意味着社会主义商品经济运行在本质上不存在内在的危机。这种有计划发展和运行的商品经济也由此取得了"有计划的商品经济"这一十分科学的命名。

（三）几点结论

第一，社会主义经济具有商品性和计划性这二重属性，是商品经济和计划经济的统一。社会主义有计划商品经济的命题的科学意义，在于它规定了社会主义经济的二重属性，从而更加明确地表述了社会主义经济的重要本质特征。

第二，社会主义经济是有计划的商品经济的命题，是对传统的社会主义经济理论的一大突破，是马克思主义在当代的重大发展。关于社会主义经济的传统理论，否认社会主义经济商品性，把商品经济、价值规律、市场调节同计划经济对立起来。根据这一传统理论构建起来的高度集中的，使用行政手段对微观活动实行直接调控的经济体制，取消和压制经济的商品性，违反了价值规律的要求，其结果是压制了企业和广大劳动者的积极性，带来了消极的后果。在当前进行社会主义改革的新时期，从理论上弄清社会主义经济这一固有的、内在的商品属性，弄清市场调节及其在有计划商品经济新体制中的作用，就是极其重要的事情。

第三，必须看到，改革过程中也出现了实行全面的市场经济的主张和思潮。这一理论的鼓吹者把市场调节这一"看不见的手"说成是万能的调节者，主张取消和削弱计划，听凭自发性的市场机制来引导千万个独立企业的活动。这一全面市场经济的理论，无视计划机制作用，低估计划的综合平衡职能，否认国家应该保持必要的行政手段和应该保持必要的直接组织微观活动的职能，这是一种新的片面性，其实质是否认社会主义经济的计划性。这种观点是西方的舶来品，实质上是把国家调节的资本主义市场经济等同于社会主义"有计划的商品经济"。这种错误观点及其带来的盲目的市场化的实践，也曾经给一些国家的改革带来了消极作用。正因为此，进一步加深对有计划的商品经济命题的理解，从理论上弄清社会主义经济所固有的计划性属性，弄清社会主义经济是计划经济与商品经济的统一，就是十分必要的。

总之，社会主义经济是有计划的商品经济命题的提出，使人们能从科学理论上加深对社会主义经济的认识，有助于进一步澄清社会主义经济的模糊观念，使人们能更加清楚地看到社会主义经济体制改革的目标和通往未来的道路。

二、社会主义商品经济的调节机制

（一）市场机制是商品经济的调节器

1. 市场机制及其功能

任何一种物质运动都需要有调节机制来排除运动中所固有的矛盾，协调它的各个内在机构的相互作用。人类社会的经济活动，是通过物质生产来改变自然物的形态，创造出各种使用价值以满足人们需要的活动。社会经济活动要顺利地和不断地进行，需要有生产与需要的均衡，也就是要使生产出来的社会总产品适应于社会总需要（社会规定的多种多样的使用价值），就要将社会劳动按比例分配于各种不同生产部门和其他经济部门（甚至上层建筑部门），从而就需要有一种经济调节与控制的机制。我们可以看见，即使是一个十分简单的农民家庭生产过程，也存在着这种经济调节与控制，如个体农民必须满足家庭的各种需要而将家庭总劳动自觉地分配于制造工具、耕种、纺织等方面，并且适应于家庭需要和生产状况而不断调整家庭经济活动。对于一个以现代化大生产为基础的社会化生产过程，经济调节与控制就更是必要。经济调节机制的发展和强化，成为复杂的国民经济活动顺利进行的契机。

社会经济调节是一种分配劳动、组织物质生产和其他经济活动的方式，它的性质取决于社会经济形态的性质。社会经济调节的形式与机制，在商品经济产生以前的自然经济中和商品经济产生以后有很大的不同。在自然经济形态下，经济调节采取了按照经济主体的需要而直接调节与控制生产的形式。而在商品经济形态下，适应社会需要按比例分配社会劳动，则是采取以市场机制为调节方式来实现的。

市场机制的调节或市场调节，就是价值规律的调节，就是由社会必要劳动时间这一价值范畴来制约和规范商品交换和调节商品的生产。由于价值是以价格为表现形式，价值规律的调节也就采取市场价格调节形式。具体地说，就是通过市场价格围绕价值轴心的不断波动，来调节生产，协调各种经济活动，实现经济的内在均衡。

在商品经济中，市场机制具有以下功能：

第一，引导社会生产从属于社会消费需求的导向功能。市场机制通过价格围绕价值上下波动，不仅给生产者提供信息，而且通过损益的机制，直接给生产活动以激励或抑制，从而有效地推动着独立的生产者按照社会现实的消费需求来进行生产。例如，某一产品的消费需求增大，由于有购买力的需求增大，市场价格就上升，在价格→供求效应发生作用下，就会有社会生产资源自动转移到这一特定生产领域，这一产品的生产就相应扩大。而当这一产品的消费需求减少，由于有购买力的需求缩减，市场价格就降低，在价格→供求效应发挥作用下，就有社会生产资源向其他领域转移，这一产品的生产就相应地缩减。可见，市场机制成为一个十分有力的杠杆，推动着生产者去适应消费需求而生产。

第二，平衡社会总供给与总需求的均衡功能。任何社会的再生产的顺利实现，总是以总产品的生产与总消费之间的某种均衡为前提。如果年生产量大于消费量，就意味着存在生产过剩，反之就意味着存在生产不足和储备的丧失。因此，采用某种形式和机制来调节年总生产与年总消费之间的矛盾，就是社会再生产得以顺利进行的前提条件。在商品经济中，市场机制是实现年生产与年消费均衡的机制。资本主义商品经济中的市场机制是以价格与供求的盲目和十分剧烈的变动为特征，市场机制实现生产与消费的均衡，是在经常性的比例失调中进行的，但市场机制毕竟起着调节与均衡社会总量的重要作用。市场机制通过价格→供求效应和供求→价格效应对商品经济运行中不断出现的总量失衡进行自我校正，成为商品经济形态的社会生产得以持续进行的内在契机。

第三，合理分配生产资源的调节功能。为了满足社会多方面的需要，人们必须把各种生产资源（生产工具、自然资源、劳动力、科学技术、信息）分配和使用于多种多样的部门。人类社会越是发展到高级形态，适应着社会需求的发展和复杂化，以及社会分工的发展、产业部门的多样化和生产单位的专业化，生产资源的分配问题越是重要。生产资源的分配越是顺利，意味着数量众多、分工复杂的生产部门的多种多样的生产需求得到满足，这是社会再生产得以顺利发展的前提。生产资源的分配越是合理，意味着那些最有效率的生产单位的需要优先得到满足，这是生产资源得到最经济的利用，实现时间经济节约——以最少的劳动取得最大使用效果的先决条件。在商品经济中，这种生产资源的分配是在市场机制中自发地实现的，价格→供求效应和供求→价格效应促使适应于社会需求的产业和行业结构的形成。而且就同一生产部门来说，它通过企业间的竞争，淘汰落后的生产方法，鼓励先进生产方法的采用和推广，促使使用在这种产品生产中的部门总劳动被规定在社会必要劳动的范围内，实现时间的节约和劳动效率的提高。

2. 市场机制的不足

市场机制作为一种自发的经济调节机制，它的协调社会经济活动的作用，并不是十全十美的，它有着本身不可克服的缺陷和不足，这主要表现在：

第一，市场机制调节微观经济活动不可避免地带有盲目性。市场机制调节微观经济活动是通过市场供求、价格、竞争的相互作用，传递市场信号，诱导商品生产者做出决策来进行的。由于在商品经济条件下，处于"市场—企业"自动调节系统中的企业活动具有自发性和无组织性的特征。当一个企业在接收市场信号迅速改变自己的生产经营时，它无法知道这同一市场信号会使其他商品生产者做出什么样的反应。这样，在自发的市场机制作用下，生产活动扩张与缩小必然会出现过之与不及，从而产品供给与需求的失衡就是难以避免的。

第二，市场信号的时滞和市场信号失真和传递失灵，常常造成社会生产与社会需求的严重脱节。市场机制的调节是通过市场传递信号来进行的。在一个发育成熟的竞争性市场上，市场信号总的说来是比较灵敏地反映供求状况。但价格→供求反应或供求→价格反应往往有一个时间间隔，即时滞。这种时滞会导致生产者对市场需求做出错误决策，从而使社会生产与社会现实需求不相符合。例如，在市场供给已经超过了需求的情况下，价格并不立即下降，甚至还会上涨，这样就会刺激供给增加，加大供给与需求的矛盾。另外，市场信号的传递也可能发生不灵或堵塞。在信息系统不健全，信息收集、处理和传递技术不高的情况下，市场信号的传递失时或以偏概全，就会导致生产者的经营活动严重脱离需求。在经济文化不发达、交通不便、市场发育不全、信息往往失真和传递不灵的国家，这种情况就更容易发生。

第三，市场机制的有效调节范围是有限的，在社会生产和社会经济的某些领域，它的调节作用十分微弱。例如，在国民经济中，原材料、能源、交通运输部门的生产，由于稀缺资源的供给有限，社会需求又很大，市场短缺的强度大，这些部门的生产就无法随价格的提高在短期内增加供给，这时市场机制调节生产使其适应需求的能力就受到极大限制。国民经济中一些生产周期长，所需资金投入多，投资风险大的部门，如尖端技术、新兴工业等，单纯靠市场发出供不应求的信号，很难把单个生产者即企业的投资吸引到这方面来。另外，国民经济中的教育、文化、卫生保健、福利设施的建设，环境的保护和生态平衡的讲求，都是以满足社会偏好为目的，有一些部门本身就是非营利性的。而企业对市场机制调节的反应是从满足自身偏好即利润最大化出发的，因此在社会经济的这些领域，市场机制不能发挥有效的调节作用。

第四，市场机制调节社会总供给与总需求的均衡的功能是短期的。市场机制是以企业追求局部利益为基础的经济体制，由它调节而达到的市场均衡是企业之间短期局部利益的均衡，因此，单纯的市场机制作用很难使企业的微观经济活动做到有长远的预期性，符合全局需要和实现宏观国民经济有计划运行。而且，市场机制自动调节总量和结构的均衡往往要通过较长时间，往往要通过市场价格的剧烈波动，通过生产盲目性和产业结构的失衡，在社会劳动的巨大浪费中才能实现。特别是随着社会化大生产和现代商品经济的发展，各国经济发展的宏观环境日趋复杂，市场机制的这种自动均衡功能将更加显得不足。

3. 国家调控市场的出现

由于市场的上述缺陷，因而，市场调节机制从来带有二重性：它既带有制衡功能，又具有失衡作用。从根本上说，市场机制并不能消除市场活动的无政府状态，也不能克服商品性再生产内在的矛盾。由于它要通过市场价格的盲目波动和生产比例经常的破坏来实现某种暂时的均衡，因此它本身又是打破和导向新的生产和供求不平衡的力量。

市场调节机制的二重作用，在资本主义经济中得到进一步的发展。在最发达的市场（包括高度发达的商品市场、劳动力市场、金融市场及其他要素市场）的基础上，市场机制获得了最发达、最开放、最灵活、最有力的形式。它一方面对资本主义经济起自动调整的作用，另一方面又会发展独立的商品生产与经营的自发性和盲目性，使经济活动的无政府状态进一步加深。由于不可克服和日益加深的资本主义基本矛盾的作用，市场机制的自动调节作用与加剧再生产矛盾的作用是同时并进的。市场机制一方面暂时地自动实现供求平衡，使社会对生产资料的需求和生产资料的供给相适应，使社会对消费品的需求和消费品的供给相适应，但另一方面也起着加深、激化和促发周期性经济危机的作用，并引起资本主义经济发展中经常出现价格的暴跌、生产急剧变动等不稳定现象。市场调节下的资本主义商品经济矛盾的尖锐化，是国家调控市场这一经济调节机制出现的原因。

国家利用市场机制来进行经济调控，是在商品经济基础上产生的另一种经济调节形式。在古代和中古的中国社会，专制主义的奴隶制国家或封建国家为了增加财政收入，平抑物价，维护城市正常经济生活和防止小农的破产和流徙，早就利用市场机制来调节经济生活。①这可以说是国家实行间接调节与控制的萌芽。

利用市场机制进行调节与控制，是垄断资本主义时期的经济调节机制中出现的新现象。由于当代资本主义条件下，资本主义基本矛盾的进一步尖锐化，自发性的市场机制固有的不足和缺陷，就表现得更加明显。1929～1933年爆发的世界资本主义经济危机，打破了关于"市场机制完美无缺"的神话。在经济思想领域，国家干预经济的凯恩斯理论取代了依靠"看不见的手"来自动实现均衡的自由放任经济学理论。30年代罗斯福的"新政"，标志着政府干预经济，发挥调节经济职能的开端。第二次世界大战以来，多数资本主义国家更通过加强政府的经济职能，采取一系列财政、金融措施和调节手段来补充和克服市场机制的紊乱和调节失灵。因此，自从20世纪30年代以来，资本主义的经济调节机制就发生了新的变化，由早期的自由放任和听任市场机制自发性的全面调节，转到政府干预经济，实行市场自动调节和国家借助于市场机制的间接调节与控制相结合。当然，在资本主义私有制条件下，这种复合的经济调节仍然是以市场的自动调节为基础。

----

① 中国早在战国时期，利用市场机制进行经济调节的经济思想就已经产生。如《管子》一书中，关于利用货币价格关系控制商业、调节谷米价格的思想，又如李悝（前455～前395）的平粜思想。

资本主义经济调节机制的变化，使国家对自发性的资本主义市场经济的调控作用有所增强，政府调节的介入，使资本主义再生产的内在矛盾在一定时期和一定程度上得到缓解，这是第二次世界大战后当代资本主义经济仍然能向前发展的重要原因。但是经济调节机制毕竟要从属于所有制和由所有制所决定的商品经济的性质。以私有制为基础的资本主义商品经济，在本质上是盲目的和无政府的市场经济，这一经济的基本调节器是市场机制，资本主义政府采取的干预经济措施，使用的"计划手段"都不可能改变其经济主要由市场调节的性质，也不可能消除自发性的市场机制的内在矛盾和缺陷。特别是政府的干预和调节只能涉及生产关系的浅表领域，而不能涉及所有制和触犯资产者的根本利益。因而，当代资本主义经济调节机制的变形并不意味着所有制的变化，它不能消除生产社会性与资本主义私人占有的矛盾，不能消除个别企业内部的有组织与整个社会生产无政府状态的矛盾。可见，西方经济学家鼓吹的种种关于调节控制方式的变化，国家经济调节职能的加强和某些计划方法的引进，使资本主义成为"可调节"的和"有计划"的"理论"，都是毫无根据的。

（二）社会主义有计划商品经济中调节机制的特点

1. 计划机制与市场机制相结合

社会主义经济既然是商品经济，因而，它就客观存在着市场调节机制的作用；社会主义经济又是计划经济，因而，计划机制就是经济调节的重要组成部分。实行计划与市场相结合，既有效地发挥计划机制的主导作用，又充分地发挥市场机制的基础作用，就是社会主义有计划商品经济调节机制的特征。

计划机制表现为国家通过制订有科学依据的计划，确定国民经济发展方向、总任务，通过发挥政府的组织与调控功能，依靠行政力量和经济手段以及其他手段，来引导和调控经济的运行。可见，计划机制的调节，抽象地说，调节主体是国家，因而，可以称之为国家调节；调节的内容是落实事先制订的计划，因而，人们称之为计划调节。由于是国家调控，它不能不依靠行政力量与行政方法，包括强制性的指令性计划。但把分析回到社会主义商品经济中来，那么计划机制的调节，由于与市场作用相结合，从而还要依靠经济力量和利用价值规律。因而，计划调节是：作为主体的国家，根据先定的计划，依靠行政力量与经济手段来调节控制和引导经济运行。

市场调节机制表现为，在自发的价格→供求机制中，启动、引导与调节企业的活动。市场机制的调节，抽象地说，调节主体是无人格的市场作用，因而人们称之为市场调节；调节的内容是价格市场参数的启动与引导经济活动，因而又可以称为价格机制的调节。由于是市场性的经济调节，它是依靠经济力量，通过经济利益的吸引和诱导。如果把分析回到有计划商品经济中，那么，市场机制的调节，由于与计划机制相结合，从而还要体现计划的作用与要求。

计划机制与市场机制它们具有各自的特点，具有互不相同的和互相不能替代的功能，从而适用于不同的对象、领域。人们应该按照社会主义经济的不同领域、不同层次的状况和要求，而分别地采用与之相适应的调节形式，使计划机制的调节与市场机制的调节各得其所，互相配合，彼此补充，使二者的积极的调控功能得到充分地发挥。传统的社会主义计划理论，不区分经济的不同领域、不同层次，例如对宏观经济与微观经济统统实行计划机制的调节，这是一种计划万能论，是一种片面性的思维方式。持这种理论的人，显然不了解计划调控不仅在资本主义商品经济中具有很大的局限性，而且在社会主义商品经济中也有其范围的限度。事实表明，扩大到超越它的作用范围以外的计划，是会失灵的，甚至是带来负效应的计划。这正如列宁指出，"完整的、无所不包的，真正的计划=官僚主义的空想"，列宁号召人们"不要追求这种空想"。①在当前发展社会主义商品经济的新的条件下，列宁的上述思想，具有重要的现实意义。但是另一方面，也必须看到在改革中出现的自由市场经济思潮，提倡实行全面的市场调节，认为市场调节是唯一能实现资源优化配置的机制。一些西方学者，更向我国推荐用国家调控的市场经济来取代计划经济的提法。显然，这是一种市场万能论，它不仅在理论上是站不住脚的，而且实践业已证明：扩大到超越其作用范围的市场，只能加剧经济活动的盲目性和造成经济失衡。就思想方法来说，这是一种新的片面性。为了使计划与市场各得其所，充分发挥各自的功能，首先应该在经济不同层次和不同领域上，做好计划与市场的结合。

不同层次和不同领域的不同的结合方式：

国民经济发展的总目标的形成，有关总量（年总产值、总增长率、总投资量、总收入量、总消费量、总人口等）的控制和基本比例的形成与调控等，主要发挥计划的功能，而微观经济活动主要由市场调节。

关系国民经济全局与发展的重大基本建设，主要依靠国家的组织功能和计划作用，小型的技术改造和建设由企业自主，发挥市场调节作用。

关系国民经济全局的重点和骨干企业的经济活动，特别是那些投

---

① 《给格·马·克尔日扎诺夫斯基》（1921年2月19日），见《列宁全集》第35卷，人民出版社，1959年，第473页。

入品和产出品的供求不能平衡的企业，更多地发挥计划的作用。这样，就能做到：（1）协调基本比例关系，保证重点活动，从而使国民经济总体上按比例发展，在生产运行中表现出计划性。（2）集中财力和物力，进行重大建设，合理配置生产力，在建设发展中表现出计划性。（3）对收入分配进行调节，保证社会公正，在分配中表现出计划性。

归根到底，在宏观的、关键性的领域，充分发挥计划调节，就能真正保持国民经济总体上按比例发展，并且由此表现出计划经济的特征和社会主义的优越性。但是另一方面，对于企业一般的日常生产活动，小型的技术改造与建设，中小型企业的联合、兼并与产权转让等组织结构的自我调整和重组活动，则应主要地依靠市场调节，以充分调动企业自主经营的积极性和活力。这样，绝大多数企业的日常活动由市场调节，不断地适应市场而自行调整和自我发展，才能使社会主义国民经济表现出充分的活力。

经济的不同领域的结合：

例如，对于农村与城市，农业与工业，对于工业生产与商业流通，工业生产中的基础生产部门与一般加工部门，流通中的批发与零售，等等。针对这些不同部门的特点，针对不同产品的性质与供求状况，或者实行指令性计划，或者实行指导性计划，或者由市场调节。计划与市场相结合的方式，还应根据不同的所有制的特点，例如对于一般的国营企业，应使用指导性计划，对于个体企业、私营企业则依靠市场调节，等等。

可见，应该针对各个不同经济层次、领域的特点和现实状况，而相应采取不同的计划与市场相结合的方式，使计划与市场二者的功能获得有效发挥和优势互补。评价结合得好与不好，不应该只是单纯地从各个部门、各个领域出发，也不是要确定一个共通的比例，更不是要追求"计划份额的优势"，而是要从全局出发，有利于保证国民经济总体上按比例运行，同时充分发挥市场调节下企业的活力。

为了加强基础工业生产部门和新兴工业部门的发展，加快我国社会主义现代化进程，当前我们迫切需要更好地发挥计划经济优势，协调好基本比例关系，包括国家—企业—个人的收入分配关系，特别是要调整好产业的基本结构。因而，我们需要充分发挥计划的功能，加强国家的宏观调控。另外，我国正处在向有计划商品经济新模式转换的初始阶段，为了克服和减少因改革不到位而在经济生活中客观存在的分散倾向和盲目活动，也要求我们发挥好计划的功能，使国家能切实把宏观经济和关键活动管住，要防止改革搞活中可能出现的削弱计划和放松国家调控的倾向。另一方面，也必须看到，基于我国物质生产力水平低，国土幅员辽阔，地区差别大，农业实行分散的家庭经营，而城市企业绝大多数规模小等特点，我国需要充分地发挥市场调节的功能，把微观搞活，充分地调动企业和职工积极性。在我国具体条件下，过度的、"无所不包"的计划，不仅不可能真正地实现积极的均衡，而且会把经济管死，甚至造成长期失衡。特别是我国正处在改革的初始阶段，尽管市场调节已经开始不同程度地被引进到不同的经济领域，但是市场发展还远未成熟，市场正常的调节功能还远未充分发挥出来，特别是国营大中型企业活动领域的进一步从属于市场调节作用的问题尚未解决好。因而对我国来说，应该更注意充分地利用和发挥市场调节和搞活微观的功能。不恰当地扩大计划的范围，和基于对经济活动自发性和盲目性的担心，而想要更多地用计划来替代市场的想法和做法，恰恰只能带来不良的效果。

2. 计划机制的特点——体现了市场作用

计划与市场，作为有计划商品经济调节机制的内在因素，是互相交错，互相制约，互相渗透的。

社会主义有计划商品经济中的计划机制，是适应于商品经济的客观规律的要求的，体现了市场作用的计划机制。

第一，计划首先要确立经济的总目标和进行总量控制，而在商品经济中的产品表现为价值形式，总量均衡表现为价值形式的总供给与总需求的均衡，因而，价值就成为计划调节的基本工具。

第二，在价值作为计划的基本工具条件下，国家确立先定的计划固然要着眼于实物的平衡，但是也必须形成价值的平衡，而且价值的平衡正是实现实物平衡的手段和前提。为此国家在形成计划和进行综合平衡时，就不能不考虑和预计计划期的市场状况。

第三，计划调控不能单纯地依靠国家的强力和行政的方法，而要借助经济政策，依靠经济杠杆，充分利用价格、利息、税收等手段来实现宏观调控，保证基本比例关系协调。

第四，对于某些关键性的企业活动，实行直接的计划调控时，也应该有效地利用价值规律的作用，用经济力的吸引和引导，来补充和润滑指令性计划的强制作用。以上情况表明，计划机制，在狭义的直接计划机制的场合，是渗透有市场作用的计划机制，是行政力与经济力相结合的计划机制。至于广义的计划机制，则包括实行指导性计划进行调控这种计划机制和国家调控，由于是主要依靠价值规律，利用经济力，从而使计划的指导和调控效果获得增强。

传统的计划机制，由于不利用市场作用，单纯凭借行政权力，唯一诉诸指令性计划方式的直接调节，存在着很多弊端。特别是传统计划管理对微观活动进行直接干预，不仅挫伤了企业的自主经营积极性，而且损害了企业的利益。此外，"无所不包"的指令性计划，更难以避免主观主义的瞎指挥。这种不与市场作用相结合的计划，不仅缺乏调控实效，而且会产生来自企业的"逆调节效应"，企业必然会采取阳奉阴违，压低计划指标，或是其他的"违反"计划的行为，指令性计划实际上失去严肃性和软弱无力，并会带来经济失衡，从而与人们运用指令手段来强化计划性的初衷相违。而一旦将市场作用与计划相结合，就大大增强了计划的调控功能。计划体制改革的初步实践表明，在实行指令性计划调控时，正确运用价值规律，合理地制定价格，或是对定价过低的生产，实行利益补偿，人们就能有效地发挥计划调控的功能，使指令性管理落到实处。而在实行指导性计划的场合，将市场机制作为调节工具，把计划调节与市场调节结合起来，人们就能对企业的经济活动实行有效的调控。

3. 市场机制的特征——体现了计划要求

在有计划商品经济中的微观经济，主要由市场机制调控，但是这里的市场机制，不再是资本主义经济中那样的自发的、盲目的和难以驾驭的力量。由于计划的作用渗透于市场机制之中，对市场作用方式施加影响，因此，加以规范，保留其积极作用的形式，扬弃其消极与破坏作用，使之成为一种真正的可调节的市场机制，成为社会主义国家能够自觉地加以利用的工具。

在有计划商品经济中，国家对微观经济主要实行间接调控。间接调控，简言之，就是国家调控市场参数，市场参数影响企业（和个人）行为，其实质是把国家的计划指导、调节与管理，立足于市场机制的基础之上。实行间接调控，国家不再采用单一的行政性手段，通过指令性计划直接地控制企业的活动，而是借助于指导性计划，通过调控市场参数，把计划置于市场机制的自动调节的基础之上，例如国家制定扶持某些部门的经济政策，通过提高该部门产品的价格，其结果是：价格的提高引起生产的增长，即p—y；国家采取税收政策，降低某一部门的所得税，使该部门在现行价格下能享有更大的自留利润，引起生产的增长，即r—y；国家采取信贷政策，给某一些部门以优惠利率，也引起该部门生产的增长，即z—y。在上述场合，计划化的全过程是：国家计划机制（国家确定用来贯彻计划的经济政策与经济杠杆）+市场调节机制，可简写为A—M—K。在上述公式中，A—M表示国家调控市场参数，属于计划机制。而后者又采取两种方式：（1）用行政手段直接形成市场参数，例如实行国家定价、国家确定利息率、规定信贷规模，等等；（2）用经济方法间接形成市场参数，例如国家通过吞吐商品，参与市场价格形成，国家通过公开市场业务影响货币供应量，参与市场利率的形成，等等。M—K即p—y，r—y，z—y，表现为市场自动调节机制。M—K表面上是市场调节，但实质上却是有计划调节渗透其中。总之，计划化全过程中的A—M，只不过是初步的有计划的经济调节，它还要继之以M—K，即市场调节，而后续的市场调节则体现了国家计划机制的预期目的。可见，上述计划化的全过程，体现了计划与市场双重机制的作用，是二者的统一和结合。计划化过程的上述内在机制表明，表现为M—K的市场机制乃是实现计划的经济工具。

国家利用市场机制，来引导微观活动，所以能够成为一种有效的经济调节形式，这是在于：

第一，市场机制的调节，是依靠经济力的驱动和抑制作用，从而适应于商品生产与经营者的生产关系的性质。商品生产者乃是一个经济实体，它的经济活动具有从属于经济力的调节的本性。社会主义商品经济中，全民所有制企业也具有产品的局部占有和拥有特殊利益，这就决定了要通过经济利益关系的调节来对企业活动进行调控。例如要促使企业积极增产，就要依靠经济利益的正值，而要压缩某一生产的数量或转产，则要依靠经济利益的负值。把计划调节建筑在经济利益的基础之上，依靠利益的吸引，就能真正激发企业内在的积极性，从而使调整成为企业的自觉的行为，促使企业在经常的经营中表现出对市场的积极反应。而在一旦出现销售和经营困难时，企业就能积极地自找门路，迅速转向，较顺利和较少震荡地摆脱困境。实践证明，国家对经济的调控，采用经济方法，利用经济利益的驱动和抑制作用，会收到行政手段的强制所达不到的效果。

第二，市场机制的调节作用，表现为企业的自主调整。在社会主义商品经济中，一方面，由于社会需求的经常变化，科学技术革命的迅速发展，从而要求企业在产品品种、结构等方面有经常的灵活的调整。另一方面，由于企业从事自主的商品生产与经营，总会有一定的盲目性，从而经常会有这一种产品或那一种产品的产需脱节，货不对路的情况出现，这样就使企业自身的经常调整更加迫切。由于远离基层的上级国家行政机关，不可能弄清千百万个企业内部的实际情况和企业外部的市场状况，不可能根据千变万化的市场供求状况，为不同的企业做出及时的和正确的调整决策。因此，上述微观活动的日常的调整，只能由处在生产第一线能及时感知和弄清市场状况，充分熟悉自己的条件、优势、劣势、潜力的企业自身来进行，而市场机制的调节作用就表现在这种企业自动调整之中。充分调动企业自动调整的积极性，才能卓有成效地实现微观活动的经常性调节，保持经济的均衡性和运行的有序性。

总之，国家借助于经济杠杆，自觉调控市场经济参数，依靠企业对市场的积极反应和自动调整、诱导、影响微观行为。这种间接调控，由于实现了行政力与经济力相结合，先定的计划引导和企业的自主协调相结合，国家对宏观经济的控制与企业的经营自主相结合，因此，这种国家间接调控并不削弱社会主义经济运行的计划性，恰恰相反，由于它把计划融入市场作用之中，从而使适应市场调节的微观经济能体现出有计划运行的要求。

可见，搞好计划与市场相结合，就微观经济来说，主要不是实行直接的指令性计划的调控，而是采取间接的国家调控，借助于指导性计划，运用各种经济杠杆，来形成一个有效的国家调控市场，市场引导企业的机制，这正是计划体制改革的一项中心任务。

4. 在一定领域内的自发性的市场调节

社会主义经济调节器，除了作为指导的计划调节机制和作为基础的市场调节机制而外，还包括作为补充的自发性的市场调节机制。

在社会主义计划管理中，对于那些日用消费品中的小商品和那些品种纷繁的农副产品生产的领域（主要是个体所有制和集体所有制，也包括部分全民所有制领域），不实行计划调节，而是由市场上自发起作用的价值规律来调节，企业生产什么与生产多少，由企业根据市场需求的状况、结合自身的条件来决定。上述领域的经济活动中，十分鲜明地体现出供求变化——价格涨落——生产扩张或缩减的作用。这是一种完全的自发性的市场机制。这里价格的变动乃是市场自发性的供求变动的结果，而生产者的生产变动又是自发性的价格变动的结果。这种情况与指导性计划领域起作用的那种可调节的市场机制有根本的不同。

尽管这一领域是真正的市场调节，它具有历史上的商品经济中的市场机制的特征，但是也必须看到，这毕竟是社会主义制度下的自发性的市场机制。这一经济领域，生产者是社会主义集体企业，社会主义劳动者的个体企业以及私营企业；这种自由生产在范围上是受到限制的，它在工农业总产值中所占比重很小；对这种自由生产，国家要用政策法令来加以规范和指导，并要由工商行政机关来加以管理。以上种种情况，决定了人们一方面能够限制和避免这种自发性市场机制所固有的消极作用，另一方面能充分发挥这种调节方式的积极作用，大大增强这一自由生产活力，使它在社会主义国民经济中有效地发挥补充作用。

计划调节和体现了计划要求的市场调节，是计划经济内在的两种调节机制和形式。自发性的市场调节乃是自由生产范围的调节形式。由于自由生产是计划经济的从属部分，它与计划经济存在着有机联系，这也决定了作为调节机制的自发性市场机制和有计划调节机制之间存在内在联系：即这种自发性的市场调节在一定程度上受到计划的约束和影响。社会主义国家拥有各种手段来控制和调节自由生产活动，使之保持在合理范围内，使这一领域的自发性的市场机制弊少利多，成为有计划调节体系之外的一个补充调节器。而选择好适当的经济领域——包括一部分国营企业的生产领域——充分发挥自发性市场调节的作用，也是搞好计划与市场相结合的应有之义。

（三）几点结论

第一，有计划商品经济中的调节机制是：（1）主要借助于计划机制的管理和调节，保持总量和国民经济基本比例关系的协调，即"把宏观经济管住"，使之从属于计划的要求。（2）主要借助于市场机制的调节，通过经济杠杆和市场参数的作用，利用经济利益的吸引力与激励，把企业自主的经济活动，引导和纳入国家计划的轨道。（3）借助于自发性的市场调节，对自由生产与经营进行协调。

第二，社会主义的整个调节机制贯穿着计划与市场的结合。（1）对于调控宏观经济的计划来说，力求使计划的综合平衡及国家的调控适应于现实的市场状况和体现市场规律的要求。（2）对于调控微观经济的市场机制来说，要借助对经济杠杆的自觉利用，通过能体现计划要求的市场参数，来实现国家调控市场，市场引导企业，从而把计划贯穿于市场调节之中。（3）对于一部分关键性的重点企业，国家采用指令性计划直接调控，但要尽可能地体现价值规律的要求和市场作用。（4）还要恰当地选取一定自由生产与经营领域充分发挥自发的市场机制的作用，同时，通过各种管理、引导来施加"计划"的影响。可见，要根据各个不同的经济层次、经济领域的特点，采取适当的、各有特色的计划与市场相结合的形式，从而形成一个贯穿计划与市场相结合、复杂而精致的经济调节机器。

第三，从一个方面来说，上述经济调节的（2）（4）领域，市场调节均是直接的调节器，尽管它贯穿着计划的作用；对于（1）（3）领域，计划的作用也要尽可能适应市场与利用市场，因而，可以说，市场作用是调节机器的基础。从另一个方面来说，上述（1）（3）领域，计划调节是直接的调节器，而且计划制约着总量均衡、经济基本结构和重点环节的活动，因而，计划在实现经济总体上按比例运行中，起着主导作用。

第四，贯穿计划与市场相结合的调节机器，旨在使调控和制约经济活动的外在力量与内在力量，自觉活动与自发活动，经济杠杆的作用与行政杠杆的作用，经济利益的吸引与国家行政力的强制等要素巧妙地结合起来，以及把"事先"的计划作用与"事后"的市场作用结合起来。这样就能做到使计划与市场二者互相补充，互相促进，从而形成一个能发挥二者合力的有效的计划—市场调节机器，从而保证国民经济整体活动的合目的性（按比例性）和运行有序性，发挥计划经济的优越性，同时，有效地发挥市场调节下经济的活力，使社会主义经济生气勃勃。

社会主义经济调节机器作用方式可以图示如下：

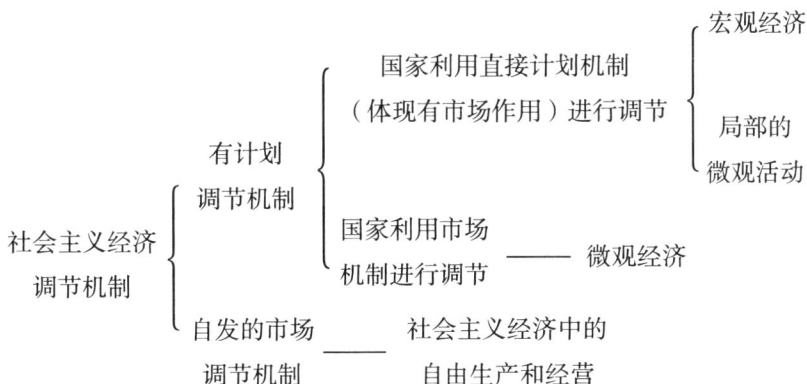

国家利用直接计划机制
（体现有市场作用）进行调节

宏观经济

局部的
微观活动

有计划
调节机制

社会主义经济
调节机制

国家利用市场
机制进行调节 —— 微观经济

自发的市场
调节机制 —— 社会主义经济中的
自由生产和经营

三、构建起计划与市场相结合的经济调节机制与运行机制的过程及其内在矛盾[①]

为了构建有计划商品经济新体制和能有效地发挥计划调节为主导、市场调节为基础的经济运行机制，必须进行经济体制改革，把产品分配型的旧体制转变为商品运行型的新体制。这是一项深刻、全面的改革。它包括以下几个重要方面：

（一）企业经营实体化

有计划商品经济中的企业——这里指国营企业——是以全民所

---

① 另见《论计划与市场相结合的经济调节机制与运行机制的构建》，《人文杂志》1991年第6期。

有制为基础的相对独立的商品生产者，具有自主经营、自负盈亏、自行发展、自主积累、自我约束、自我调整的机制与功能，从而能表现出对计划调节和市场调节的适应性和能动性，能在经营中发挥高度的积极性与开拓创新精神，从而表现出充沛的活力。国营企业实行全民所有，全民所有的财产关系、分配与利益关系，决定了自主经营的企业能接受与适应国家的计划调节。企业又是自主经营、自负盈亏的经营实体，它拥有支配人、财、物、产、供、销的自主经营权，它拥有自有资金和国家交付给它占有与自主支配的经营财产，从而是一个独立的经营实体。企业拥有自身的特殊利益，它实行科学的工效挂钩，"效益大，收入多"，在由于自身的努力和良好的经营而获得超出平均利润以上的超额效益时，企业职工能由此得到物质奖励，分享利益。企业实行自负盈亏，它为自己的生产与经营承担责任，要用自身的资金和经营财产来负担各种经济交往中发生的损失，甚至要因不能偿还经营债务而实行破产。由于企业拥有自有资金，它就有财力来进行自主积累和通过更新设备，扩大生产能力，实现自我发展；由于企业实行自负盈亏，国家不再为企业承担经营风险，处在市场竞争压力之下的企业，就具有内在的自我约束功能，它出于增强竞争能力，提高赢利的需要，而节约开支，加强财务核算，降低成本，控制不合理的支出，自觉地防止消费基金膨胀和不合理的、无效益的投资行为。由于企业的自负盈亏，在有效的利益驱动和亏损的压力下，企业具有不断地提高效益的内在动因，因此企业不断地加强经营管理，开发新产品，加快技术进步，完善组织形式，并为此而依法实行联合、兼并和转让产权，即实行产品、技术、组织等方面的自我调整。我们以上所指出的自主经营、自负盈亏、自行发展、自主积累、自我约束、自我调整的经营机制，是社会主义的相对独立的商品生产者与经营实体所应该具有的功能，是企业能表现出对市场调节的适应性的条件和微观组织基础。例如，对于上述拥有责、权、利和实行自负盈亏的企业来说，某种产品价格提高，会引起企业自行扩大其生产，某种产品价格下跌，会引起企业自行缩减其生产；某种投入产品价格上涨，会引起企业缩减对它的购入和扩大使用替代品，价格下降，则促使企业放弃其他替代品而扩大对这一产品的购买和使用；某一产品与行业盈利大，会促使企业扩大这一产品的生产和促使行业发展，而产品盈利小，企业会迅速实行产品结构调整和转产。总之，微观经济活动将表现出对市场价格的灵敏反应与积极的自我调整，这种市场性的企业行为，正是表现为价格→供求效应、供求→价格效应的市场机制发生作用的微观前提。

在我国传统的企业体制下，国家实行大包大揽，直接插手各种微观经济活动，对生产下达指令性计划，对产品与物资实行统一调拨，对赢利实行财政统收，对亏损实行国家统负，企业缺乏责、权、利，成为上级行政机构的附庸。显然地，这样的企业体制与机制，企业对于它所从事的经营就不会有物质利益上的关心，企业行为也就不可能具有对市场状况的自主的适应性，就不可能有市场性的企业行为，而其结果，就不可能有价格→供求的市场效应。因此，为了构建能使市场机制充分发挥作用的新经济体制和运行机制，就必须对传统的企业体制和经营方式进行改革。要在实行独立核算，自负盈亏，使企业成为自主经营的经济实体的基础上，转换经营机制，构筑起有计划商品经济的微观基础。

（二）社会主义市场体系的建立

为了发挥市场调节作用，必须建立完备的社会主义市场体系以健全市场机构。人的消化功能的发挥，取决于消化器官的健全。人的生命功能的发挥取决于人体的复杂的生理结构的健全，市场调节功能的发挥，则是取决于市场结构的健全。由于在发达的商品经济中，市场是一个多样化、多层次的交换的总和，它包括物质产品、精神产品（艺术产品、科技产品）、服务（消费服务、生产服务、流通服务与社会服务）、信息的交换、劳动力的交换，等等，因而市场不是单一的，而是由多种要素市场形成的市场体系。因此，健全市场结构，也就是要形成社会主义市场体系。

完备的市场体系的形成，是以国民经济的商品化为前提。人们看见，作为商品经济最高形式的资本主义，发展了包括物质生产、精神生产、服务和广泛的社会生活等领域的全面的、无所不包的商品化，从而形成了商品、劳动力、资金、信息等要素市场组成的市场体系。由于市场的发育日益完备，形成了一个有机的系统，使市场机制更加完全和充分，在多样生产要素从属于市场机制的作用基础上，使价格调节商品供求这一市场功能高度强化，从而才形成了由"看不见的手"灵活地进行调节的资本主义全面的市场经济。

社会主义也是十分发达的商品经济，它也需要有十分发达的，包括消费品、生产资料、劳务、资金、信息等要素市场的社会主义市场体系。因为多样的生产要素的自由流动和市场化，是市场机制起作用的必要条件。

建立社会主义市场体系是一个市场的发育与形成的过程，它包括以下几个方面：

1. 消费资料的商品化

在我国传统的经济体制下，消费资料只是在自由购销范围内，才是作为真正的商品来对待，至于那些统购统销的粮食、油类，以及其他实行凭证供应的日用消费品的交换领域只不过是一种有限制的不完全的市场。为了健全社会主义市场体系，我国近年来逐步取消了多年来的日用消费品的统购包销和凭证供应，废止了油料、粮食的统购，这些措施使消费品的交换进一步市场化了。当前的任务是进一步放开，实行更完全的市场交换，建立统一的消费资料市场。

2. 生产资料的商品化

生产资料的商品化是建立社会主义市场体系的一项决定性的步骤。我国流通体制改革的一项重要内容，是把生产资料由国家统一调拨，转变为自主贸易，也就是把生产资料作为商品来生产和交换。由于生产资料中一些品种，还存在严重供不应求，为了保证重点生产建设项目的物资供应，指令性的物资调拨制度还不可能完全废止，但是实行指令性计划的生产资料，也必须做到合理定价、尊重价值规律，做到使生产资料适应商品的本性和要求而进行交换和流通。目前一部分生产资料实行双轨制，这种体制下生产资料交换部分市场化了，但是双轨制下的两种价格是与市场所固有的价值一元总的要求相矛盾的。双轨制不仅始终会存在市场交换与物资调拨之间的摩擦与矛盾，而且要诱发投机行为，带来许多经济生活中的消极现象。为了促进生产资料的商品化，要改进生产资料双轨制的机制，进一步完善生产资料的指令性调拨，扩大市场流通，建立和完善生产资料市场。

3. 资金交换商品化

进一步发展金融市场，是建立社会主义市场体系的一项基本功。资金是社会主义商品经济中企业组织生产的基本要素，资金的流通与相互融通，是商品经济中企业的灵活的自动调节，也是国家实行间接调控的重要条件。企业越是走上自主经营、自行发展的轨道，在企业的日常经营活动中，越是需要有十分频繁的资金引入和输出，这就决定了要把资金作为商品推入市场，实行资金占有者和使用者之间的灵活的市场交换。可见，建立金融市场乃是发达的社会主义商品经济的客观需要和必然趋势。传统体制下的金融活动是以间接的金融，即银行信贷为特征，这种金融活动不由利率来调节，它很少具有"市场"性质。而且，这种间接的银行信贷总是难以满足企业的自主经营对资金引进和流出的需要的。特别是国家加强对信用的宏观控制后，银行信贷资金供应更加紧张，这就进一步要求搞活金融，实行银行之间互相利用闲置资金和向社会筹资的直接融资形式。总之，资金市场乃是社会主义市场体系中的一个重要的不可缺少的环节。在资金市场形成的基础上，发挥资金市场机制的作用，是发挥市场机制调节作用的最为关键的环节。

4. 劳务市场

劳动力的流动，是实现劳动者自行择业和企业自主选择劳动力的有效形式，是提高劳动兴趣，发掘劳动者潜力，改进企业劳动组织，形成劳动力与生产资料的最佳结合，从而提高社会劳动使用效益的必要前提。劳动力通过市场交换形式的流动，是发达的商品经济的特征，是商品经济所固有的市场机制在劳动力流动中的延伸和具体化，它是社会主义条件下企业实现自主经营和适应市场状况而进行自动调整所必需的。不允许劳动力流动，"从一而终"，这是僵化体制的特征，它不仅使企业中的人浮于事和窝工现象越发严重，阻碍企业劳动组织的完善和劳动者积极性的发挥，使企业劳动成本难以降低，经济效益难以提高，造成社会劳动的大浪费，而且，人们在工资上的互相攀比和消费"亢进"，也与此密切相关。在社会主义商品经济中，劳动力流动的市场形式，不仅包括私人企业招雇工人和城市居民的雇用保姆——在这里，劳动力的流动在一定程度上属于市场机制的作用——而且，企业采取合同工形式招工，也是劳动力流动的一种特殊的市场形式。总之，社会主义商品经济的发展，使劳动力通过市场形式流动成为客观必要，[①]因而劳务市场也就成为社会主义市场体系的必要组成部分。

5. 技术市场、信息市场

这也是我国社会主义市场体系的重要组成部分。技术市场的形成意味着科技产品的商品化和市场流通化。信息市场的形成则使各种经济信息得以迅速地流动和为人们及时掌握，它是国家、企业、个人迅速而主动决策的前提，是形成商品生产者对市场状况的积极反应，即自动反馈的市场行为的前提。

总之，建立起一个包括消费品市场、生产资料市场、金融市场、劳务市场、技术市场、信息市场在内的完备的市场体系，实现各个生产要素的交换市场化，是市场机制起作用的组织基础。目前我国消费品和生产资料的交换市场化尚未完成，其他要素市场化不完备，例如资金、劳务尚未商品化流通，技术市场、信息市场尚处在萌芽状态，这种市场发育的不完全和市场组织的畸形与幼弱，必然会限制市场功能的发挥。

为了发挥市场调节作用，还需要实行价格放开。

建立市场体系的目的是市场功能的发挥，即形成价格→供求、供求→价格的自动效应。正是上述两种相反相成的效应，实现了市场调节微观经济活动的功能。市场机制既然表现为价格→供求、供求→价格的连锁，这一连锁的主导要素乃是价格，它包括一般商品价格、

---

① 劳动力采用市场形式流动，这是就经济关系的形式来说的，这是一种特殊的、形式上的市场形式，它不意味着社会主义商品经济中劳动力是真正的商品。

利率、工资等。市场机制的作用，本质上就是价格的调节作用。它表现为：供不应求，市场价格上涨，超过价值的价格，从物质利益上促使各个企业自动增加生产；供过于求，市场价格下跌，低于价值的价格，通过经济损失促使企业减少生产或转产；在供求相等时，和价值相一致的市场价格，使生产者获得平均利润，最终促使生产既不增也不减，维持暂时的均衡状态。可见，市场机制的自动调节作用，在于作为变数的价格，通过赢利变动的机制来调节企业的生产与经营活动。如果企业没有定价权，只是实行由国家规定的固定价格，价格不能成为一个变数，那么就不能通过价格的变动和由此带来的益或损来诱导企业扩大生产或促使企业缩减生产，从而这样也就不存在市场机制的调节作用。

正是如此，市场机制发挥作用的关键在于：在竞争中形成的市场性的价格。当然，这并不是说价格形成是一个纯粹自发性的市场行为，并不是说国家可以撒手不管，听任价格自发地上涨或下跌。恰恰相反，国家要对价格形成进行指导、影响，甚至进行一定的行政干预，例如国家规定上下限的浮动价格，就体现了行政力量渗透于价格形成之中。但是，社会主义价格体系必须以市场价格形成为基础，在总体上带有竞争性价格的特点。我国价格体制的改革，对于少数基本商品实行定价，国营企业广泛领域中主要实行浮动价格和协议价格，在集体与个体领域中主要实行自由价格，这样的多层次的价格体制，把价格在总体上放活，使价格由国家定价为主逐步地转移到价格在市场力量中形成的基础之上，这样的价格体系将能适应发挥市场机制作用的要求。我国近年来，先在城乡小商品领域实行了自由价格，以后又对蔬菜、副食品和粮食、油料的自由销售部分实行了价格放开，此后，在工业品的一定范围，相继实行了价格放开。当前的任务是要积极而审慎地进行工业生产资料的价格体系的改革，要逐步地把价格理顺。在我国多样性的商品市场上，价格均表现为一个变数，在价格→供求和供求→价格效应都充分展示出来的条件下，市场机制的调节功能就将真正有效地表现出来，我国社会主义商品经济的调节机制的基本轮轴就将顺利地转动起来，国家对经济活动实行有效的间接调控的市场基础结构，也就由此奠定了。

在金融市场上，利率是借贷资金的价格，利率的变动性是资金市场机制发生作用的必要条件。为了充分发挥市场机制的作用，必须使利率浮动化，形成自动调节资金供求市场机制。利率高，对借贷资金的需求量减少；利率低，对借贷资金需求量增多。这种资金市场乃是中央银行对信贷活动进行宏观调控的重要工具。我国目前由于企业的软预算约束和资金大锅饭体制，金融市场机制十分薄弱，即使利率调高，企业还是要追求扩大银行贷款。对信贷的自动调节机制的缺乏，是我国"投资饥饿"难以抑制的重要原因。为了增强国家对投资活动的调控能力，除了改进基本建设的直接计划机制而外，还要大力进行金融体制改革，发挥金融市场机制的作用。

为了有效地发挥市场机制的作用，必须大力形成统一的市场。为此要发展和增强经济的横向联系，打破阻碍经济流通中的部门封锁与地区封锁，形成一个开放的和统一的社会主义大市场，使各种基本产品、劳务、资金、技术、信息等要素能够在计划指导下顺畅地流通。这是市场机制能充分地发生作用的前提条件。

（三）国家的经济调控体系的形成和国家调控力的增强

社会主义经济体制改革，带有将市场机制引入传统的计划经济模式之中的性质。这一引进市场的改革，其关键是在企业自主经营化和自负盈亏的基础上，使企业各种生产要素流动化和交换市场化，使市场关系广延化和纵深化，由此使价格→供求效应和供求→价格效应，能够在统一的社会主义市场范围内表现出来，从而使市场机制获得充分发挥作用的场所。但是市场机制作用下的微观经济活动毕竟是一种自发性的活动。（1）就价格来说，自由的市场交换在市场供求变动不居和竞争的情况下，必然会引起价格的经常的涨跌，甚至出现大涨大跌。（2）就企业日常生产活动来说，价格自发的上下波动，又会引起企业扩产或是减产。价格信号不可能经常是准确的，在价格信号失真的场合，这种由市场调节的生产变动，就是一种盲目活动，它会进一步加强结构的失衡。（3）就投资活动来说，在市场调节作用下，投资的盲目性是难以避免的，特别是投资的那些赢利大、周期短、见效快的"短平快"项目，难以适应生产结构合理化与经济长期发展和技术进步的要求。（4）就分配领域来说，在市场机制作用下，生产者将享有市场价格变动带来的额外赢利，这种额外赢利起着扩大企业和劳动者之间的收入差距的作用。显然，这种不是来源于劳动，而是来源于市场机制的赢利和收入，在很大程度上体现了一种不合理的收入分配关系。

以上情况表明，在市场机制的作用下，微观经济活动行为不仅会表现出自发性，而且会表现出盲目性，从而与社会主义商品经济有秩序地运行、有计划地发展的要求相矛盾。为了在利用市场机制中兴利除弊，尽可能抑制和减少经济生活中的盲目性，这就需要形成国家的宏观调控体系，强化国家的经济调控功能。

社会主义国家的经济调控的特征是：（1）把宏观经济作为国家管理的主要对象，而对微观经济实行放开。（2）把运用经济杠杆，使用指导性计划作为国家调控微观经济的重要手段。（3）建立起包括价格、信贷、税收、工资等组成的完备的经济调节杠杆体系，并正确而有效地加以运用。由于在社会主义商品经济运行中，企业在内在的盈利动机的推动下和外在的竞争压力下，也有可能采用种种不正当的经营方法，如产品不顾质量、以次充好、冒牌顶替、虚伪宣传，等等。事实上，社会主义商品经济中的企业行为也不可能都表现为合理的。因此，还必须建立起一个完备的和强有力的法律体系，通过强制性的法律手段给企业行为以约束。例如，通过设置用以维护经济合同的各种法规来约束企业，促使其遵守经济合同及各种契约；通过设置维护税法税则和惩治偷税漏税的法规来约束企业，促使其照章纳税；通过设置惩治商品伪造、掺假和欺骗消费者的法规，以约束企业并促使其合理经营和实行公平竞争。可见，必须健全社会主义法制，用各种体现社会主义原则和商品经济要求的法规来约束企业（和个人）的经济行为，逐步地形成社会主义商品经济的新秩序，使遵守社会主义经济秩序成为一种社会习惯，成为企业自觉的经济行为。

总之，充分发挥社会主义国家的宏观调控功能，有效地发挥社会主义法律规范和其他社会规范的示范和约束功能，是使人们充分有效地利用市场机制的积极作用，避免其消极影响的必要条件。

（四）改革初始阶段计划与市场相结合的困难

改革的任务，在于构建起：对市场上有充分适应性的企业，能在广泛的国民经济范围内充分发挥市场调节作用的市场体系，能充分发挥计划作用、自觉利用市场作用的经济调控体系。上述三项新体制的结构要素，是互相依存、互相促进、互相制衡的。就企业来说，新型的企业是自主经营、自行发展，具有充分活力的企业，企业的活动是由市场导向、启动，也是受市场制约的。市场活动是由国家依据计划要求而加以调控的，国家调控作用使自发性的市场作用体现出计划性。国家调控作用的发挥，是以市场机制的作用为条件和杠杆的。市场机制得以发挥作用，又是以企业具有适应市场的功能为条件的。可见，借助于企业自主、市场调节、国家调控三者互相渗透，互相促进，互相制衡，形成了一个能充分发挥计划作用和市场作用的完善的内在机制，使社会主义商品经济在运行中既能充满活力，又能有序地和按比例地发展。以上三项经济组织的构建完成，意味着我国真正完成了由传统的经济体制向有计划商品经济新体制的转换。

对于像我国这样的生产力水平低、商品经济不发达的社会主义国家来说，形成上述三方面组织结构是一个十分艰难的课题。

第一，企业改革是改革的起点。它的任务是实现政企不分的传统企业体制向两权分离的法人企业体制的转换，这是改革中的一个难点，但也是改革的基点。这一改革不仅因为无经验可循，而且会因为受到既有利益格局的牵制和传统观念的束缚而难以深入发展，关键的问题是政企难以真正分开，企业难以真正推向市场，从而使企业改革难以到位。

第二，企业的搞活与形成调节企业的市场环境应该同步。市场的形成和市场机制正常作用的发挥，是改革的更大难点。这是由于：（1）我国原来商品经济不发达，自然经济传统深厚。（2）传统的"大而全""小而全"的企业组织结构，妨碍了生产专业化和企业之间的交换。（3）长期以来实行的产品经济体制的行政性条块分割，难以一下子突破。（4）交通设施与运输工具的落后，也是交换经济难以迅速发展的原因。以上情况，决定了统一的商品市场——消费品与生产资料——的形成，需要一个发展过程。至于金融、劳务、科技、信息等要素市场的形成，更需要有金融、劳动、工资、科技等方面的配套改革。特别是在我国条件下，作为市场作用得以发挥的关键的价格改革，不可能期望毕其功于一役。综合以上情况，我国市场的形成和市场机制的正常发挥，带有渐进性，而在改革的初始阶段，由于市场发育不成熟、价格未理顺，加之企业改革未到位，因而，市场调节作用扭曲往往难以避免。

如果说，在一个市场发育成熟和发达的商品经济中，市场机制正常形成并发挥作用，既发挥扩产效应又发挥限产和促进生产调整作用，那么，模式转换期，市场调节的扭曲，就表现为，一方面价格的扩产效应十分明显，例如价格放开和上涨，促进生产增长，特别是促使那些赢利大的企业竞相扩大规模，增加生产。另一方面，价格的抑制功能和促进转产的功能却十分薄弱。定价太低或是价格一时下降，企业对之却是反应呆滞，抑制生产和转产（产品调整和产业转换）进展缓慢，甚至继续扩大生产，这种价格机制的片面促扩产却不促限产和转产，使市场机制既带来一定的促进均衡的效果，也带来加剧不均衡的负效应。其具体表现就是人们说的：长线越长，短线越短。这种价格调节作用的不正常形式和扭曲，固然也与市场形成和价格改革的发展迟缓有关——例如价格改革犹豫不决，错过了时间和措施不恰当、比价长期不合理，等等。但是，从根本上说，在新旧模式转换时期，人们只能使市场价格机制的不正常形式约束在尽可能小的范围内，而不能指望完全避免上述市场作用的负效应。这种市场负效应，可以称为改革初始阶段的价格调节扭曲症，它是市场形成过程中的"阵痛"。

第三，国家的经济调控体系建立和调控功能的加强，对于改革的顺利发展和深化，起着决定性的作用。基于引进市场后经济活动中具有自发性，特别是改革初期市场调节突出的负效应，应该强化国家的调控功能，用计划把宏观经济和关键的经济领域管住，并借助于市场作用和经济手段来完善国家的调控。为此，必须处理好直接管理与间接管理两种调控方式的衔接和润滑更替，要在新的调控手段建立起来的条件下，放弃和改变原来的直接管理方式，避免仓促转换中出现"管理真空"。特别是要把搞活企业与放开价格的改革，置于国家能够调控的限度内，防止前者的"超前"和由此出现经济内在的失衡。

必须看到，引进市场的改革，本身就是一个经济机制内在矛盾不断出现和不断克服的过程。其一，改革起步后，会出现具有某种自主权而初步搞活的企业与发育不足的市场的矛盾，这一矛盾推动人们去放开价格，发育要素市场，为企业创造自由游泳的市场环境。其二，企业初步搞活和价格初步放开后，市场性的经济运行又会和传统的僵硬的国家计划管理发生矛盾，这又推动人们去减少和改变指令性的计划管理。其三，以上的矛盾的发展，最终导致市场调节下，企业活动的更鲜明的自发性和盲目性与国家调控薄弱的矛盾。这一矛盾成为改革过程中经济生活的主要矛盾，是引进市场的改革的必然产物，其实质是市场机制与计划调节的矛盾。这一矛盾是社会主义商品经济固有的，只不过在改革过程中表现得更为鲜明。如果人们把国家调控体系的创建放在重要地位，在加强国家调控前提下来设计与进行搞活企业和放开市场的改革，即在加强计划作用的前提下来进行引进市场机制的改革，上述微观活动的自发性和国家调控的矛盾，将处在被约束的形态。如果人们忽视了国家调控和计划调节作用，片面地搞活、放开，那么，引进市场后呈现出的微观经济活力将难以控制，而宏观经济也难以管住，就会出现经济失控，加剧结构失衡和导致通货膨胀，这就意味着上述矛盾表现为激化形态。

以上对改革过程中的内在矛盾的强化和改革过程中的主要矛盾的

分析表明：（1）不能用理想主义的观点来看待改革，期望改革中没有矛盾，完全地循序渐进，是不符合改革在矛盾中展开的机制的，何况改革是一个新事物，人们还缺乏经验，不可能不发生某些失误。（2）不能在引进市场的改革出现矛盾、表现出某些负效应时，就对改革产生疑虑，甚至想收缩市场，重新回到传统的计划经济体制。（3）不能对改革中的矛盾听之任之，重复"搞活—失控—调整"的不断循环，而是要通过总结经验，建立起明确的思路，在加强国家调控作用下搞活和放开，在发挥计划的主导作用下引进和发挥市场作用。

（五）我国10年改革的经验教训

我国10年改革，在实行计划与市场相结合上取得了成功的经验。我国在指导思想上坚持计划经济与市场调节相结合，坚持用计划对宏观经济和关键的生产交换活动进行管理，果敢地开展了运用市场作用的一系列改革。农村在家庭承包的基础上实行了用计划把粮、棉、油等基本农产品的生产与交换的主要部分或全部加以管住，而对其他的广大农副产品实行放开，发挥市场调节的作用，同时，支持了乡镇企业的发展。市场的引进，为农村注入了新鲜活力，使农业迅猛地发展，新兴的乡镇企业拔地而起，我国农村经济表现出从来没有的兴旺发达。

80年代初，在农村家庭承包制获得巨大成效的基础上，在城市开始了引进市场改革的试点。其第一步是对国营企业实行扩权让利，允许原先按指令性计划生产与调拨的国营企业，可以"找米下锅"，为市场需求而生产，不仅从市场找原料，而且产品在市场销售，盈利一部分作为自留利润自主分配、自我积累、自行发展。改革把企业推向市场，使它的一部分活动直接从属于市场机制的调节。

1984年底，开始城市范围内的全面改革，其主要内容是对国营企业实行两权分离，自主经营；培育市场，建立市场体系和放开价格；改进国家的经济管理方法，实行间接调控，等等。这一改革旨在计划指导下，在国营经济领域进一步利用与发挥市场作用。

有效利用市场的关键是价格放开，形成价格⇄供求的连锁变动机制。1979年大幅度提高了农副产品的价格，1985年放开了城镇除口粮、食油以外的农副产品价格。1985年后价格改革在工业生产领域大面积推开，很多产品采取越过调价而直接放开价格的激进方式。

引进市场的城市改革和农村改革一样，有效地激发出经济的活力。在实行价格管理松动和价格放开后，在旺盛的需求拉动下，市场价格上涨，从而大大激励了企业增产的积极性。由于实行投资主体多元化，企业拥有投资权，特别是财政包干激发了地方投资的积极性，因而，价格放开所形成的市场价格机制的调节作用，不仅表现在企业积极增产上，而且突出地表现在投资的活跃上，出现了加工工业，特别是那些销旺利大的家电产业及其他产业的投资热潮和工业生产的高速增长，1980~1990年工业生产年增长达12.6%。但是在我国改革过程中，市场机制起搞活经济的积极效应的同时，也带来了十分显著的负效应。1985年后，明显地发挥作用的价格机制表现为物价明显上涨，而不是在稳定中有涨有跌，市场起着刺激片面的生产扩大和投资扩张的作用，而不是促进产品和结构调整的作用。而且，在建设规模过大，经济过热，需求过旺的条件下，市场作用的增强，促使短线更短，长线更长，从而加剧了结构失衡，并最终导致1988年两位数的通货膨胀。改革过程中出现了市场应有的正常的积极调节功能未能充分发挥，而其负效应却表现得很明显的状况。造成这种状况的原因是：

第一，企业改革停留在浅层次上，自主性经营机制未形成，企业对市场缺乏灵敏的反应。企业改革的主要任务是构建起自主经营、自负盈亏、自主积累、自行发展、自我约束、自我组合的经营机制，从而使企业成为商品经济的微观组织。但是，我国国营企业改革着眼于放权让利，强化企业的利益驱动，未能采取措施，推进自负盈亏，加强对企业的预算约束和产权约束，以形成自我约束功能和对市场灵敏的适应性。1987年国营企业普遍推行的承包制，也未能解决好企业负盈不负亏的问题。由于负盈不负亏，经营风险转归国家承担，企业缺乏经济损失的约束，企业不是适应市场状况而大力完善经营管理，进行结构调整，提高产品质量，降低成本，包括控制消费基金的增长，增强市场竞争能力，而是价格有利就拼命追求扩大产值和扩大投资，价格下跌，就不积极于结构调整，不少企业仍照章办事，表现出对市场缺乏反应或反应迟钝。可见，企业改革停留在扩权让利的表层内，而未深入到经营机制的领域，企业改革不到位，是市场正常调节作用难以发挥的一个重要原因。

第二，统一市场形成步履艰难，价格难以理顺，市场调节的积极功能发挥不出来。改革不配套，政企分开进展迟缓，初生的市场处在条条与块块的禁锢之中，成为若干相互割裂的市场。由于改革互相制约，例如财政包干体制助长市场分割，也由于生产资料、劳务、金融等市场发展的缓慢，造成市场发育迟缓和统一市场难以形成，使各种生产要素难以在国民经济大范围内流动和优化组合，因此，市场促进产业结构调整——包括产业的地区布局调整——的功能就难以发挥出来。

价格改革未能及时地推开，价格未能及时地理顺，这是市场调节的积极作用未能充分发挥的最重要的原因。由于发展与改革的关系未能协调好，过热的经济造成的不良的宏观环境，使重大价格改革难以出台，农产品和基本原材料价格低的状况，长期不能改变。在这种情况下，其他消费品和加工品的价格却又在大范围内放开，不合理的比价下必然会出现市场机制的扭曲调节作用，它一方面使粮食、基础原材料、能源、交通等部门难以发展，另一方面更加促进加工工业盲目发展。

第三，国家的经济调控体系建立滞后和国家调控功能的薄弱。改革以搞活企业为起点，继之以放开价格，这无疑是必要的。但是，必须同时加强国家经济调控体系的构建，设置各种经济杠杆，有效地发挥国家调控功能。例如，在搞活微观时，必须将宏观管住；在将一般消费品和供求大体均衡的投资品价格放开时，应将关键的产品价格管住；在放开价格，利用市场调节作用时，要建立各种市场调节基金，利用国家调控发挥市场吞吐功能，把市场价格稳住；在将小的基本建设和技术改造权下放时，应将大的建设和重点技改管住；在缩减指令性计划生产与调拨时，要采用完善的指导性计划管理，借助完备的经济杠杆和经济政策，来规范企业活动，使之符合计划要求。特别重要的是，基于改革初始阶段市场发育不全，统一市场形成和价格改革不可能一蹴而成，市场调节对资源配置和产业结构调整具有局限性和扭曲性，应该加强国家的调控功能。除了要依靠计划来形成和调控基本产业结构而外，还要依靠产业政策，有效利用经济手段，来引导和管理企业和地方的投资活动，防止市场调节扭曲下结构的进一步失衡。归根到底，企业搞活，价格放开，必须与加强和完善国家调控相结合，引进与发挥市场作用，必须与坚持计划调节相结合。

在我国改革过程中，曾经出现着重于市场的引进和利用，却未曾着眼于对市场的调控和加以"管住"的状况。人们更多地看见市场调节将带来的"搞活"经济，调整结构，提高效率的正效应，却未曾及早认识和充分估计改革初始阶段具体条件下的市场调节难以避免的局限性及其会导致"失衡"和"膨胀"的负效应。人们对我国改革初始阶段市场调节正负效应的并存没有明确的认识。例如，在一段时期片面宣扬市场调节的"美好作用"，而对计划却予以"低调"处理。且不说，某些人还把市场调节万能论作为我国改革的"妙方"来加以推荐。我国80年代中期以来，经济过热，需求膨胀愈加明显，物价大幅度上涨，除了由于急于求成，建设规模过大而外，更重要的是由于搞活经济中未能有效地发挥国家的调控经济的功能，未能将市场与计划有效结合。这种情况就其主观认识上的原因来说，在于对待市场作用存在片面性与非科学性的模糊认识。

小　结

为了构建起有计划商品经济的新体制，我们需要深入进行企业改革培育市场，形成统一的市场，发挥市场功能；建立国家的经济调控体系。这是新体制的三项基本构架。

基于以上三个方面的经济组织结构的共生性、互补性和互相制衡性，需要有三个方面的改革同步和密切配合，这就是：在构建自主经营的微观组织时，同时形成市场和发挥市场调节作用，并且同时建立起国家的经济调控体系。用市场作用来强化和规范企业的自主经营功能。通过国家调控管住市场和引导企业。

更具体地说，这种同步性和互相密切配合的改革，一是要实行企业改革，通过企业组织、经营方式改革的不断深化，形成自主经营、自负盈亏、自主积累、自行发展、自我约束、自我组合的经营机制，使企业拥有适应市场的本性和合理行为。二是要把市场形成与市场正常作用的发挥，放在中心地位，要采取各种措施，润滑市场运行，力争把市场扭曲调节约束在最小的范围内和程度内。三是要把完善国家调控方式，强化国家调控作用，贯穿于改革的始终，并把搞活企业、放开价格改革，置于国家能加以调控和管理的范围之内，以防止出现机制性的经济失控。

搞好我国的改革的关键是：根据有计划商品经济所固有的计划经济与商品经济相统一的性质，做好计划与市场相结合。要把引进市场调节与强化计划调节贯穿于改革始终，避免在某些情况下强调市场作用时忽视计划作用，而在某些情况下强调计划时又忽视市场功能。要在行动上避免摇摆，就必须从理论上加深对有计划商品经济的理解。要根据马克思主义的辩证法，全面地认识下列范畴及其相互关系：计划经济与商品经济、计划机制与市场机制、直接调控与间接调控、行政手段与经济手段、宏观经济与微观经济、经济活力与运行秩序、增长速度与经济比例，等等。总之，对社会主义有计划商品经济的命题进行深入的政治经济学的考察与研讨，是十分必要的。

社会主义市场经济之我见①

社会主义市场经济概念很早就已经由东欧社会主义国家提出。我国20世纪50年代的领导人也曾经有将部分市场经济纳入和使之结合于计划经济之中的设想。十一届三中全会以来，我国实行了引进市场的改革，十三大提出"有计划商品经济"概念，实际是遵循把计划机制和市场经济相结合的思路。有计划的商品经济的概念是对传统产品经济的一次大突破，是对社会主义经济在认识上的大进步。但是这一提法：一是仍然将计划经济作为社会主义经济制度的本质特征；二是将计划置于首位，因而概念还不够精确，理论不够彻底，含义不够清晰。这就容易引起人们认识的模糊不清，造成改革不易深入，传统计划体制难以突破，很可能改其皮毛，而不能触及深层。这样，小平同志指出的能解放生产力的，充满生机的社会主义新体制就难以实现。在20世纪90年代的今天，传统计划经济体制的弊端早已暴露得十分鲜明，对它进行根本性的改革已经是十分紧迫的任务，因而这就要求我们在当前，再一次冷静总结历史经验，加深对社会主义经济的认识，

---

① 1992年7月26日在中国《资本论》学会年会上的发言摘要。

对我国新经济体制予以更精确的概括。这就有"社会主义市场经济"概念的提出，这是我国在改革的伟大实践中及时总结经验，深化理论认识的合乎逻辑的发展。这一概念在我国能得到推出，是小平同志的功绩。

什么是市场经济？广义地说，市场经济就是商品经济，列宁对此早有论述。狭义地说，真正的市场经济，就是社会化大生产条件下的商品经济，是市场充分发育，表现为完备的市场体系，市场调节作用充分得到发挥的商品经济，是发达的商品经济。

第一，市场经济不排斥计划。市场经济固有的矛盾，要求有计划调节，即使是当代西方市场经济，也包容程度不同的计划。实行社会主义市场经济，更要充分利用和发挥计划的功能，首先要调控好宏观经济，引导微观经济。

第二，市场经济不排斥政府经济功能。计划机制的实现离不开政府的调控功能，市场经济也不排斥国家在某些领域组织兴办企业，市场经济还需政府提供各种服务，社会主义市场经济更需要有效发挥政府的经济调节、规划、监督、服务的功能。

第三，市场经济概念，前面有"社会主义"为定语，明确规定它姓"社"，即是坚持以公有制为基础和主体，因而人们不必有市场经济会发展演变为资本主义的顾虑。

第四，市场经济由于是以市场机制为基本调节器，因而不可避免会有经济活动的自发性与盲目性。但人们可以借助于计划功能的发挥，对这种盲目活动进行限制和引导，实现国民经济总体的运行有序，但是期望有一个不存在自发性的市场经济机制本身就是不现实的。

第五，"市场经济有盲目生产、经济波动、扩大收入差别等弊端。"但是，有利无弊的体制只存在于人们的幻想之中。两害相权取其轻，市场经济具有经济活力大的优点，较之僵化性的传统计划体制它更为可取。何况社会主义条件下，人们借助于计划功能和政府调整，有着减轻上述弊端的更大的可能性。

综上所述，社会主义市场经济概念内涵可以这样加以阐明：以公有制为基础的，实行有效的政府调控的，能充分发挥计划作用的市场经济。

明确提出"社会主义市场经济"的概念，不仅具有理论意义，而且也有重要现实意义：

第一，我国的改革，是引进市场的全面的改革。明确以"社会主义市场经济"为目标模式，有利于彻底实行微观主体改革，转换企业经营机制；全面发育市场，形成完备的社会主义市场体系；认真实行机构调整，转换政府职能。一句话，有利于深化体制改革，使我国经济真正摆脱传统计划经济体制的束缚。

第二，要搞建立在现代化大生产基础上的发达的产品经济，不搞小商品经济和半商品、半产品经济。这就是说，要形成发达商品经济的企业组织，如股份公司，企业集团；形成商品经济中分工充分发达的产业结构；形成大市场大流通，参与国际市场；特别要大力发展生产力，形成与现代市场经济相适应的物质技术基础。

第三，形成平等竞争的市场机制和市场准则，摆脱和克服一切来自企业和来自政府的干挠和破坏平等竞争的因素，例如对企业的政策按所有制划线等。

第四，"社会主义市场经济"从概念上明确了计划与市场两者中，市场是基础，价值规律这一商品经济的基本规律，仍然起着重要的、核心的作用，计划是立足于价值规律作用之上，立足于对各种经济杠杆——价格、利息、税收等的自觉利用之上。这样，就要求人们不再去搞那种违反市场作用和价值规律的要求的计划，使人们更加明确，只有在充分利用市场作用的基础上，才能做到计划与市场的最佳结合，从而有效地发挥计划的作用。

基于对社会主义市场经济概念的上述理解，我认为，目前在"有计划的商品经济""有计划的市场经济""社会主义市场经济"等提法中，社会主义市场经济以其抓住和突出了新的商品经济体制运行的本质特征，因而可以作为首选。

构建社会主义市场经济^①

早在1979年，邓小平同志就提出，社会主义也可以搞市场经济，以后又对计划与市场的关系做过多次论述，强调要重视和利用市场的作用。1992年初的南方谈话，又否定了把计划和市场作为区分社会主义与资本主义制度的传统观念，实现了马克思主义经济理论的重大突破。因此，现在确认社会主义市场经济这一提法，对进一步解放思想，增强市场观念，深化体制改革和加快经济发展，都具有重要的意义。

一、社会主义市场经济的基本内容

什么是市场经济？广义地说，市场经济就是商品经济；狭义地说，真正的市场经济，就是社会化大生产条件下的商品经济，是市场充分发育，形成了完备的市场体系，市场调节充分发挥，成为资源配置的主要力量的商品经济。显然，市场经济是发达的商品经济，是一

---

① 本文是在一个会议上的发言，原载《四川日报》1992年8月28日。

种经济运行方式，它是一种企业自主、分散决策的经济，与政府集中决策、企业附属于政府的计划经济，形成鲜明对比。

社会主义也可以搞市场经济，因为市场经济是动员广大群众投入经济活动的一种有效形式。可以说，市场经济的第一条优点，就是能够发动群众，充分调动广大群众的生产积极性、主动性和创造精神。第二个优点，市场经济是自负盈亏、自行发展的经济，由企业自主经营、自负盈亏、自我发展、自我约束。搞市场经济，企业就要面对市场，对市场做出灵敏的反应，而且要做出合理的反应。产品在市场上卖不掉了，要赶紧转产，企业自担风险，甚至要实行破产偿债。过去，企业与国家之间有一根脐带，即企业要依靠国家财政的撑持，亏损了要由财政减税、让利。搞市场经济，企业就要自主经营、自行负责。企业也由此要摆脱行政机构的附属物地位，依靠自己，立足竞争的大舞台之中，不能吃国家的"大锅饭"。在市场经济条件下，企业不只是向国家要权，还要会用权，因为经营不好是自行负责，直到自己破产。过去搞计划经济，企业是附属于政府的。既然附属于政府，它当然依靠政府，一个劲地盯着政府，亏损了就来找财政，躺在国家身上。政府都把它管死了，计划都管死了，一旦出现亏损它也不负责任，经营不善它负不了全责，怎么不找政府呢？因此国家与企业间的脐带就割不断。国家管得死，收得多，企业就活不起来；国家包袱重，背不起，财政也越来越困难，企业和国家整体都难以发展。市场经济当中的企业，国家不把企业包起来，也不能对企业实行效益全收，而要让企业自主、自立，要给它权力，实行自负盈亏。现在国家把企业效益拿掉百分之七八十。搞市场经济，要给企业留足，使企业紧盯市场，背水一战，最大限度地挖掘自己的力量，搞好经营管理，在市场上求生存、求发展，国家不对其负责，今后办不好，不要来找市长、找书记。这样，企业才真正可以焕发出活力，对国家才可能上缴得更多，才更有利于整体的发展。所以说，市场经济是一个自行发展的经济，也是自负盈亏的经济。第三个优点，市场经济是实行自我调整的经济。市场经济中的微观经济，在市场机制作用下，实行自我调节，就是由价格的波动，自动地引起企业对经济进行自主的调整。它不同于传统的计划经济，要依靠外力，靠自上而下，靠政府行政措施进行定期调整。由于缺乏自我调整功能，平时很难有多少调整，往往是出现大问题就来个"下马"。我们有两次大调整，60年代一次，80年代一次。政府依靠自上而下的调整，效力差，不灵活，不及时。市场经济之所以能自我调整，因为它是依靠经济利益来进行调节，是依靠价格机制带来的利益和损失来引导企业进行自动调整。

我国产品、行业、产业结构调整十分困难，结构失衡问题难以解决，出现这样几个问题：一是企业对市场的调查和预测不够，常常见一个产品好销就一哄而上；二是政府干预过多，没看准市场就去争项目；三是没有自负盈亏，亏本之后，责任不清楚；四是经营者和生产者积极性没有调动起来，不去努力提高质量，开发新产品。实践表明，结构调整靠下计划、靠指令性的强制和思想动员都不行，而必须依靠市场调节，依靠价格机制，或者说价格信息。要依靠市场机制，使企业敏锐地接收市场信息，做出及时而灵敏的反应，才能使产销一致。市场价格直接反映消费需求。在西方国家，你需要什么，就有人给你干，价格信息直接传达到企业，不像计划经济还要安排个计划，来发展第三产业，来满足多方面的需求。市场经济是一种信息经济。它实行横向信息流，较之计划经济的纵向信息流，由基层经过统计反馈到中央，由中央再发布到企业，信息更为直接；纵向信息流跟市场总有一个脱节，有一个时滞，即时间有一个滞后。所以依靠市场信息配置资源，比用中央计划配置资源灵活、及时。归结起来，分散决策的市场经济能调动基层的积极性，能更有效地发挥群众的积极性，能促使自我发展、自我调整，能使信息灵活，使经济具有活力。

当然，市场经济并非万能。对市场经济，西方经济学家也看出其缺陷：（1）市场有调节不灵的领域，投资大、周期长、盈利小的生产往往难以发展。（2）市场调节对关系到国民经济后劲的一些基础设施、基础部门、新兴科技、国防和非营利性的社会事业的发展就不利，对于文化教育事业的发展那就更不利。因为市场调节对这些领域并不能起大的作用。（3）市场经济是自主分散决策的经济，企业自行生产、自行定价、自行销售、自由竞争，生产就带有盲目性。这种经济有周期性的波动，在资本主义市场经济中表现为周期性的危机。所以市场经济就有可能出现发展波动、不稳定、无政府。市场机制还会使收入分配差距拉大，贫富差别扩大。价格涨就赚钱，价格跌就蚀本，赚钱的企业就多发工资，多得奖金，蚀本的企业就压工资。市场经济还有多种多样的经营，多种投机活动，多种收入渠道，有的人高收入、有的人低收入，再加上私有制，所以资本主义市场经济收入分配拉大差别，变成悬殊。

社会主义搞市场经济，也存在这些问题，当然情况性质不完全相同。问题是要两害相权取其轻，两利相权取其重。现在总结一下历史经验，我认为计划经济体制与市场经济体制，均有其优点，也有其缺点。在认识上要破除对传统计划经济体制盲目性的认识，认为它是天生优越，不能这样看了，也要破除对市场经济万能论的盲目性认识。两种体制对比，计划经济体制的优点，不外是有利于保证重点，保证长远，分配公正些，增长稳定一些；缺陷就是缺乏活力，效率低，增长慢。市场体制的优点是活力大、效率高，增长总的要快；缺陷是增长有些不稳定，包括出现恶性通货膨胀的可能性，分配公正差一些，重点项目难发展。所以，在二者之间比较，选择要考虑点与面的矛盾，重点发展与面上发展的矛盾，经济稳定一点与速度快一点的矛盾，效率与公正的矛盾，归根到底是公允与生产力的矛盾。我们应坚持生产力标准，要选市场经济。当然，这些矛盾是相对的，并不是说二者不能适当统一。

二、社会主义市场经济概念是对社会主义理论认识的深化

社会主义市场经济的概念，是在什么条件下提出的？如果做一番历史的考察，人们可以看见，这个概念的提出也不是偶然的，它体现了对社会主义本质特征的认识不断深化，对社会主义的认识有一个加深的过程。直到80年代仍按50年代的标准，把计划经济当作社会主义。我国搞了30多年的计划经济体制，这个体制当然在50年代起了积极作用，它对发展我们的重工业，建立我国的工业化基础，是有很大效果的。但是，也带来弊端，带来了企业的效率较低，管得过死，把人变懒，把企业管死，产业结构失衡，特别是消费品匮乏，供应紧张，老百姓有钱放在银行里，买不到东西，消费受到抑制，不能促进生产，生产也因此缺乏动力。再加上行政管理体制条块分割，企业处于封闭状态，不能联合，致使产业结构难以优化。

在80年代实行引进市场的改革，经济生活中有了个体经济，有了"三资"企业，有了集体企业，有了市场竞争。一旦引进市场，过去计划经济下的体制弊端就暴露得日益鲜明：国营企业搞不赢乡镇企业，搞不赢"三资"企业。一旦打开国门，进入国际市场，我们的问题更严峻。国内许多产品，不仅质量差，而且成本更高，在竞争中处

于困境。我们对过去的计划体制不能全部否定，一说就把它吹了，但是的确必须冷静地看到传统计划经济的弊端，所以我们当前换脑筋，就是要把传统计划经济的盲目性观念换一换。

党的十一届三中全会以来，实行了拨乱反正，提出了发展商品经济，利用集市贸易，利用市场作用。1982年党的十二大提出，在公有制的基础上实行计划经济，计划经济为主，市场调节为辅。1984年中央关于经济体制改革的决定中，公有制基础上实行计划经济、有计划的商品经济、社会主义的商品经济，三个提法并列。有计划的商品经济概念的提出，是对社会主义理论认识的一大进步。突破了在公有制基础上实行计划经济这一个传统提法，是对传统计划经济观念的重要突破。1987年12月的十三大进一步提出了发展有计划的商品经济，强调利用市场调节，提出了逐步缩小指令性范围，而且有一个"国家调控市场，市场引导企业"的提法。十三大还提出了新经济的框架：第一是企业要搞活；第二是市场体系要发育；第三是国家主要实行间接调控。十三大是市场经济理论向前的一个新的迈步，一个新的发展，对传统计划经济体制的观念有新的突破。从1984年起提出的有计划商品经济，进一步强调市场作用，而且提出了一个市场经济调节的模式，即国家调控市场，市场引导企业。这是根据实践经验在理论上做出的一系列新的发展。这都是马克思主义的新发展，对于10年改革、10年开放都是有指导意义的，体现了我们党在理论方面的创造。1989年五中全会提出计划经济与市场调节相结合。当然这一提法对比1987年和1984年的提法要差一些，理论上有些模糊不清。可见，社会主义经济理论是在艰难中前进的，对传统计划经济的理论观念很难打破。关键在于把计划经济等于社会主义，市场经济等于资本主义的认识迷误。

　　我国引进市场的改革，经过不断深入发展，以其固有的逻辑导致了经济生活中市场经济（尽管是不成熟的）的出现。1980年以来，实行家庭联产承包之后，允许农民长途贩运，此后又放开了农副产品的价格，农村实际出现了一定范围的初始期的市场经济。农民适应市场的农副业生产，是由市场调节的，什么价格高，他就生产什么，不再由政府下达行政命令。这可以说是我国市场经济的第一个板块。后来城市的个体经营，再加乡镇企业的市场经营，它们构成我国市场经济的另一板块。乡镇企业依靠市场，在市场上找原料、找资金、找销路、找劳动力，它依靠市场经济的活力，很快异军突起，几年之间成为中国经济，特别是工业经济的一个重要结构。后来，国营企业进行扩权、下放自主权。四川的这项工作开始于1979年，先是5家，然后又是13家。国营企业下放自主权的改革，引进了一定的价格和市场机制，实际上市场机制进入了城市。我国城市那些在不同程度实行了放开的企业，借助于市场机制的活力在80年代取得大发展，成为我国经济搞活的一个重要因素。但是城市国营经济领域的改革步履维艰，出现了两种体制摩擦、僵持。一方面引进了市场，另一方面传统计划体制仍然存在，框架没变，企业要搞活，财政又有矛盾，物资管理又有矛盾，投资管理又有矛盾，外贸管理又有矛盾，信贷管理又有矛盾，企业搞活与原来体制下的计划、银行、财政、劳动都发生矛盾，还有企业搞活跟政府有矛盾。所以这时出现了双重体制的僵持：新体制要发展却发展不了，旧体制应该削弱又削弱不了。这是出现市场"疲软"、生产滑坡、效益滑坡的深层原因。1991年9月，中央工作会议把这个问题作为最大问题来解决，提到了全党面前，提出了新的思路、新的措施。这个新思路就是把企业推向市场。实际上是把市场作为我们摆脱困境的一个主要的改革方向。提出要转换企业经营机制，要面向市场，要增大市场调节的作用。另外，我们面临着一个很严峻的形势，不能不重视市场，这不是什么理论争论，那已经是实践上的问题了。农民连年丰收，粮食多卖不掉，猪多卖不掉，农村市场压制了，抑制了农业经济的发展，农民购买力提高受影响。所以我们要解决这些困难，实际上也得解决市场问题，必须强化市场调节作用。

如果我们进行更高的理论反思，就会看到，我们今后的新体制应该是能够充分发挥市场调节作用的新体制，这个体制应该是我们的目标模式。若要对这个新体制定个名，定个有计划的商品经济吗？当然也可以，有计划商品经济主语是"商品经济"，但是又有一个"有计划"，这容易在现在的思想背景下引起许多误解，而且也不太清楚到底是指令性计划还是指导性计划。定个社会主义的商品经济吗？也可以，但是社会主义商品经济还没有点到我们的要点。我们当前的要点是要强化市场，所以就干脆定个"社会主义市场经济"，这样一来概念鲜明而准确。

三、如何搞社会主义市场经济

社会主义市场经济这个概念的提出并不是做文字游戏，而是要在加深我们对新旧体制目标模式的认识基础上深化我们的改革，进一步破除传统的高度集中的计划经济体制，建立起一个充满生机与活力的新的经济体制。

（一）要坚持以多样形式公有制为主体和以按劳分配为主

我们这里讲的社会主义市场经济，还是姓"社"，因为我们是社会主义国家，社会主义条件下的市场经济跟资本主义市场经济相比，具有自己的特征。那么它的特点在哪里？我认为，就是以公有制为主体，另外就是以按劳分配为主，走共同富裕的道路，自始至终体现社会主义市场经济的性质。对这一点，我们在思想上是不能含糊的。

（二）要重铸社会主义微观主体

市场经济有它的共性。小平同志讲，社会主义市场经济与资本主义市场经济有它的共性。我们今天恐怕要更多地研究它们的共性，因为还不十分清楚市场经济的内在运作。搞市场经济，就得找出市场经济的规律，按规律办事。市场经济的共同规律，第一就是经济主体，即企业要能实行自主决策，而不是由政府实行集中决策。要实行自主决策，就要转换企业机制，改革企业体制。当前就是两条：要抓紧改革、转换企业机制，使企业由被动执行上级下达的计划转变为主动参与市场，面对市场，自主决策。没有这个机制，就谈不上市场经济。企业不围绕市场团团转，而是围着计划，一只眼盯着政府，或者一只眼盯着市场，一只眼盯着政府，都不行，而是要两只眼睛盯着市场。所以首先要贯彻当前企业经营机制转换的措施，不折不扣落实企业法。要实现市场经济，还要改革公有制的实现形式。要以两权分离为指导思想，构建起一个能确保国家所有权，又确保企业经营权的产权制度，形成市场型企业的组织形式。我觉得，提出市场经济，要真正按市场规律经营运作，光提转换机制还不够，必须要重铸微观主体，寻找新的公有制实现形式，要把现有国营企业的深层次改革提上日程，要使企业真正有它的自主权。有权就有责，有责就有利，所以要给企业以更多的经营权。

现在看来，按照市场经济的做法，恐怕离不开在股份制上做文章。西方股份制企业也不是经理所有，经理没有所有权，只有经营权。我们在股份制上做文章，保证国家产权、所有权，强化企业经营权，这就是现在大家讨论的法人财产制。四川正在实行股份制试点，我估计恐怕要走这个思路，不管我们实行的这个过程有多么困难，但是只要确定这个方向，搞市场经济体制，企业就不能不是自主经营、自主决策、自负盈亏的企业，这样才能搞活企业。当前一方面是政府管得过死，另一方面是企业自身不能约束。你管得过死，它没有活力，但是你一放它就活了吗？不见得。你一放，它没有自我约束，现在亏损企业奖金发得也不少，企业积累很低，发展找政府，流动资金找银行，企业对市场不是合理的反应。合理的反应就是该投资就投资，该紧缩就紧缩，该扩产就扩产，该转产就转产，该节约资金时就不借钱，市场允许冒风险自己借债经营。我们现在企业不愿进行正规的借债经营，借了钱就不想还。

市场经济的运作，企业无本也经营，国外有个做计算机的IBM公司，发起人到银行贷款，他找个人担保，公司就搞起来了。西方搞企业自有资金固然重要，但多半要发股份和依靠贷款，有的根本没有钱，要冒风险，这是风险投资。既然是风险投资，所以它就得进行自我约束，就得考虑投资效益。

（三）全面培育市场，大力发挥市场调节作用

市场经济就是充分发挥市场调节作用的这样一种体制。现在我们是市场发育不够，消费品市场有了，大部分消费品放开了，生产资料指令性计划缩减了，50%进入市场。劳动力市场还很不完备，技术市场在开拓，还说不上形成。四川有许多技术产品还流不进市场。信息市场刚刚开搞，信息不灵，信息产业很少。市场经济必须有大市场，企业家都需要大量的信息。我们这个信息市场还不灵，产权市场

还没有弄起来。所以我们要全面地形成市场体系，使生产要素全面流动化，形成市场就是说这些生产要素如劳动力、资金、技术、产权、信息、硬件、软件都要能流动化。形成市场还包括各种市场，集市贸易、专管、零售等。形成市场还包括统一市场，不是各搞各的地方市场，不是搞地方保护。现在我们全国统一市场还谈不上，各省都在保护，卖烟、卖酒，暗的保护、明的保护都有，所以还要有统一市场，还要有国际大市场。现在看来，我们国家的市场要跟国际大市场接轨。市场问题最重要的是价格，要放开价格，所以价格体制的改革也要提到日程上来。煤炭也要放开，各种生产资料的价格都要放开，要走这个路子。所以我们现在要有一个市场观念，要把市场发育放在最重要的地位。广东、江苏明确提出把市场调节作为当前改革的一个主要措施。广东经济搞得活，说到底是市场活、价格活，所以发育市场，就要加快进行价格体制改革，这是一条很艰巨的既要稳妥但又必须要走的路。

我们讲社会主义市场经济，并不否认计划。现在不是说一讲社会主义市场经济，就不能讲计划经济。我看在理论上翻烧饼也不行，跟现代商品经济包容有计划一样，社会主义市场经济也要和计划相结合，因为市场经济也有它的缺陷，有它的不足，有盲目性、无政府状态、不稳定和经济的失衡。我们不是要否定计划，而是要实行与运用能和市场经济相兼容的，符合价值规律要求的计划。对于我们这样发展中的社会主义国家，搞好和充分发挥计划的功能和优势，可以说是决定社会主义市场经济成败的关键。

要搞好政府的宏观调控，转换政府的职能。既然市场经济也需要有计划，那么这个计划是靠谁来规定，靠谁来组织？当然主要是靠政府。所以，政府的经济职能就很重要。在市场经济体制下，政府的宏观调控是有规律性的，现代的市场经济无一没有宏观调控，只是宏观调控有它的方式，有的调控得少，有的调控得多。

要搞好宏观调控，在一定的发展阶段，对少数的一些企业还得管好、管住。国家完全不管交通、不管能源，办不到。现在发挥公有制的优越性，财政集中必要的企业利润，一般的投资一律不搞，重点的能源、交通要搞一些。能源、交通也得走市场经济之路，也要有分散决策。所以搞好宏观调控关键要用新方法。不是宏观调控要不要，而是如何用新方法、用新机制；不是政府职能要不要，而是政府职能、管理的方法要转换，就是要用间接调控。这就要坚决地进行政府机构改革，精简机构转换必须加快，将推动我们加速政府机构改革政府职能，尽早实现"小政府，大服务"。

要大力构建市场规则，形成市场秩序。我们讲政府还要管一些，对重点企业的集中决策还有一些，但是市场经济毕竟是有其规律的。需要有几个倾斜：政府与企业的关系，向企业倾斜；计划与市场的关系，向市场倾斜；集中与分散的关系，向分散倾斜。我们现在提出市场经济概念，今后改革就有三个倾斜，也就是说，许多事要让企业自己管。自己管还得要有秩序，那就得既有市场自由，又有市场规范，要有市场规则，要形成市场秩序、经济秩序，必须有经济立法，用法律来保证人们按公平竞争交易准则来运作，否则就会造成混乱，甚至违法乱纪，无法无天。所以，不仅要有法，而且要有执法机关，要有监督机构。

论社会主义市场经济①

　　邓小平同志南方谈话中关于市场与计划、市场经济与计划经济等的论述，对政治经济学的一些业已不符合实际的传统观念进行了扬弃和更新。小平同志敢于和善于把马克思主义用于分析新情况，研究新问题，得出新结论，不拘泥于"本本"，他提出的社会主义可以搞市场经济的思路和命题，是对我国和国际社会主义实践经验教训的新总结，是对我国改革开放的实践新经验的总结，体现了马克思主义和当代实际相结合。

　　社会主义市场经济这一命题，是对我国新经济体制目标模式的新概括，不仅具有重大理论意义，而且具有极大的现实意义，关系到对经济体制改革目标的总体设计和基本构架，关系到改革的大方向。对我国当前进一步深化改革、扩大开放，对增强经济活力、加快现代化步伐都将起着深远的影响。为了深化改革，需要解放思想，更新观念，要"换脑筋"。解放思想中最重要的一项，莫过于由传统计划经

---

① 原载《经济学家》1992年第5期。

济观念转到社会主义市场经济观念。①

一、社会主义市场经济的基本内容

（一）市场经济概念的内涵

什么是市场经济？广义地说，市场经济就是商品经济。商品是为了市场交换的产品，商品经济就是由市场来联系、协调经济活动的。基于商品经济有市场、有市场调节的作用，可以把商品经济称为市场经济。②狭义地说，市场经济是社会化大生产条件下的商品经济，是市场充分发育，形成了完备的市场体系，市场机制的调节功能得到充分发挥，成为资源配置的主要力量的商品经济。

商品经济离不开市场。历史上任何类型的商品经济都是依靠市场运作的。但是市场的状况、结构、发育程度、作用大小却有所不同，市场结构有简单和复杂之分，市场调节作用有强弱之分。在商品经济的萌芽期，例如在个体农民与手工业者的小商品经济阶段，市场范围有限，市场结构较为单纯，市场的作用是较弱的。随着资本主义生产方式的确立和商品经济的发展，市场范围不断扩大，市场结构更加复杂，市场作用更加增强。特别是当代资本主义，生产社会化取得高度发展，商品经济日益发达，市场作用越发突出。它表现为：（1）市场化程度更深，市场体系更加完备，市场组织更加完善。更大范围、

---

① 我在提交给1979年4月于无锡举行的关于价值规律作用讨论会的论文中，提出"社会主义经济仍然具有市场经济性质"，"是崭新的社会主义市场经济"，指出"市场经济就是资本主义"的传统见解是缺乏科学性的。参见《论社会主义计划管理与利用市场机制》，载《社会主义经济中计划与市场的关系》，中国社会科学出版社，1980年，第317～334页。

② 列宁在许多论述中，也把商品经济称为"市场经济"。参见《列宁全集》第10卷，人民出版社，1958年，第407页。

更多品类的物质和精神产品成为市场交换的对象，特别是如科技、艺术、产权、信息、金融等都成为商品，并形成了它们借以进行流通的要素市场、市场组织和市场流通的机制。（2）市场范围更加扩大。世界市场的进一步发展成为当代商品经济的新特征，其结果是消费品和一切生产要素均在国际市场范围内流通。（3）市场对生产、交换、消费的调节作用大大增强，市场价格机制越加灵活。总之，现代发达的商品经济的鲜明特征是全面的市场化和市场作用的强化。这种经济关系和经济运行使市场成为最重要的经济范畴。

马克思基于19世纪中叶以来西欧、北美经济中货币、信用作用的突出，称资本主义商品经济为货币经济和信用经济。基于发达的商品经济的上述特征，我们更有充分的理由称之为市场经济。可见，严格地、狭义地说，商品经济和市场经济是两个不同层次的概念，商品经济概念的内涵更广，属于一般范畴，它包括一切形态的商品经济。市场经济则是商品经济的发达形态，属于更具体的范畴。

市场经济有两个基本要素：（1）实行企业独立决策。企业拥有独立决策权，是市场经济的重要特征。市场经济是以企业为本的体制，企业是经济的基本主体，它根据市场价格而做出生产什么、生产多少的决定，做出投资方向、投资数量的抉择。市场经济是由千千万万个企业进行分散决策的经济。它和计划经济实行集中决策，由中央计划决定企业活动的国民经济形成鲜明的对比。（2）市场调节为主。价格机制成为基本调节工具，调节生产和需求，调节产品结构、企业结构、行业结构、产业结构的变换，因而市场机制成为协调经济的基本力量和基本杠杆。市场经济也可以称为价格信息经济，市场价格信息起着指导和决定企业决策的作用，是由市场力量——价格——配置资源的经济，它和计划经济中由政府的指令性计划配置资源形成鲜明的对比。

上面的分析表明，作为经济学概念的市场经济以及计划经济，指的是一种经济运行方式，而不是划分经济制度性质的标志。具体地说，市场机制是基本的经济调节器，国民经济主要是由市场机制来启动和调节的，这就是市场经济；计划是基本的经济调节器，国民经济是政府或其他社会中心制订的计划来启动和调节的，这就是计划经济。市场经济运行中，突出地发挥价格、经济利益、企业的作用，与计划经济运行中突出地发挥计划、行政命令、政府的作用，形成鲜明的对比。

（二）市场经济历史的发展

市场经济不是凝固不变的，而是经历了一个由萌芽形式到发达形式、成熟形式、高度成熟形式的历史演进。

就广义而言，最早的市场经济是小商品经济，它以个体生产者的小私有制为基础，是市场经济的萌芽形式。其特点是，市场发育不充分，形式简单，调节作用较为薄弱。

以资本主义私有制为基础的资本主义经济是典型的、发达的市场经济。在19世纪自由资本主义时期，资本主义的国民经济是由"看不见的手"来调节的，政府对经济不进行干预和调控，而只是维持经济秩序，充当"守夜人"，市场成为唯一调节器，这是自由市场经济。

20世纪以来，随着生产社会化的进一步发展，生产和经营的专业化分工和生产者之间的交换更加发达，出现了更加发达的市场经济。其特征是，市场体系的进一步完备，市场的内涵和外延的发展，特别是市场的国际化，其结果是市场机制作用的更加强化，市场更加成为在广阔的经济领域——包括世界经济领域——配置资源的主要力量。

有调控的（包括引进计划机制的）现代市场经济，是当代高度发达的市场经济——以及当代不发达的市场经济——的新特征。当代资本主义市场经济，由于生产社会化的高度发展，要求再生产保持比例性和运行的"有序性"，而后者是市场机制所难以实现的。因为：（1）资本主义基本矛盾仍在不断激化；（2）市场的调节作用是表现为一种"借不实现而实现"的，即带有盲目性的机制。因此，当代资本主义高度发达的市场经济孕育着更加尖锐的周期性危机。高度发达的市场经济固有的矛盾，要求有某种制衡生产无政府性的机制的引入。因此，20世纪30年代以来，西方发达资本主义国家都纷纷采用政府的宏观调控，通过财政政策、信贷政策以及其他手段，对经济活动实行政府干预。战后一些发达的资本主义国家，特别是发展中的国家，政府的干预和调控经济还采取了计划形式，采取一定的落实计划的机制，这样就出现了资本主义国家各种程度不同的计划调节。当然这种计划调节多半是范围有限制的，主要是使用经济杠杆的，调节作用较为薄弱的。不少西方经济学家称这些"计划"为一种"预测"。对资本主义国家计划的作用当然还可以进行不同的评判，但是，如果不带偏见地考察当代资本主义的实际，应该看到现代市场经济已经不是纯市场调节的自由市场经济，而是业已引入和拥有某种程度和范围的计划机制的市场经济。而且，在战时的资本主义国家，特别是德、意等国的法西斯政府，也曾采取更为严格的，依靠行政强制力的计划方式，即集权制政府直接控制国家的命令经济。

除此之外，还有引进了市场的社会主义经济。传统的社会主义计划经济是排斥市场和市场机制的。十月革命后的苏联和二次世界大战后的欧亚各社会主义国家，差不多均是以公有制为基础的、产品型的、无所不包的、以行政命令为手段的计划经济。1949年南斯拉夫实行了市场社会主义的改革，此后，中国、苏联、东欧各国的改革，共同思路都是改革高度集中的计划经济，实行引入市场的计划经济，或是实行有计划的市场经济。

以上历史考察表明，市场经济是一个内涵广泛，可包含个体所有制、资本主义所有制、社会主义公有制的概念。实践证明：计划经济不等于社会主义，资本主义也有计划；市场经济不等于资本主义，社会主义也有市场。计划和市场都是经济手段，都是组织、启动、调节经济的手段，不是社会主义与资本主义的本质区别。社会主义与资本主义的本质差别只在于所有制和基本分配制度。而经济运行方式则不同于所有制，不能把经济运行方式与社会经济制度混为一谈。

（三）实行市场经济的利与弊

社会主义市场经济概念的提出，是冷静地总结历史经验，对传统的计划经济体制的理论与实践进行深入的反思，对两种体制的优缺点进行了对比而做出的，是一种深思熟虑的抉择。传统的计划体制是特定的历史条件的产物。这一特定历史条件是，一个原先经济落后的社会主义国家，在帝国主义包围下，不得不采取集中决策的体制，依靠政府的主导，依靠国家所有制，集中资金、人力、物力来加速社会主义工业化建设，以奠定社会主义的物质基础。20世纪50年代中叶我国进行以苏联援助的156项工程为核心的社会主义工业化，客观要求有一种集中的计划经济体制，这一体制对我国工业化的发展起了积极的作用，而且也给我国进行计划管理积累了不少有益的经验，我们应该对它做出客观评价，而不能全盘加以否定。但是，高度集中的，排斥商品、市场的计划经济体制毕竟有其弊端，同时，它毕竟是以产品社会主义理论为其理论基础。而且，随着社会主义经济的发展，这种高度集中的计划经济体制固有的僵化性的弊端就表现得越加明显，如管得过死，压制企业的积极性，效率差，资源配置脱离需求乃至长期结构失衡，从而越来越不适应和束缚生产力的发展。进行以建立市场经济为目标模式的改革就越来越成为时代的要求。

市场经济体制和传统计划体制相比具有以下优点：

1. 市场经济是企业自主经营的经济，有利于调动群众的积极性

市场经济实行以企业为本，贯彻企业自主，由企业实行自主经营，自负盈亏，自行发展，自我调整。这样的企业必须是拥有充分的责、权、利，有归自己支配的资产，有自身独立的利益，是以盈利极大化为目标的经营主体和法人，也就是说，企业是真正面向市场的、独立的商品生产者。可见，市场经济的重大特征在于突出企业的作用，西方经济学称之为"企业主导型"体制，它和实行以国家为本，突出政府作用，企业处在政府机构的附属地位的计划经济体制，形成鲜明的对比。

在社会主义制度下，实行市场经济，转换政府的管理职能，调整国家—企业关系，赋予企业以充分的责、权、利，突出企业的作用，这样也就突出了组织在企业中的劳动者的作用。不仅仅是国营企业经理，而且是广大职工，既因企业自负盈亏而从自身利益上关心企业经营状况，同时又因企业拥有充分自主经营权而能够积极主动地参与经营，发挥自主劳动的积极性、创造性和首创精神。可见，僵化的计划经济体制的破除，市场经济的"企业为本"原则的贯彻和企业自主经营机制的形成，必然会大大调动和激发千百万职工的劳动积极性。再加之在市场经济下，也要充分发挥集体、三资、个体等企业的作用，因而就能形成一个千百万群众大搞商品生产和经营的生气勃勃的局面。这也表明，市场经济是一种有利于发挥群众生产积极性的经济运作方式。

2. 市场经济实行企业自主、自立，有利于企业自我完善，提高效率

市场经济中的企业不仅要自主——摆脱行政机构的附属地位，实行自主决策，而且要自立，要依靠自己的经济实力和竞争能力立足于经济大舞台，而不是依赖财政，吃国家大锅饭。传统的计划经济体制下，企业是行政机构的附庸，它消极被动地执行上级下达的计划，自然也不为经营状况承担责任，企业眼睛盯着政府，躺在国家身上。其结果是管理差，效率低，盈利少，企业活不起来，国家也背不起，财政越来越困难，企业和社会整体都难以发展。市场经济中的企业实行自主、自立、自负盈亏，在市场竞争中自行发展，国家不再把企业"包"起来，也不能对企业效益（收入）"全收"。市场经济中的企业，既有强激励，又有大压力，这样，企业眼睛盯着市场，背水一战，反求诸己，自我完善，不断地进行创新，自觉地改进经营管理，推动技术进步，优化企业组织结构，调动职工的积极性，以节约开支，降低成本，提高效率，增强市场竞争能力。在商品经济的竞争越来越激烈的情况下，企业自主越发重要，它是企业生存与发展之所系。在社会主义条件下搞好企业自立，关系企业集体和国家（社会整体）的关系的正确处理，企业搞好了，效率提高了，就能带来更大的效益，提高对财政的上缴，不仅有利于企业，也有利于社会整体。

3. 市场经济是自我调整的经济，有利于及时消除矛盾和润滑经济运行

传统计划经济是靠政府来启动和调整的经济，企业的生产要根据计划来安排，生产的变动和调整也依靠上级主管部门自上而下地调整，这种调整是借助于行政措施和外在力量，企业缺乏积极性。由于僵化的计划机制平时很难实行及时的小调整，往往是出现大问题来个

"下马"，因而由政府来实行的经济调整效力差，不灵活，不及时。市场经济则是依靠价格机制实现经济调整的。价格机制调节的特点是：（1）借助于经济利益的吸引和经济损失的排斥，引导企业进行自动的调整。经济损益的调节方式和机制，适应于现阶段社会主义公有制的性质，它是唯一能激发企业自我调整的积极性和主动性的方式。只是靠行政的措施和思想动员，而离开经济利益的吸引，离开企业自身的积极性，是不可能有效地进行经济调整的。（2）价格机制能直接地和及时地对企业反映市场需求的变动，引导企业做出及时而灵活的调整。市场价格信息是一种横向的信息流，它较之计划经济中纵向的信息流更为直接、迅捷，减少时滞，因而依靠横向市场价格信息流，进行企业自我调整和配置资源的市场经济，就具有经济调整灵活、及时的优点。特别是在当代，市场信息导向的自我调整机制更是现代市场经济的有效运行的重要条件。

当然，市场经济绝非万能，市场调节也有其缺陷：（1）在某些领域市场调节不灵。例如，对于那些投资大、周期长、盈利小的项目——其中许多往往是关系国民经济长期发展的基础产业部门、基础设施、高科技、公用事业、环保、国防等非营利性或带有社会福利性的事业，市场机制的调节并不能保证它们应该有的发展，而需要依靠计划机制，发挥政府的经济功能；（2）市场机制是自发性的经济运行和调节机制，依靠市场调节的经济运行难以避免盲目性，甚至会出现无政府状态，带来经济发展中的震荡；（3）市场机制的作用，使收入分配中的差别扩大，甚至出现高低悬殊和分配不均。

市场调节的上述性质，十分明显地表现在以私有制为基础的市场经济中，即使是在市场机制作用较为充分的发达资本主义国家，也存在着由市场调节的缺陷和局限性引起的产业结构失衡、公害、环境恶化、教育事业发展不足等现象；特别存在着市场盲目性作用激烈化形式的恶性通货膨胀、周期性经济危机、滞胀等现象；存在着日益严重的贫富两极分化。基于上述情况，当代资本主义国家都借助政府的宏观调控和一定的计划机制，来克制市场经济的缺陷。我们是在公有制地基上构建社会主义市场经济的，人们可以借助于更加有效的政府的宏观调控和更加完善的计划，来克制市场经济的上述局限性，利用市场经济之利而尽可能减少其弊。

总之，我们在认识上要破除对传统计划经济体制的盲目性认识，不能认为它是天生优越的体制，但也要破除对市场经济的盲目认识，要进行两种体制的对比和正确选择。大体说来，计划体制的优点是：有利于保证重点建设，分配较公正，增长较稳定；其缺陷是：缺乏活力，效率低，增长缓慢。市场体制的优点是：活力大，效率高，增长快；其缺陷是：增长不稳定，包括有出现恶性通货膨胀的风险，不易保证分配的公正和加强重点建设。但是两害相权取其轻，两利相权取其重，基于我国的实际，为了搞活经济，提高效率，加快发展，最迅速地发展生产力，实行社会主义的市场经济体制，是一项必要的和最佳的选择。

二、社会主义市场经济概念的提出是对社会主义理论认识的不断深化

（一）社会主义商品经济理论的发展

社会主义市场经济概念的提出，体现了我们对社会主义的认识的不断深化。迄至20世纪70年代末的长时期内，通行着计划经济是社会主义的本质特征的传统观念。这一理论认识，其现实条件是我国50年

代中叶形成的高度集中的计划经济体制。这一计划经济体制在其初创时期是有其积极意义的，它对我国创建156项大工业项目，发展重工业，从空地上建立起工业化的基础起了重要的作用。但是它又有由于高度集中而产生的弊端。这就是：（1）政府权力过度集中，企业缺乏责、权、利，成为行政机构的附庸，企业吃国家大锅饭，职工吃企业大锅饭，从而职工缺乏积极性，企业缺乏改善经营管理的内在动力和外在压力，其结果是管理差，技术进步慢，效率低；（2）传统计划经济体制缺乏自我调整机制，产业结构难以优化，特别是因主观指导的偏差，更造成结构失调，主要是重工业快速发展，而轻工业和农业相对落后，消费品匮乏，供应紧张，大范围的配给制和排队，人民消费受到抑制，生活水平提高缓慢；（3）排斥市场作用，生产要素不能流动化，加以行政管理体制的条块分割，企业处于封闭状态，不能进行自主联合，企业组织结构不能优化，资源配置效果越来越差；（4）闭关自守，外贸作为平衡计划的工具，而不是参与国际分工、在经济国际化中优化资源配置和提高国家综合生产能力。以上种种决定了传统计划经济体制下经济运行的成本高（代价大），效益差。十一届三中全会以来，我国开始实行引进市场的改革，经济生活中有了个体经济、乡镇企业、三资企业，有了市场竞争。一旦引进市场，计划经济体制的弊端就暴露出来，出现了国营企业不如"老乡"和"老外"。一旦打开国门，进入国际市场，情况就更为严峻，国内生产的许多产品质量差、成本高，在世界市场的竞争中处于困境。

对传统计划体制虽然不能全盘否定，但也不能不对它予以冷静的估计并看到它的弊端。正是因此，党的十一届三中全会以来，提出了改革传统计划经济的任务，也就是要实行由传统的产品社会主义转变为商品社会主义。1979年以来，提出了发展商品经济，利用集市贸易，利用市场作用。1982年党的十二大提出"计划经济为主，市场调节为辅"。1984年《中共中央关于经济体制改革的决定》，提出社会主义经济是"有计划的商品经济"和"社会主义商品经济"的新提法，这是对社会主义理论认识的一大进步，是对传统的计划经济观念的大突破。社会主义商品经济的新概念及其所固有的利用市场作用的内涵，对于我国城市国营经济的改革起了重要指导作用。1987年的十三大强调"利用市场调节""逐步缩小指令性计划范围"，提出总体上的"国家调节市场，市场引导企业"的机制，设计了新体制模式的框架：企业实行自主经营，自负盈亏；培育社会主义市场体系；政府实行间接调控。十三大的有关论述实质上是社会主义市场经济理论的重要发展。

尽管小平同志在1979年就提出社会主义也可以搞市场经济，但是，社会主义市场经济的理论是在艰难中前进的。即使已明确提出实行社会主义商品经济后，在利用市场问题上仍然争论不休，在一些人中仍然存有"市场恐惧"的心理障碍，对于我国改革的大方向和总框架仍然存在着认识上的不一致。这种情况的产生，除了是由于需要有进一步实践经验的验证外，更主要的是由于人们囿于本本，囿于他国模式，囿于传统做法的思维定式和传统观念难以突破，而其关键是把计划经济等于社会主义，把市场经济等于资本主义的认识迷误。

（二）经济体制改革与城乡市场经济要素的出现

我国引进市场的改革，在深入发展中以其固有的逻辑，导致经济生活中市场经济要素的出现。80年代初农村实行联产承包的改革[①]，赋予

---

① 1980～1982年农村改革的中心是贯彻实行家庭联产承包制。

农民家庭以独立的商品生产者的地位。集市贸易的发展，允许农民长途贩运[①]，农副产品价格的逐步放开，这些及时而勇敢的措施，打破了我国农村多年实行的以指令性计划为特征的传统体制，从此农村经济运行不再采取由政府下达计划指标和由行政命令来推动的经济形式，而在很大程度上表现为由市场价格机制来引导农民家庭经济活动，实际上农村经济的一定范围已经开始转上市场经济的轨道。80年代农村沿着市场化的方向发展。1978年由国家管的农产品达113种，此后逐渐放开，迄至1991年，除棉花、烟草、蚕茧等仍属国家统管外，粮食计划收购只占农民销售量的1/3，少数省市已取消粮食定购；农民出售的农产品中计划定购部分已小于1/4，农村的市场经济得到增强。

作为改革成果的我国实际生活中的市场经济要素，是采取板块式而递次出现的。第一板块是农民家庭的农副产品生产与经营；第二板块是城市的个体工商业者和城市集体企业的市场性生产与经营，以及逐渐发展起来的私营企业和沿海地区的中外合资、独资等企业的生产与经营。

市场经济的运行方式具有一种自我扩张的趋势。由于市场化业已起步，农产品和工业消费品以及工业生产资料越来越成为市场交换的对象；由于人民公社制度下附着于土地的劳动力开始流动，广大农民自觉投身于商品经济，开始离土离乡；也由于金融的开始搞活，生产者可以通过银行及非银行金融机构获得信贷；在以上情况下，农村集体也被吸引入大办商品经济的潮流之中，出现了乡镇（村）集体办企业，首先是办工业的热潮。乡镇企业实行生产计划自己定，资金自己筹，原材料市场上找，产品从市场上销，"船小好掉头"，适应市

---

① 1983年1月2日发布的1号文件允许农民从事长途贩运。

场需要及时主动调整产品结构；它真正自担风险，自负盈亏，在市场激烈竞争中求生存、求发展。可见，异军突起和迅速发展，占有工业总产值50%以上份额，成为我国工业结构中的重要组成部分的乡镇企业，显然是采取市场经济的运行方式，是我国经济生活中市场经济的第三板块。

总之，我国80年代引进市场的改革，有一些经济领域突破了传统的僵化的计划经济体制，产生了农民家庭市场性经营，城市个体、集体、私营、三资等企业的市场性经营，乡镇企业的市场性经营三大市场经济板块。当然，由于传统的计划管理体制还未从根本上加以改变，这些领域内的企业适应市场自主的经济活动，还要受到传统体制的种种限制和束缚，也由于真正市场性运行的种种要素，特别是市场体系和市场价格机制尚未形成，因而，这三大板块构成的市场经济，只能是一种改革初始阶段不完全的市场经济。尽管如此，这种市场机制起调节作用的经济运作方式，极大地调动了企业、广大群众大办商品经济的积极性，从而使农村经济、个体、私营、三资、乡镇等领域的经济活动表现出勃勃生机。

（三）国营领域经济运行市场化的滞后

引进市场的改革，在农村以及城市的局部领域取得显著成效后，继续向城市国营经济领域推进，但是实践表明，国营经济的改革和经济运行的市场化，较之农村和其他非国营领域要困难得多。

城市国营经济的改革，自十一届三中全会以来，遵循着产品经济向商品经济体制转换的思路，以向国营企业放权让利起步，四川省自1979年以来就开始了国营企业下放自主权的改革。1984年十二届三中全会，总结了80年代初期我国引进市场改革的经验，制定了《中共中央关于经济体制改革的决定》（以下简称《决定》），进一步把改革推向广泛的国营经济领域。按照《决定》和十三大精神，引进市场的改革，其中心环节是增强企业活力，它的目标是建立社会主义商品经济的模式。它的基本构架是：（1）赋予企业以相对独立的商品生产者的地位；（2）形成市场体系，发挥市场机制的作用；（3）建立以间接调控为主的宏观调控体系。为此，对国营企业实行下放生产、经营、工资分配等自主权，逐步缩减指令性计划，逐步放开价格，实行价格双轨制等。这些改革措施使被高度集中的指令性管理体制捆得死死的企业有了某些松动，再加以1987年国营企业全面推广承包制，对地方政权实行财政包干制。这些下放权限、弱化指令性计划、强化市场功能的改革，使国营企业开始有了一定程度的权、责、利，使企业有了程度不同的自主的、分散的决策权和开始有了一定的活力，我国国民经济在1984～1988年出现了中华人民共和国成立以来从未有过的大发展，生产迅速增长，市场供应丰富，人民群众收入和消费水平大大提高，社会全面进步，其最根本的原因在于经济机制的变化，在于传统计划经济体制的僵化性的有所削弱和市场机制活力的引进。

但是，国营企业的改革毕竟只是跨出了第一步而远未到位。（1）国营企业下放了一些自主权，而《企业法》规定的13项自主权多数并未落实。对国营企业的改革更多强调扩权让利，而不是转换企业机制和改革公有制实现形式，也是造成企业改革未能深入的认识上的原因。（2）要素市场发育较迟缓，特别是金融市场发展缓慢，价格改革未能把握住时机，价格机制的调节作用薄弱。（3）政府机构改革步伐慢，政府职能转换进展小。因而，出现了模式转换期新旧体制的僵持，一方面商品经济新体制要素和市场作用开始被引入，另一方面产品经济旧体制框架却未发生根本的改变，因而经济运行的各个环节上都呈现出新旧体制的摩擦、碰撞。例如，企业自主经营、自行发展，要有自留利润的不断增长和统收统支的财政体制相矛盾；企业要面向市场实行产品自销和统购统销的物资管理体制相矛盾；企业要用自留利润和自筹资金进行扩大再生产和原有计划投资体制相矛盾；企业要将产品打入国际市场和外贸管理体制的矛盾；企业要通过发行证券和股票筹集发展资金和现行金融管理体制的矛盾等。我国模式转换期新旧体制的僵持和互相摩擦，表明改革遇到阻力和步履维艰，走走停停。这种情况下，国营企业不仅因受到旧计划体制的束缚而难以表现出活力，而为自负盈亏、自行约束的新体制和新机制的未能形成而强化了短期行为，出现了企业内生的膨胀趋势，后者表现为消费亢进和投资膨胀，它是改革初始阶段促进经济过热和促发严重的通货膨胀的重要因素。

由于1988年出现了经济过热和双位数的通货膨胀，因此对国民经济实行了治理整顿，采取了严峻的紧缩经济的措施以煞住物价的猛烈上涨。这些措施取得了成效。由于模式转换初期的紧缩经济不得不主要借助于行政力量，对企业活动的行政管理大大增强，为了保证重点企业的产供销又强化了原有的指令性计划机制——包括一部分商品、物资的实行专卖，这一切不能不带来指令性的计划机制又获得增强，而刚刚开始出现的、尚未形成的新体制受到削弱，厂长们都抱怨"下放给企业的、不多的自主权又被上收了"。双紧下出现的即期需求不足，行政控制的强化，市场调节功能的弱化，不能不带来经济运行的障碍：市场疲软，生产滑坡，效益滑坡，债务链，即治理整顿四大负效应。特别是近1/3的国营企业的发生持续亏损，大大减少了财政上缴，增加了财政的负担，1991年亏损补贴达977亿元，财政挤银行，对银行的压力由此增大，使国民经济面对严重困难。

（四）历史经验的总结和市场经济概念的提出

不能把治理整顿的四大负效应单纯地看成是紧缩过度造成的，要看到其深层的原因是在传统计划体制下运作的国营企业缺乏活力，企业缺乏适应市场自主经营、自动调整的机制。它在过旺的总需求的拉动下还能自我运行和扩张，而在不足的市场需求下缺乏自我调整自我完善的主动性和能力，市场已缺乏销路的产品不能及时进行结构调整，甚至照样生产不误；信贷紧，筹资成本高，但企业财务管理未能加强，对流动资金的需求降不下来；成本上升效益下滑，但企业的各种费用降不下来，甚至是"企业亏损，奖金照发"；一些亏损企业不具备扭亏为盈的条件，但仍由财政保着，而不能由市场作用加以淘汰。特别引人注目的是一些长期实行指令性生产的国营大中型企业，在传统的按照指令性计划的机制和习惯势力下，严重缺乏面向市场的经营观念，也缺乏适应市场而进行自我调整的必要的经济条件，在订货不足，市场状况发生变化的条件下反应迟钝，在较长时期内未能摆脱困境。可见，治理整顿的负效应和当前国营企业的困难，其最深的原因是企业未能摆脱传统的计划经济体制的束缚，未能构建起能主动适应市场的新体制和新机制。

1991年9月召开的中央工作会议，深入地分析了国营大中型企业困难的原因，指出了摆脱困难的出路在于转换企业经营机制，将企业推向市场，强调要进一步增强市场调节的作用。我国20世纪80年代引进市场的改革的进程，为人们进一步认识社会主义条件下市场的作用提供了新的和十分丰富的实践经验资料，人们更清楚地看见，那些改革步子大，放得开，出现了市场机制起主要调节作用的经济领域——农村经济，个体、私营经济，中外合资经济，乡镇企业——呈现出的经济活力，那些市场调节作用较充分的地区——深圳、广东、温州——经济旺盛的增长势头；人们也看见国营企业发展中的"一放就活""一管就死"的现象。基于这些市场取向的改革的新鲜经验，再结合我国实行传统计划经济体制的经验教训，以及世界上其他国家——包括社会主义国家和资本主义国家——发展经济的经验，进行深入的理论的总结，那么人们就有充分理由把我国的新经济模式规定为市场机制起主要调节作用的新体制，也就是社会主义的市场经济体制。实行这样的新体制是建设有中国特色社会主义改革进程的必然发展，而社会主义的市场经济概念也就合乎逻辑地被提出来，并作为新经济体制的目标模式。这一概念得以在我国建设社会主义的新时期及时地提出，是小平同志的功绩。

三、如何构建社会主义市场经济

提出社会主义市场经济概念，当然不只是一个新提法，除了有其理论意义而外，它有着重大的实践意义。这就是：要使我国人民在加深对社会主义新体制目标模式的认识的基础上，进一步"破"传统的高度集中的计划经济体制；要深化改革，加快改革步伐，按照社会主义市场经济固有的内容与要求，创建起一个立足我国土壤之上的，充满生机和活力的新经济体制。构建社会主义市场经济体制的根本目的是解放生产力，加快实现我国三步走的战略目标，大力建设有中国特色的社会主义。

按照社会主义市场经济固有的内容与要求，要深化以下几个方面的改革。

（一）重塑社会主义市场经济的微观主体

首先是按照市场经济一般来构建起市场性的企业；其次是按照社会主义经济的本质要求，使市场性的企业立足于以公有制为主体的基础之上。

市场性的企业，是面向市场独立决策的商品生产者。在我国要把塑造面向市场、独立决策的商品生产者作为企业改革的目标，因此，对国营企业来说，就要转换企业经营机制，使企业由被动地执行上级下达的计划转变为主动地面向市场、参与市场、自主决策。为此，企业就要以市场为生命，每时每刻地留心和观察市场状况，细心捕捉市场信息和迅速而灵敏地对市场信息做出反应。迅速调整产品结构，推出适销对路的新产品，进行技术革新，调整投资方向和经营战略，改进企业组织形式，发展联合，到其他地方甚至国外办厂，等等。总之，进行企业改革，使国营企业、城镇大集体企业，甚至乡镇集体企业形成和拥有能适应市场而独立运作——自主经营、自行发展、自我调整——的机制，是重塑社会主义市场经济的微观主体的目标。

改革公有制的实现形式，是构建真正的市场性企业的必由之路。我国传统的国家所有制企业，由于：（1）实行政府集中决策，对企业下达指令性计划，排斥了企业自主决策；（2）国有资产缺乏明确的人格化的代表，对企业并未形成有效的产权约束机制；（3）尽管当前企业实行两权分离，但仍停留于传统的国家所有制框架内，未能形成企业自主经营、自行发展、自负盈亏、自我调整所必要的，归经营者自主支配、使用即"占有"的法人财产，后者是市场经济中的企业的财产组织形式。当前，普遍实行的承包制或租赁制，均未能解决市场性企业所必要的形成法人财产的问题。缺乏法人财产机制，企业就不可能拥有进行真正的面向市场所必要的责、权、利，就不可能真正自负盈亏。"盈了企业有份，亏了国家负责。"可以说，这种传统国家所有制与市场经济是不能兼容的。因此，国营企业的改革就应该是，按照市场经济中企业的共性，重新塑造微观主体。这样就要求不能只提转换企业经营机制，而应该着眼于改革公有制的实现形式，要按照两权分离的原则，探索和构建确保国家所有权、企业经营权的法人财产制度，来形成独立决策、自主经营的微观主体。这是能否真正地搞社会主义市场经济的重要前提，也是改革攻坚阶段最艰巨的任务。

（二）全面发育市场，强化市场机制

搞社会主义市场经济，要点在于强化市场机制，使它成为调节经济、配置资源的基本杠杆和主要力量。发挥市场调节的作用，有赖于完备的市场体系和统一的大市场的形成。对于市场体系的完备化，一般消费品、信息产品、服务、产权等生产的物质要素、精神要素、人身要素、硬件要素与软件要素统统市场流通化，并组成各种要素市场，形成一个无所不包的、最完备的市场体系，这正是现代发达的市场经济的特征，而这也是现代市场经济中市场调节作用大强化和经济活力大加强的经济前提。

市场体系的完备化是市场经济的共同规律，对社会主义市场经济也不例外。因而我们不能人为地设立禁区，限制市场的范围，例如不允许土地、森林、国有企业等进入市场流通。此外，劳动力参与市场流通和劳动力市场的存在和发展，也是市场经济运行的共同现象，并且是市场经济运行的一个必要条件。[①]总之，实行市场化，彻底破除产

---

① 劳动力在社会主义条件下表现为商品，但是在市场上转让劳动力的，是当家作主的生产资料共同所有者的个人，因而这是社会主义条件下的劳动力商品，它和资本主义制度下体现对剩余价值的剥削的劳动力商品交换关系有本质的差别。

品经济秩序，使生产要素全面流动化，形成完备的市场体系，应该成为当前改革的重要内容。当然，市场化是属于商品经济和营利性的经营领域，它并不意味着要把公益劳动、义诊义演、救死扶伤、政治工作等均纳入市场交换，更不能建立起"有货币就有一切"的社会政治机制和秩序。

为了强化市场机制的作用，还要发展各类市场，实行大市场，大流通，要拆除市场篱笆，建立国内统一的大市场，并逐步使之与国际市场接轨。在当前最重要的是采取积极而稳妥的步骤，放开价格，发挥价格机制的调节作用。价格的改革和放开能否顺利地推进，可以说对于社会主义市场机制的构建和发展，具有根本的影响。

（三）完善计划机制，搞好市场与计划的结合

像市场经济包容有计划一样，社会主义市场经济有必要和有可能更加广泛、更加有效地发挥计划的功能。

第一，市场经济固有的特征是经济运行的自发性和盲目性，因为它是靠"看不见的手"，而且是"不断变化的手势"来指向，是由自发性的市场机制来进行调节，是通过经常出现的价格波动和经济不均衡来实现均衡的。因而市场调节的运行机制本身蕴含着出现价格大波动、产销脱节、结构失衡的可能性。在资本主义基本矛盾深化的条件下，上述经济运行的盲目性表现为周期性的经济危机。正是因此，现代市场经济就是借助于引进某种计划机制，借助于政府的调控作用来制衡经济运行的无政府性和缓解危机。在社会主义条件下的市场经济，也会存在经济运行的自发性和盲目性，也会带来经济的失衡。特别是在主观指导发生失误和经济发展过热的情况下，还会出现严重的通货膨胀、较多企业破产、大量失业等现象。中国现阶段的经济条件

下，农村是在联产承包制下实行细小家庭农户的分散经营，此外是大量的乡镇（村）办的企业，国营企业除了大中型企业而外，绝大多数规模不大。因而企业规模小，数量多，分散性强，一旦实行企业面向市场，独立决策，由市场机制调节，经济活动的盲目性更将是十分突出的现象，这就需要发挥计划的功能，切实有效地制衡经济活动的盲目性，实现国民经济内在的协调性，运行的有序性和增长的稳定性。

第二，市场调节绝非万能。市场调节更主要是一种短期利益驱动，它往往促使"短、平、快"的发展，但对投资大、周期长、预期利润小，而又关系社会经济长期发展的建设项目，则难以促进其发展。对非营利性社会公益事业的发展，市场机制的调节是缺乏效果的，而必须依靠计划机制。

第三，市场经济实行由一个个企业分散决策，自主经营，自行积累，这是一种分散型的生产与积累模式，其扩大再生产的规模是有限制的。当然市场经济借助于自主的经济联合，也能实现资金集中和生产集中，但是它毕竟要经历一个企业资金自主的原始积累的漫长过程。而依靠计划机制，通过发挥国家财政和政府筹资的功能，以及组织、扶持重点企业的功能，就可以实现集中财力、物力和人力办几件大事，在短时期内建立起大工业基础和发展像航天、原子能、核潜艇、超导、生物工程等尖端科技部门，实现经济的"超越"发展。可以说，亚洲的新兴国家和世界一些发展中国家二战后所取得的令人瞩目的发展，在于在市场经济的基础上，不同程度地利用了计划的功能。我国是一个发展中的社会主义国家，工业化的基础还较薄弱，前十年的经济发展中，农业、工业的基础部门、基础设施、新兴科技等部门的发展不足，甚至成为制约经济进一步发展的"瓶颈"。这一切表明，为了加强基础，保证重点，优化结构，解除"瓶颈"，需要发挥计划的功能办好几件大事。

可见，搞社会主义市场经济，并不是要否定与削弱计划功能，在理论上走向另一个极端，而是仍要使市场与计划相结合，使计划渗透于市场，做到二者的互相补充，相得益彰。要做到这一点，就必须在理论上明确指令性计划和市场经济体制是不能兼容的，要改革计划方法，不再搞无所不包的中央计划，而是计划协调总量，管好宏观，对企业实行指导性计划，主要利用经济杠杆进行引导，使计划指导和企业的自主决策相结合，建立一种适应于市场经济本性的计划机制。这就是：计划→政府→市场→企业的计划传导和经济运行方式。社会主义市场，有可能使计划在更大范围和程度上与市场机制相结合，能否有效地发挥计划的功能，关系到国民经济能否协调、稳定、持续地发展，甚至可以说，关系到搞社会主义市场经济的成败。社会主义市场经济概念的提出，使人们明确计划是包容于市场经济构架之中，是以经济杠杆来引导，以企业自主决策为基础，我们应该根据这些原则，来重构计划机制，使它与市场机制有机地结合。

（四）搞好政府调控，转换政府职能

现代市场经济，由于要引进一定的计划机制，后者体现在政府对经济管理的调控中，即使是那些不实行经济"计划"的当代资本主义国家，政府也都要采取一定的经济政策，对经济进行调控。因而，现代市场经济是政府调控的市场经济。社会主义市场经济，要实行计划与市场相结合，更加充分和有效地发挥计划的功能，就更加需要发挥政府的调节经济的功能。可见，不能把搞社会主义市场经济和发挥政府的经济功能对立起来。

实行市场经济，政府的经济职能的内容、重点、方式都和传统

计划经济不一样。政府的主要经济职能是进行宏观调控，不再是直接管理微观；政府不是采用行政手段来管理企业，而是实行间接管理，采用经济手段进行引导；政府要着眼于构建各种市场运作规范和维护经济秩序，要对企业行为进行监督，为企业提供服务。可见，实行市场经济，政府的许多传统经济职能，特别是直接管理企业的职能要萎缩，但政府调控宏观经济的功能却要加强和进一步地发挥，这种宏观管理和调控，主要是运用财政政策、税收政策、货币信贷政策。为了发挥以调控宏观经济为主要内容的政策经济职能，要求进行政府有关机构的改革和职能的转换。

我国当前企业深化改革中面临的主要矛盾，是企业经营机制转换和政府的传统管理职能的矛盾。由于原有的对企业进行集中管理的行政机构未能进行改革，在旧的政府管理机构及其运行框架下的国营企业，自主权的真正落实是难以实现的，不论是三令五申或是颁布新的条例，终难以奏效。政府职能的转换无疑已经是企业改革能否深化的枢纽，是企业能否搞活的关键。明确社会主义市场经济这一目标模式和政府的主要职能是管好宏观，引导微观；对企业主要是进行间接管理，主要是依靠经济手段，这就能促进人们采取措施，把政府机构的改革和政府职能的转换切实地提上日程，使之与企业机制的转换相同步。这样，以搞活国营企业为中心的改革将由此获得新的动力而进一步深入发展。

（五）大力构建市场规则，形成市场经济的运行秩序

市场经济实行自主创业、自主经营、自主交易、自主调整的经济自主原则。企业和其他经济主体相互之间的独立自主的经济交往和行为，必须要有遵循适应于市场经济性质的准则，例如公平交易的准

则，遵守符合法规的和约定俗成的相互间的经济协议和合同，照章纳税及各种经济活动的共同规则。总之，必须要有一整套十分完备的用以规范市场主体的经济行为的准则、规章法律和保证各个市场主体遵从这些准则的经济约束机制、法律强制机制、社会监督机制、思想道德约束机制，才能形成一种经济秩序，保证市场经济活而不乱地顺利运作，才能把实行经济自主中可能出现的损害交易对手、损害消费者、损害政府、损害社会的各种"违章"行为减少到最低限度，使这种自主运作的经济负效应更少，从而收到更大的社会效果。

小　结

第一，由传统的计划经济体制转变到社会主义市场经济体制，是我国经济体制的一次意义重大、影响深远的根本性变革，这是在我国创建一个能大大解放生产力的、充满生机与活力的社会主义新经济体制的必由之路。

第二，构建社会主义市场经济，需要进行经济的微观组织、市场结构、运行方式、调控方式、行为准则等要素的改革与重塑，这不是一朝一夕所能形成的，正如小平同志所说，还需要有几十年时间的努力。

第三，社会主义市场经济概念，关系到新经济体制的总构架和基本格局，关系到改革的大方向和总体思路。搞清楚新体制的基本构架，人们才能对体制的具体方面、环节做出科学的设计。因而在当前，我们应该从理论上深入研究市场经济的共性和社会主义市场经济的个性，要认真研究和借鉴国外市场经济的适用经验，并通过改革把它移植于我国现阶段社会主义所有制的基础之上，创造出中国式的社会主义市场经济模式。

　　第四，构建中国式的社会主义市场经济的过程，是一个大胆地改革传统计划经济体制的过程，也是一个不断地总结实践经验的过程，在这一过程中还会产生新矛盾，遇到新问题，甚至还难免要冒风险。关键在于要解放思想，转换脑筋，敢闯敢干，同时搞好超前的理论研究和操作性研究，做到心中有数，我们就可少交学费，在出现问题时也可以沉住气，在改革的大方向上不动摇。这样，我们就能更顺利地深化改革和实现新旧模式的转换。

计划与市场都是经济手段①

　　计划与市场是什么关系？二者怎样结合？它们与社会主义制度有何联系？长期以来一直是经济学界关注和争论的热点。邓小平同志在南方谈话中指出："计划多一点还是市场多一点，不是社会主义与资本主义的本质区别。计划经济不等于社会主义，资本主义也有计划；市场经济不等于资本主义，社会主义也有市场。计划和市场都是经济手段。"这一讲话促使人们进一步解放思想，在社会各界引起了强烈反响，成为大家关心的话题。为此，记者走访了著名经济学家、西南财经大学名誉校长刘诗白教授，请他就这方面问题谈谈自己的看法。

　　"计划与市场是经济运行概念，不应从这一角度去寻找判定经济制度的标准。"

　　盛：小平同志的讲话对认清计划与市场的性质有何意义？

　　刘：计划与市场是属于经济运行的概念，长期以来将它们作为经

---

① 　这是《马克思主义与现实》记者盛群以问答的方式访问刘诗白教授而形成的一篇文章，原载《马克思主义与现实》1992年第8期。

济制度来认识是一种误解。小平同志的讲话，明确地把计划与市场的关系问题同社会主义制度这一范畴区分开来，从而澄清了这一长期纠缠不清的误解。30年代大萧条之后，凯恩斯主义在西方站住了脚跟，自由市场经济宣告结束，西方资本主义国家开始用计划干预经济，以弥补自由市场体制的缺陷；社会主义国家在经历了计划经济的摸索之后，都先后引入了市场。目前，世界各国都不同程度地既有市场也有计划。因此，从计划经济还是市场经济这一角度去寻求判定社会主义与资本主义的标准是困难的。

盛：那么，区分经济制度应从什么角度入手呢？

刘：区分经济制度应从占有和分配的角度加以把握，这是马克思主义政治经济学的观点。生产关系虽有多个层次，但只有占有和分配是主要的、深层次的，是决定经济制度性质的。公有制及其分配关系决定了社会主义制度的特点，私有制及其分配关系决定了资本主义制度的特点。若从交换的角度考虑，则可将社会形态区分为自然经济、商品经济、产品经济等经济形态，显然这与经济制度是难以等同的。社会主义发展至今，已出现过多种模式，如南斯拉夫只有市场没有计划的模式，苏联只有计划没有市场的模式，中国要探索的则是既有计划又有市场的有中国特色的社会主义模式。

"计划与市场都是社会主义经济所需要的，但市场是基本的，市场调节是基础，计划调节依附于市场，必须通过市场才能起作用。"

盛：作为经济运行意义上的计划与市场，相互间是什么关系？其作用有什么不同？

刘：小平同志说计划和市场都是经济手段，这说明我们进行社会主义建设时，不应排斥任何一种手段，二者都是我们需要的。至于二者的关系，我认为，市场是基本的，市场调节是基础，计划调节依附于市场，必须通过市场才能起作用。长期以来，我国由于市场不发育、不健全，计划的作用受到很大的削弱，远未起到预期的作用，相反却出现了总量失衡、结构失衡、经济波动大等社会主义经济本该避免的问题。出现这些问题，主要原因不在于计划制订得不够完善，而在于计划的实施缺乏基础——市场。仅靠行政命令这一套僵硬的机制去实施计划，没有市场这只"看不见的手"的作用，必定会出现管—死—放—乱的循环，以及上有政策、下有对策，使计划流于形式的局面。个别资本主义国家，如日本、法国、联邦德国，计划做得有成效，其原因就在于利用经济杠杆进行间接调控，计划借助于市场机制，而不是捆住经济参与者的手脚，不是抛开市场另立计划。

市场经济顺应经济运作的客观性，可保证经济的活力和效率，但却欠"良知"；计划经济可以保证生产投资的效率和宏观经济效益，能体现经济活动的目的性，但主观性太强。所以二者的长短可以互补。我反对完全自由的市场经济，但不否定市场经济。从小平同志的话理解，我们需要的是计划与市场的统一，是二者各得其所的经济运行的协调。多年改革实践证明，社会主义经济不能没有市场，价值规律只有在市场上才能充分发挥作用；计划的作用仍然不可缺少，但其"万能"的传统观念应当打破。

盛：在这方面，当前的主要任务是什么呢？

刘：目前，"市场是基本"的观念还没有深入人心，人们的思想还没有彻底解放，市场的缺位依然严重。在这一形势下，小平同志的讲话具有积极的推动作用。现在，必须大力宣传建立市场的意义，真正花功夫培育、发挥和完善市场。这样，计划也才有得以发挥作用的坚实基础。

"社会主义计划比资本主义计划范围更广，强度更大，效果也应当更好。"

盛：社会主义有计划，资本主义也有计划，二者的异同是什么？

刘：社会主义国家以公有制为主导，国家掌握着重要部门、重要行业企业的产权，政府不仅可以从宏观上，而且可以从基本分配上进行计划调控，即国家可以通过计划调控国有企业，引导经济，使它合目的地运行。不论从范围上，还是从强度上看，社会主义计划都比资本主义计划相对优越。从这一角度上讲，社会主义计划应该比资本主义计划具有更好的效果。不过，从目的上看，社会主义计划和资本主义计划应是一致的，即都是帮助市场使社会主义资源得到最佳的配置。

盛：现在中国的计划较之改革前有什么变化呢？

刘：目前，我国的计划控制已较改革之前明显减弱，过去可以通过控制煤、电、运输等基础产业来控制整个经济，现在要这样则困难更多。我们必须探索商品经济条件下卓有成效的实施计划调控的办法。

"俄罗斯、东欧的市场经济取向是以私有化为基础的，这与我国在公有制经济成分占主导的基础上发挥市场经济的积极作用有着本质区别。"

盛：俄罗斯、东欧各国在进行市场取向的巨大社会变动，我国在进行包括培育市场在内的经济体制改革，这二者有何本质区别？

刘：俄罗斯、东欧的市场经济取向是以私有化为基础的，它们把国有资产进行了分割，用私有制取代了公有制，其市场经济是与私有化相伴的。在那里，私有制是刚性的。而我国在深化经济体制改革中，大力培育、发展和完善市场是以公有制为基础的，所有制的基本性质并未发生变化，这与俄罗斯、东欧的"市场化"有着本质不同。小平同志说："社会主义的本质，是解放生产力，发展生产力，消灭剥削，消除两极分化，最终达到共同富裕。"我们在发展社会主义商品经济中要发挥市场经济的长处，同时，要用计划来弥补它的不足。

"传统的公有制与市场经济确实存在着矛盾，我们进行经济体制改革，就是要建立与市场经济相适应的公有制模式，实现二者的良好对接。"

盛：公有制与市场经济是否存在着矛盾？

刘：不能简单地讲公有制与市场经济有矛盾，而应该说，传统的公有制与市场经济存在着矛盾。在传统的公有制模式下，企业是政府的附属物，没有相对独立性，亏了由财政补贴，盈了企业也得不到多少好处，既无风险，亦无动力，企业处于不死不活状态。在这种状态下，市场信号起不到调节供求、刺激发展的作用。这种公有制与市场经济的相斥与不协调是明显的。

进行经济体制改革，就是要消除传统体制中不适应市场经济发展的方面，建立能与市场经济相适应的公有制模式。已经实施的所有权与经营权相分离的两权分离模式，如承包制、股份制、租赁制等都是这方面的有益探索。

"把国有企业真正推向市场，国有企业的实力不但不会削弱，相反，会得到加强。"

盛：有人担心，把国有企业推向市场，它们会因缺乏竞争力而实力削弱，从而影响公有经济的地位。您认为这种担心是否必要？

刘：这一担心是多余的。国营大中型企业缺乏活力，竞争不过乡镇企业和"三资"企业，不是因为市场经济的发展，相反，是市场经济发展不够，国营企业没有被真正推向市场，成为"自主经营、自负盈亏、自我发展、自我完善"的商品生产经营者。目前，国有企业还没真正摆脱作为政府附属物的地位，政企分开还未完全落到实处，还有许多本该没有的锁链束缚着国有企业的手脚，比如，铁饭碗、铁交椅、铁工资依然存在，企业仍要背着沉重的社会负担，该并转的不能并转，该破产的难以破产，企业兼并中拉郎配、吃大户的现象屡有出现，企业难以按市场信号自由决策，等等。在这种情况下，国有企业的活力怎么能够发挥出来？自去年以来，有关搞活国有大中型企业的改革措施不断出台，给国有大中型企业减轻负担，真正贯彻企业法，落实企业应有的权利，已受到政府的高度重视，出台的措施已起到了一定的积极作用。

盛：能否就进一步搞活国营大中型企业谈谈您的看法呢？

刘：小平同志指出，社会主义要赢得与资本主义相比较的优势，就必须大胆吸收和借鉴人类社会创造的，一切反映现代社会化生产规律的先进经营方式、管理方式。这些论述对开拓我们的思路具有指导意义。西方社会关于产权的理论与实践，如什么是法人、法人所有权等，已经非常完备，正是这一套东西保证着市场经济的正常运作。在我国，对这一领域的研究才刚刚起步，有待深入开展。产权作为所有权的表现形式，对市场经济具有十分重要的意义，我们应当吸收和借鉴发达资本主义国家这方面的有益成果，为建立社会主义的产权理论服务。对于国有企业，国家有所有权，企业有经营权，但对二者的内涵如何加以界定，采取什么措施能让这种界定落到实处，一直没有真正解决。西方的企业是真正独立的法人，它们有权处置企业的财产，可以分、可以合、可以租赁，企业可以设在国内，可以设在国外，可以宣布破产。我国的企业还做不到这些。为了推进企业改革，我们迫切需要在国有企业中进行产权构建，健全两权分离的企业产权制度，这是把企业真正推向市场的前提。这项大的系统工程才刚刚开始，还有很多事情要做，首先要加强社会主义产权理论的研究。

意义重大影响深远的决策[①]

　　实行社会主义市场经济是一项历史性的决策。正确处理好计划与市场两种手段，以保证社会主义商品经济的顺利运行，这是关系社会主义建设成败的头等重大问题。计划具有集中力量办大事等优点，对于一个原来经济落后的国家，需要加快工业化的步伐，尽早建立起基础工业，发展新兴工业，因而需要有效地利用计划的功能，在一定时期甚至还有必要实行计划经济体制。但是，计划经济有其高度集中、固有的缺乏活力和效率等弊端，因而实行计划经济也必须利用市场机制，发挥两种手段的优点，而不能搞单一的，无所不包的，唯一依靠指令来运转的计划经济。对计划体制也应该适时调整，即随着经济的发展，经济结构更复杂，计划的协调功能越差，因此要主动积极地引进市场，充分发挥市场调节的作用，实现主要由计划配置资源的旧体制到主要由市场配置资源的新体制转换。我国50年代中期以来，计划经济体制的弊端已开始暴露，僵化的传统体制越来越束缚了生产力的发展，使我们付出昂贵的学费。自1978年党的十一届三中全会以来，

---

① 原载《群言》1993年第1期。

我国成功地实行了引进市场的改革。人们可以看见，市场作用的发挥，搞活了企业，提高了效率，调动了群众积极性，加快了发展。实践表明，在当前条件下，实行社会主义市场经济体制是历史发展的必然。

引进市场的改革，在多数社会主义国家是滞后的。改革的滞后，主要在于理论的落后。这主要是：把计划经济等同于社会主义的传统经济理论；囿于本本，囿于他国模式，囿于传统体制的思维方式和习惯势力；中国封建社会几千年的经商观念的残存和小生产者的恐商观念的影响等。即使是在14年的改革中，引进市场的道路也并不平坦，缩小指令性计划，更多地利用市场调节的改革措施则往往遭到"搞资本主义"的非议。可以说，邓小平同志的南方谈话像一阵春风醒人，使人们豁然开朗，而党的十四大的伟大历史功绩是做出了实行社会主义市场经济的重大决策，把社会主义市场经济作为我国经济体制改革的目标，它的重大的作用是人们在当前难以充分估量的。目标更加明确，道路更加清楚，中国将向充满生机与活力的新体制大步迈进，中国的社会生产力将获得解放和发展，20世纪90年代和21世纪中国社会主义经济的大振兴的到来是毋庸置疑的。

论社会主义经济体制创新[①]

一、体制改革与创新的必要性

经济体制是指人类为了谋生而进行的经济活动的组织方式与运行方式。在任何一种社会经济制度下，都有其具体的经济体制。人类经济史表明：寻找到和建立起一个恰当的符合社会当时的物质条件与主观条件的经济体制，才能实现社会经济活动的有效组织与顺利运作。特别是在人类历史发展到发达的现代商品经济形态，经济体制的作用更加重要。恰当的经济体制的建立，关系到包容巨大生产力的国民经济的顺利运行，互相紧密联系的、数以百万计的基本生产单位从事的经济活动的有效率的组织，企业之间劳动交换的实现，以及政府对经济的调控与引导。总之，经济体制的完善关系到经济良好的运行，资源的优化配置，经济效率与效果的提高。正是因此，从20世纪30年代起寻找和探索更适当的体制，进行不同程度的体制革新，就成为资本主义世界的潮流。社会主义国家，借助于生产资料公有制，消除了由

---

① 原载《经济研究》1993年第3期。

资本主义私有制造成的基本矛盾和经济运行的制度性的障碍。但是，社会基本经济制度和经济体制是两个含义不同的概念。实践表明，公有制的建立，并不意味着良好的和合理的经济体制的确立。恰恰相反，人们应该在公有制的基础上，根据各国生产力的水平和具体经济条件与社会条件，寻找和确立起一个恰当的良好的经济体制，以保证社会主义国家国民经济的有效组织与顺利运行。因此，可以说，取得革命胜利的无产阶级国家，要取得建设社会主义的胜利，就不仅仅要争取实现基本制度的变革，即由私有制转变为公有制，而且要争取经济活动组织形式与运行方式的适合，即注意体制的适合与完善，也就是要坚持体制的改革与创新。

二、基本经济制度与经济体制须加以区别

从经济体制的角度来认识与论述社会主义，是当代实践中的社会主义向人们提出来的要求。古典社会主义理论和传统社会主义理论，着重从基本制度的角度来认识与论证社会主义。古典社会主义理论把社会主义归结为生产资料公有制与按劳分配，这是从极为抽象的层次来论证社会主义基本特征。传统社会主义理论，则除了从公有制与按劳分配这一抽象层次来把握社会主义而外，还进一步把社会主义归结为传统的高度集中的计划经济模式，把后者作为社会主义经济的唯一实现形式，而不是将它作为特定条件下建设社会主义而采取的一种暂时性的体制。传统的经济理论未能科学地将"基本经济制度"和"经济体制"这两个概念加以区别，例如传统社会主义经济理论把计划经济视为是社会主义本质特征，即将它归结为社会主义公有制的必要内容，而把市场经济视为资本主义本质特征，殊不知无论计划经济或市

场经济，均是一种手段，是经济活动的组织方式与运行方式。按照这种传统理论，社会主义是和高度集中的计划经济体制"合二为一"的，而坚持发展社会主义，也就是坚持传统的计划经济体制。这种理论观点，就排斥和取消了社会主义不断地进行探索革新和完善经济体制的这一重要任务。

三、构建新的经济体制的现实迫切性

理论认识的模糊，不能不影响到政策和实践。许多社会主义国家在很长历史时期未能将经济体制改革提上日程，呈现出"改革滞后"，这都可以归结到人们认识上对经济体制概念的模糊，以及对经济体制的意义与作用的认识不足。在这里，一方面人们把社会主义的完善理解为基本制度的发展和变革，而不是具体体制的变化和完善。另一方面，在"左"的思潮下，人们把基本制度的发展与变革，又理解为生产关系上的进一步公有化，即"破私立公"，例如追求所有制上"一大二公"和纯之又纯，搞"并社升级"，"割资本主义尾巴"，推行分配上的"平均主义"等。人们未曾把视角转移到经济运行上来，着力解决经济生活中业已出现的，并且是越来越鲜明的各种矛盾，如国家、企业、个人之间，积累和消费之间，中央和地方之间，以及体制内部各个环节，如计划、财政、银行、价格、劳动等之间的矛盾。特别是由于人们在认识上囿于传统的计划理论，谨守计划经济姓"社"、市场经济姓"资"这一传统信条，弄不清计划的内涵，不懂得计划可以包括指令性的和指导性的，可使用行政手段和使用经济手段。由于简单地把计划等同于指令性计划，特别是把计划体制视为是完善无缺的，因而即使已经发现了高度集中的管理的许多缺陷，但是人们不能找到产生我国经济生活中的矛盾的体制上的原因和提出在根本体制上来进行革新的思路，而往往是就事论事，例如将这些矛盾归结为管理权限的配置不当和只是实行企业管理权限在中央与地方之间下放和上收这样的缺乏效果的循环调整等。

总之，就我国来说，对经济体制的理论认识的不足，停留在计划体制天然合理的误区，造成人们在改革上无所作为，不能越雷池一步，不敢引进市场，这是我国50年代后期以来，未能及早着力于对有缺陷的计划体制进行改革的主观原因。当然，改革滞后还存在其他社会政治原因。传统体制以其惯性力量，严重束缚我国生产力的发展，使我们付出了昂贵的学费。50年代后期至1978年近20年的实践表明，在无产阶级和广大人民群众掌握了国家政权的条件下，在所有制改造取得基本胜利后，必须把解决好建立完善的经济体制的问题，作为建设社会主义的中心课题而提到议事日程上来。在公有制建立起来后，争取和实现体制的完善化，使经济体制内在要素互相契合，彼此促进，经济生活才能有秩序，国民经济才能生气勃勃，从而使经济更快增长和人民生活水平更大提高。经济体制弄不好，各种关系理不顺，企业、政府、个人之间，体制内部各要素、各个环节之间，互相掣肘，互相削弱，经济生活就会产生各种矛盾和摩擦，总供求就会失去平衡，产品、行业、产业、企业结构的失调，以及生产、流通、消费等活动之间的矛盾，并导致经济运行障碍的出现。在传统计划体制下的经济运行，就长期存在着下列矛盾：政府集中决策与发挥企业经营积极性的矛盾，指令性计划与运用市场作用的矛盾，生产结构僵化与社会需求变动的矛盾，重工业部门优先增长与农业、轻工业发展滞后的矛盾，积累过高与消费增长不足的矛盾，等等。上述矛盾集中表现为经济增长中投入大、效率低，甚至出现结构失衡越发加剧，使再生产难以为继。这是我国50年代至1978年间，经济增长不快，人民生活实惠不多的体制上的根源。

党的十一届三中全会，提出"解放思想，实事求是"的思想路线，深刻地总结了我国和外国历史经验。小平同志提出改革、开放，阐述了在社会主义制度下进行体制改革以完善社会主义的理论，并带领全党和全国人民进行了举世瞩目的中国体制改革的伟大实践。十一届三中全会以来我国改革的实践表明，改革传统计划体制，发展和建立起市场经济体制，就能搞活企业，提高国民经济效果，加快经济的增长，更快地改善人民生活。国内国际几十年来正反两方面的经验教训给我们的启发是：建设社会主义，不仅仅要解决生产资料公有化问题，而且还要构建完善的经济体制。可以说，社会主义公有制的基本制度构建与完善的经济体制的构建，是当代社会主义实践提出和需要妥善解决的两大问题。不搞公有化，不建立和坚持公有制经济，确立与发挥它的主导作用，谈不上搞社会主义，但是不寻找和形成完善的经济体制，国民经济组织和运行不好，活力不够，效率不高，效果不大，国民财富增殖力不强，实现不了国强民富，而只能是停留于投入大、产出少、效率低的"穷社会主义"，这也背离了社会主义的宗旨。

四、不断深化和完善新经济体制是大势所趋

在人类社会经济中，经济体制是处在变动和发展之中，不适应于新的条件与状况的、逐步归于陈旧的体制总是要让渡和转变为新的体制，这就是体制创新。越是发展得成熟的社会，体制创新能力越是充沛，越是能适应社会经济条件的变化，在体制要素结构上进行完善与

创新和完善经济运行。在以生产资料私有制为基础的社会，体制创新虽遭遇到强大的阻力，但是局部体制创新也未曾停步。

社会主义是以公有制为基础，公有制条件下联合劳动者经济利益的根本一致性，使人们能按照客观经济规律的要求，组织微观活动、交换活动、社会调控活动，使三者相协调，使体制不断完善，机制不断健全，经济运行更加良好。可见，社会主义能够实现更加生气勃勃的体制创新，并由此使社会主义更加臻于完善。

当代社会主义的经济体制创新，表现为由计划经济向市场经济转变。1978年以来我国的改革，就是中国伟大社会主义经济体制创新的开端。党的十四大提出社会主义市场经济体制为我国改革的目标，十四大标志着旨在解放生产力的束缚，改善经济的运行，提高经济效率和经济效果的体制大创新在中国大地上的加快，这是中国社会主义经济振兴之途，也是有中国特色社会主义巩固与发展之途。体制改革已经成为时代的最强音，对经济体制，它的含义、结构及体制演变的规律进行深入的理论研究，理所当然也就成为经济学研究的一项中心课题。

五、理论研究要为体制改革实践开辟思想境界

由计划体制到市场体制的转变，尽管早已开始，并取得了初步经验，但是实现这一转换，无疑地是一项极其艰巨的任务。市场经济体制具有很大活力，但也绝非万能，例如，景气循环，就是市场经济运行中一直存在的和难以克服的"市场病"，这种景气循环，在我国市场经济运行中也是难以避免的。特别是在我国这样的原先生产力水平低，商品经济不发达，市场发育程度低，地域广阔，各地区经济差别

大的国家，市场经济的运行过程中也将会带来各种各样的新矛盾、新问题，特别是在当前由计划体制向市场体制的模式转换时期，还会出现"一放就乱""一活就胀"等各种各样的情况。正是因此，在我国发展社会主义市场经济，就需要认真进行理论研究，要从历史的、现实的角度，深入研究市场经济，了解它的运行机制和固有的矛盾，了解当代世界各国，为缓解市场经济的矛盾而采取的各种政府调控方式以及经济政策，研究市场经济的各种模式及其利弊。对市场经济的研究，要进行历史发展的比较，即纵比；要有不同国家的比较研究，包括社会制度不同的国家，即社会主义国家与资本主义国家实行市场经济的比较研究，即横比；也要进行市场经济体制和社会主义国家原先实行的传统的计划经济体制的比较研究。这一内容十分广泛的研究，应着眼于我国的改革中，引进与运用市场经济的一般构架和一般运行机制，同时，又加以创新，使之完善化，更好地与社会主义制度相结合；还要使市场经济体制的构建和中国实际紧密结合，从而形成中国模式的市场经济。对市场经济进行这样的深入的理论研究，无疑地应该作为当前社会主义经济理论研究的中心课题。

以创建社会主义市场经济为目标的改革，迫切要求政治经济学的革新，在准备进行社会主义革命的历史时期，马克思主义政治经济学主要研究生产关系及其变革的规律。在无产阶级取得革命胜利后，进行经济建设、发展生产力成为中心的历史时期，马克思主义政治经济学理所当然地要拓宽它的研究对象与研究范围，除生产关系以外，应该把经济运行、经济体制、经济政策、生产力等作为重要研究内容，特别是在进行体制改革的历史时期，应该把经济体制、运行机制以及经济政策的研究放在重要地位。

对于经济体制的研究，西方经济学已进行多年。西方经济学家，主要基于新古典综合等理论，进行了对经济体制、经济运行、宏观政策等的研究，将这些理论研究主要应用于发展中国家市场经济的创新实际。但是在社会主义国家，人们对经济体制、运行机制和宏观政策等的研究却是滞后的，传统政治经济学很少研究经济体制，而习惯于把研究领域和研究视野划定于社会主义制度的本质特征，在高度抽象层次上分析公有制、按劳分配、计划经济及其他经济规律，使之与资本主义相对比，这些研究当然是必要的。但是实践表明，社会主义政治经济学只是对社会主义经济制度进行抽象本质的研究是不够的，还需要对社会主义经济的运行以及与后者密切相关的体制进行研究，只有结合具体的体制和运行机制，才能对社会主义的本质予以切合实际的阐述。我们正面临着一场伟大的社会主义经济体制改革和创新，这是当代社会主义的一次史无前例、影响深远的自我完善，社会主义政治经济学应该是这一社会主义自我完善的理论表述，因而更应该加强对经济体制和运行机制的研究。

时代提出了中国经济学研究的新的课题，中国经济学界肩负着重大任务。而解放思想，实事求是，从社会主义市场经济的实际出发，破除老框框，进行新阐述，创造新体系，这是发展社会主义政治经济学的必由之途。

积极推进资金商品化、利率市场化的改革[①]

金融体制改革，从来是我国经济体制改革的重要组成部分。在当前为了发展社会主义市场经济，金融改革中面临着以下两项重大任务：（1）大力构建一个灵活高效的利率信贷资金变动的市场运作机制；（2）大力构建灵活高效的金融宏观调控机制。由于利率信贷资金变动的机制，是实行金融间接调控的前提，因而，这两项改革任务是互相联系，互相补充的，要使利率市场化，发挥利率调节信贷资金的作用，必须改变现代中央银行依靠行政手段对信贷的直接调控为间接调控，但这一转变又是以积极推进资金商品化和利率市场化的机制为前提的。正因为此，把资金商品化和利率市场化作为体制改革的中心环节，就是十分必要的。

一、发展市场经济的关键在于价格—供求机制的形成

市场经济是以现代化大生产为基础的，发达的商品经济的特征，

---

① 原载《投资与合作》1993年第5期。

是由市场机制来调节生产和其他各种经济行为的经济运行方式。市场经济的运作，具体表现为：市场价格波动——商品供求的变化，以及商品供求的变动——市场价格波动。而在反映价值水准的均衡价格形成时，同时也实现了供给需求相一致。在发达的市场经济中，价格——供求相应变动的机制，是灵敏而高效的，无论企业的生产、投资（股票、债券的购置）等活动，均是面对市场，适应市场价格的变动，正是由于主体行为随着市场的变化而变化，从而实现了一个生气勃勃的市场导向的经济运动。

资金商品化和利率——信贷资金变动机制是市场机制极其重要的组成部分，它是价格——供求变动机制作用强化和灵敏度提高的重要条件。在市场经济中，资金以商品形式进入市场流通。一方面，发达金融机构的形成及其金融业务运作，实现了大量货币资金的筹集和市场供应；另一方面，活跃的经营活动越来越依赖于银行信用和直接融资。发达的市场经济，是以资金市场化为特征，出现与形成了一个灵活、高效的利率——信贷资金的流通机制，这就是：利息——资金使用的价格——的变动调节着信贷资金的供求。具体地说，随着市场利率的形成，实现了资金总供求的均衡，市场利率的变动，也调节资金在各个部门对资金需要和资金供给的均衡。

资金的市场流通化和高度灵活的利率——信贷资金流通机制，是形成现代市场经济的价格——供求机制的重要杠杆和支柱。正是有赖这一资金的市场流通机制，那些价格上涨、效益高的企业，能借助于信贷资金而自动地和迅速地实现扩产，而那些产品缺乏销路、效益下降的企业，在还本付息的压力下，就会自动地和迅速地减产或转产。

二、加快由资金供给制到资金市场流通体制的转换

1978年我国的经济体制改革，在有计划的商品经济的理论指引下，沿着引进市场机制的路线前进。由于对国营企业实行扩权，企业有了不同程度的自主权；多种要素市场相继出现，市场体系正在形成之中；价格相继放开，价格机制开始出现。在那些放开了的领域（个体经济、三资企业、农村家庭经营以及一些国营经济领域），价格—供求的机制开始形成和在经济运作中发挥作用。价格机制的引进和市场调节发生作用，是我国14年来经济活力增强，增长加快，经济建设取得举世瞩目成就的根本原因。

市场机制也开始引入金融领域。14年来，金融体制改革迈出了重要步伐，建立了以国家银行为主体的多种金融机构并存的金融格局，扩展了信贷业务，增加了信用工具，开拓了金融市场，在信贷活动中开始利用与发挥利率的调节作用。上述金融改革尽管还是初步的，但它毕竟表明，信贷资金产品化和用行政手段来分配资金的传统金融体制开始被突破。

我国传统的计划经济体制下，实行生产政府统一决策，资金银行统一供应，具体地说，国家定计划盘子，财政划拨资金，银行发行票子（补财政资金缺口）。就资金运行来说，传统体制是一种资金集中分配制，实行国家统收统支统负盈亏，企业的收益统统上缴国家，形成集中的财政资金，国家根据发展计划和经济运行的需要，将国有资金——财政资金和增加货币发行的银行资金——分配给企业。传统体制下的资金和物资一样，表现为产品，由政府（或银行）统一调拨和计划供应。传统体制下的银行，不是真正的银行，而只是分配国有资金的政府机构。银行的任务，不是按照市场原则供应资金，而是要通

过筹集资金，更主要是通过发行货币，保证信贷资金的供应。这种资金供应制，带来以下弊端：（1）资金供应不同于商品流通。资金作为商品而流通，就要遵循市场规律，要受利率——资金商品使用的价格——的调节。而资金供应制下，使用贷款的利息，由行政确定，不体现供求作用和经济规律的要求。例如，在过去银行贷款期限越长，利率就越低。（2）银行不仅要低息供应资金，而且为了保证国有企业的运作，对于亏损企业也要长期在资金上进行扶持，从而出现企业有亏损，银行背包袱的十分悖理的现象。（3）由于国有企业实行统收统支，这种利益机制的缺陷，使企业不关心资金经营的效果。另外，实行统负盈亏，企业不为它占用和支配的资金承担责任，经营亏损找财政，固定资产增添找国家，流动资金不足找银行，成为人们的思维定式和企业惯常的行为。这样，企业不仅资金占用量大，周转慢，经营效果越来越差，而且造成企业的资金饥渴，引起资金使用的浪费，促进信贷扩张，给银行带来增大货币发行的压力。

总之，资金作为产品，以及企业吃国家资金"大锅饭"的资金供应制，一方面造成社会资金使用上的缺乏效率与严重浪费，使大量的社会资金为一些无效益的生产所占用，造成普遍的资金投入大，周转慢，产出少，效益差。另一方面这种企业吃国家"大锅饭"的体制，由于缺乏内在的自我抑制和外在的利率抑制，从而强化了企业的资金饥渴和银行的信贷扩张，这种情况下，中央银行必须使用行政手段来分配资金。

改革开放以来，银行的信贷业务有了扩大和搞活，银行贷款对象多元化，对个体、私营等领域的贷款增大了；开展了金融机构之间的资金拆借，股票、债券的流通也发展起来，在商品经济发达地区，民间信贷也开始出现。这一切意味着银行和社会资金以商品形式进入流通。但是仍然实行用行政手段管理信贷的体制，而中央银行采取贷款限额管理，切块下达，不许突破。尽管也综合运用其他经济手段，但调控资金运行的仍然是行政指令，而不是借助经济杠杆，特别是对利率这一调节手段利用不足，利率对信贷资金供求的作用发挥不够。

我国当前实行的资金限额管理，以及政策性贷款戴帽下达专业银行，仍然是一种计划供应资金的传统方式。在体制改革全面深化的当前，特别是企业改革的深化，经济的搞活，发展的加速，要求有更加灵活的信贷资金的供应，要求资金高效益节约使用。不过，一些地方、一些企业拥有较快发展的各种条件，但是却为行政方式确定的信贷资金笼子所桎梏，这是当前经济生活中十分显著的矛盾。还有一些地方、一些企业通过传统信贷资金供应方法轻易获得资金，甚至无效益地使用和占用大量银行资金，这是当前经济生活中的又一个十分显著的问题。上述两大问题表明进一步改革传统的计划—资金运行体制已经刻不容缓。

三、推进资金商品化和利率市场化的途径

从根本上改变传统的资金供应制，在于实行资金商品化和利率市场化，这是金融改革的主题，也是一项牵涉经济全局的深刻的改革，需要各个方面的改革配套进行。这一改革不可能一蹴而成，但是需要加快步伐。

就当前来说，实行利率市场化，可以分两步走。第一步是按资金供求状况部分实行浮动利率，开始时利率浮动幅度可小一点，然后逐步扩大浮动幅度。第二步是随着改革的发展，取消浮动利率的上下限，全面放开利率。利率完全市场化所需条件有：（1）各种价格先行

放开，各行各业在资金市场的竞争中处于同一起跑线上。（2）企业改革先行到位，企业通过经营机制的转换，在硬预算约束基础上强化自我约束，从而能抑制其资金饥渴，消除内生投资消费需求膨胀。（3）各种金融机构的发育与经营的完善，资金筹集与供应功能的大力强化，金融市场的不断完善，资金供求的利率弹性提高。（4）外资的引进，使资金价格突破国界和区域界线。

强化人民银行的宏观调控功能是实行利率市场化的重要条件。人民银行要采用间接调控的方法，即运用公开市场、再贴现、法定准备金等手段，调控和影响资金供求。

为了形成利率—资金的市场运行机制，还必须改革现行的专业银行体制。目前我国专业银行行使部分中央银行职能，人民银行又承担对企业发放贷款（专项贷款）的专业银行职能，这种将政策性业务与经营性业务混为一体的金融体制，使专业银行不能从事货币资金的企业化经营，而专业银行是使银行信贷直接反映市场利率变动的组织前提。

把专业银行建成专门从事货币资金营运的商业银行，可以采取如下步骤：第一步，在现有专业银行的基础上，对政策性信贷和经营性信贷进行界定，然后实行分户管理，分别核算。第二步，专业银行减少对政策性信贷的投放，逐步将政策信贷业务归集到新建的投资银行等政策金融机构。专业银行对经营性信贷实行自主经营，资金自求平衡的经营方针。第三步，国家对专业银行的资产进行界定，逐步建立以股份形式为主体的商业机构，真正建立一批能独立核算、自负盈亏的社会主义金融实体。

金融体制面临着一场深刻的变革，80年代金融领域以引进资金市场运行机制为主要内容的改革，方向无疑是正确的。但是改革一度步履维艰，未能深入发展，即使在当前，金融改革仍然因为金融宏观调整和防止通货膨胀的艰巨任务而受到许多制约，但是，只要理论认识明确，措施得当，金融改革仍然可以迈出大的步子。理论认识的重要之点，我认为，在于进一步明确：市场经济中资金是商品，资金商品化，利率市场化，就是发展社会主义金融的必由之路。

构建社会主义市场经济体制若干问题的思考①

一、中国实行社会主义市场经济体制具有重大历史意义

中国过去长期实行计划经济体制，从20世纪70年代末开始进行经济体制改革。1992年春邓小平做了有名的南方谈话，同年金秋，中国共产党的十四大明确提出以建立社会主义市场经济体制为改革的目标模式，历史由是翻开了新的一页，中国进入了用崭新的方法——市场方法——建设社会主义的历史时期。建设社会主义方法的大转变，不是随意做出的，而是经过深思熟虑，有其深厚的理论基础的，它溯源于和有赖于社会主义理论创新，这就是有中国特色的社会主义理论，特别是社会主义市场经济理论的形成。

马克思和恩格斯在19世纪提出了关于有计划组织全社会生产的产品社会主义的理论构想，列宁长期把市场视为是和公有制本性不相容的，苏联30年代以来更进一步形成了一种关于计划经济＝社会主义，市场经济＝资本主义的教条，并据此在其解体前的50年间实行了高度

---

① 原载《经济学家》1994年第5期。

集中的社会主义计划经济模式。后者在很长时期内也是包括中国在内的，几乎所有社会主义国家的共通模式。尽管中国领导人在1956年就察觉了高度集中管理的重大弊端，但是由于当时整个传统社会主义理论，特别是社会主义计划经济理论难以突破，因而人们不可能采取克服体制弊端的有效行为。

1978年中国共产党十一届三中全会以来，基于"解放思想，实事求是"的思想路线，在中国启动了一场引进市场、发挥市场机制作用的改革。在农村通过开放集市，家庭承包，允许农民经商，赋予农户以市场主体地位，由此迅速地恢复了农村经济活力。特别是在城市国有经济中，企业实行自产自销，价格逐步放开，计划体制开始松动。个体经济和沿海地区三资企业的发展，进一步增强了市场机制的作用。在这种背景下，出现了80年代中国最令人瞩目的景象：体现市场作用的乡镇企业崛起。1984年开始全面的城市体制改革，国有企业逐步引入了市场机制，开始表现出活力。

中国人是善于思索的。1979年以来，中国越来越多的经济学人主张实行市场取向的改革。特别是人们看到，80年代改革越是深入，市场机制作用越充分的那些领域和地区，经济活力就越大，增长就越快；而在那些改革滞后，受传统计划体制束缚多的领域和地区，经济就缺乏生气，并且面对的困难也越来越多。实践使人们加深了对市场机制作用的认识，促使人们抛弃关于社会主义经济的传统观念。在80年代初已经提出了"有计划商品经济"即社会主义商品经济的命题，1992年进一步确立了社会主义实行市场经济体制的命题，实现了认识和理论的飞跃。在这一理论创新中，邓小平立下巨大功勋。他在1979年11月26日会见《大不列颠百科全书》副总编吉布尼等学者时说：说市场经济只限于资本主义社会、资本主义市场经济，这肯定是不正确的。社会主义为什么不可以搞市场经济？市场经济，在封建社会时期就有了萌芽。社会主义也可以搞市场经济。1985年10月在回答美国企业家代表团团长格隆瓦尔德关于社会主义和市场经济的关系的提问时说：问题是用什么办法更有利于社会生产力的发展。过去我们搞计划经济，这当然是一个好办法，但多年的经验表明，只用这个办法会束缚生产力的发展，应该把计划经济与市场经济结合起来，这样就能进一步解放生产力。在1992年的南方谈话中，他更进一步阐述了"计划经济不等于社会主义，资本主义也有计划；市场经济不等于资本主义，社会主义也有市场。计划和市场都是经济手段"。由此可见，邓小平不仅是中国市场导向改革的设计师，而且是社会主义市场经济理论概念的阐述者和奠基人。

由社会主义计划经济理论转变到社会主义市场经济理论，是理论的重大变革，它不仅是对传统社会主义经济理论的重大突破，而且是对19世纪马克思、恩格斯的社会主义学说的大发展。它意味着：（1）人们破除了搞生产关系不断革命的社会主义，实行以发展生产力为中心任务和主要目标的社会主义；（2）破除了"一大二公"和"纯之又纯"的社会主义，实行以公有制为主体的初级阶段的社会主义；（3）破除了普遍贫穷的社会主义，实行共同富裕的社会主义；（4）破除了闭关锁国的社会主义，实行全面开放的社会主义；（5）破除了产品社会主义，实行商品社会主义和社会主义市场体制；等等。上述关于社会主义的新思维和新原理，构成了邓小平有中国特色社会主义理论的主要框架，它全面回答了在中国这样原先经济十分落后的国家，创建社会主义应该采取的道路和方法。更具体地说，回答了如何处理生产力的发展与生产关系的变革、公有制与非公有制经济、政治思想与物质鼓励、收入差别与共同富裕、市场与计划等一系列重大问题。有中国特色的社会主义理论，是以发展生产力为主线，以实现共同富裕为目标的当代社会主义，是以现代化、富裕化、公有化为旗帜的社会主义，它是科学社会主义理论的最新发展。可见，提出实行社会主义市场经济体制，是对传统社会主义理论的扬弃，是对马克思主义理论的重大发展和重大创新，它使19世纪人类思维的优秀成果——科学社会主义，真正立足于中国实际。

科学理论的力量是无限宏伟的。经历了实践检验的上述关于社会主义的理论创新，开辟了中国当代历史发展的新时期，人们将不再固守传统的高度集中计划的社会主义模式，也绝不重步苏东自由化改革的覆辙，而是在有中国特色社会主义道路的理论指引下，去创建一个更加美好的未来。

二、要充分引进和利用市场经济的"共性"机制

社会主义市场经济体制的特征是市场经济和社会主义基本制度相结合。市场经济，是社会化大生产条件下的商品经济，是市场充分发育，市场机制的调节功能得到充分发挥，成为基本调节器的发达的商品经济。古典的自由市场经济的基本构架是：独立营运的微观主体+市场价格机制。它意味着一种由自发性市场价格变动调节和引导主体活动的经济组织和运行方式，即由"看不见的手"调节的经济。20世纪30年代确立起来的现代市场经济的基本构架则是：独立营运的微观主体+市场价格机制+政府的宏观调控。它意味着政府调控和影响市场，市场引导主体活动的经济组织和运行方式，即实行"看不见的手"和"看得见的手"二者相结合的经济。显然，市场经济是一种经济活动组织的形式和运行方式。这种经济形式，以其灵敏的市场机制调节资

源分配，能使产出品最大限度地适应于社会不断变动的需求，并能使其投入量，即生产成本为最小，从而它能实现以最小投入获得最大产出。市场经济具有运行灵活、高效的优点，当然，也有市场失灵和经济盲目性带来的问题，但良好的宏观调控下的市场经济就能抑其弊而兴其利，减少其运行盲目性和发挥它的高效率，从而合理地配置资源和最多地创造财富。市场经济的上述功能和优势，体现了人类创造性的生产实践经验的积累，是人类文明的成果。在发达的资本主义国家，人们最充分地利用了市场经济而实现了经济高度的现代化，显然，社会主义国家也应该有效地和最充分地利用市场经济，以最大地提高效率，使财富最大化增值，促使生产力最迅速地发展。

市场经济的灵活运行、高效生产的功能，建立在它的一整套微观经济组织、市场组织、宏观调控组织及其功能之上，这是在几百年的历史中生长起来、不断完备和完善起来的一部十分复杂、精巧、互相促进、互相制衡的大机器。正是通过这一部庞大机器的活动，才实现着价格机制对企业和其他主体的引导和调节。实行社会主义市场经济，就是要采用市场经济的基本构架，要利用市场经济的一整套有效的"共性"组织、制度和机制。具体地说，要构建独立营运的微观主体，要建立完备的市场体系，实行放开的价格，利用自发性的价格机制，使整个经济活动建立在竞争原则基础之上。与此同时，要建立主要使用间接方法的政府调控机构，实行政府有效的宏观调控。就上述市场引导的经济运行方式，以及撑持这一运行的企业、市场、宏观调控的基本组织结构来说，社会主义市场经济和资本主义市场经济是不存在差别的。因此，中国当前要通过全面的体制改革，大胆引进和充分利用资本主义国家中行之有效的、属于市场经济共性的东西。例如要构建起以公司制为主要形式的现代企业制度；统一开放的完备的市场体系，包括建立现代证券市场和各类期货市场；分税制的财政体制；中央银行调控下的商业银行体系；多层次的社会保障体系；等等。那种关于西方的就是姓"资"，就不敢加以引进和利用的传统思维是和改革格格不入的。因为，市场机制与宏观调控机制及其基本组织结构，本身是具有共性的东西，尽管它们形成于资本主义国家，但它们本身不存在姓"资"的问题，对其有效地加以使用，正是构建市场经济体制的固有要求。中国近年来在引进市场经济的组织、机制，实行经济活动与国际接轨中已迈出了很大的步子，例如在发展证券市场，特别是股票市场，以及期货市场上，中国在几年间走过了一些西方国家经过数十年才走完的路程。由于多种条件不具备，特别是管理跟不上，制度不健全，大跨步的改革也带来了许多新问题，例如"权力经商"，钻空子谋利等，带来了一个时期内的经济秩序混乱，局部领域的"泡沫经济"的出现，加剧了经济高增长中的膨胀趋势，引起了经济运行中的矛盾。这种情况也使一些人感到市场化改革十分棘手和充满风险，产生了对进一步引进市场作用的畏惧心理。但是不能把改革中出现的矛盾和困难，归于市场机制及其组织的引进，更不能通过改革停步来消除这些矛盾。那种认为可以通过实行某种半市场半计划的东西，来消除经济生活中的矛盾，则更是一种错误的观点。中国当前经济高增长中出现的问题和困难，本质上是体制性的矛盾，在于两种体制的摩擦，它是计划体制向市场体制的历史性转换中难以避免的现象，许多行为离轨，是由于市场机制未能充分发挥作用所造成，而这些问题和矛盾也将随着改革的深化而获得解决。

三、要从中国实际出发，实行制度创新

在引进市场的改革中，也要注意那种把市场经济视为完美无缺，认为"西方的一切都好"的极端片面的认识。毫无疑问，无论是古典的自由市场经济，或是现代有调控的市场经济，也都有其固有的矛盾。人们可以看到，自由的市场经济中存在着"市场失灵"及其带来的运行障碍，它表现为19世纪以来资本主义国家发展中越演越烈的周期性波动和经济危机。而20世纪30年代以来建立于资本主义国家的有调控的市场经济，"政府失灵"以及膨胀和萧条相交替的经济运行也表现得十分明显。特别是立足于资本主义基本制度之上的市场经济，它的财产占有的不公，收入分配中的两极分化，更是一种难以解决的"制度疾患"，因而人们不能把西方国家的市场经济制度视为是"楷模"而照搬过来。这就要求我们正确地观察和对待西方经验，首先要将市场经济的"共通"的东西和资本主义私有制度区别开来，大胆吸取其"市场共性"，而摒弃其"制度缺陷"。例如，首先，不能把资本主义私有制度和两极分化的分配制度照搬过来。其次，要识别西方国家市场经济实践中成功的、有效的积极经验和那些不成功的负效应——包括经济的、思想的负效应，要大胆吸取其成功的经验，而摒弃其消极的东西，例如在利用股市机制中，不应造成投机性交易泛滥和投资性持股稀缺，否则就是丢掉了积极的东西，而吸收了消极的东西。

在实行下放自主权，放开"搞活"的改革中，也出现了把不应下放的，或是当前还无条件加以下放的统统放开的现象；在基本建设中也出现了听任各地自发地搞低水平重复，产业结构重叠的盲目发展现象。就其认识上的原因则是把市场经济当作是"撒手不管"，不了解

自由市场经济的弊端，对有调控的现代市场经济不甚了解，而对战后日本、"四小龙"等亚洲国家和地区的强化宏观调控、政府主导型的市场经济又缺乏研究。

以上情况表明，在借鉴西方国家实行市场经济的经验时，首先，要对市场经济的制度、机制、方法进行鉴别，明确其作用、积极因素与消极因素，有取有舍地引进，而不能全盘照搬，更不能取其糟粕而失其精华。其次，建立市场经济体制，要使之立足于社会主义的基础，适应于中国的国情，要利用国际经验，又要有所创新，进一步探索和形成更加完善的市场体制、组织与机制。例如，股份制的公司企业，是适应于社会化大生产和市场机制的一种微观组织形式，这种企业制度因其终极所有权和法人财产权相分离，以及维持两权的一整套法人治理机构，能做到较为妥善地处理同一企业中多个出资者之间的矛盾、所有者与经营者的矛盾，使企业成为具有充满经营活力和保持组织稳定性的市场主体。但是西方股份制公司的财产权结构，是以劳动者财产权稀缺为特征的。多数股份制企业的财产主体，是大资本和拥有各种财产的出资人，而广大职工、特别是低收入者则很少占有财产，即使是实行职工持股，由于工薪职层收入的限制，职工股份的比重微乎其微，因而，主体财产权充实而劳动者产权的稀薄，是西方股份制企业产权结构的特征，表明市场经济组织结构上的"制度"烙印。这种产权结构中存在着所有者权利（以及从属所有者的经营者权利）和劳动者权利的矛盾，劳动者因为缺乏产权主体地位而难以调动他们的积极性。显然，对于一个社会主义国家来说，在利用西方股份制企业的经验时，就应该根据兴利除弊的原则，采用股份有限公司的产权结构，使企业成为拥有法人财产权的独立的市场主体，解决所有权与经营权不分、政企不分的问题。与此同时，人们还应该进一步探索更广泛的职工持股制，以及股份合作制等形式，进一步强化劳动者直接产权，以形成职工和企业在财产利益上的密切联结，最大限度地调动广大职工的积极性。也就是说，既要利用股份公司的组织结构，但又应引进和强化劳动者的股权，从而使股份制企业在股权结构上体现社会主义的特色，这应该是当前公司化改革的一项目标。

总之，在借鉴西方国家经验，引进市场经济的组织、机制中，要持理智的态度，区别利弊，有所取舍，更重要的是有所发展，大力创新，从而使市场经济制度牢固建立于中国社会主义经济的现实基础之上，并充分适合于中国的国情。

四、要实行市场经济与社会主义基本制度相结合

社会主义市场经济，毫无疑问是建立和实行于社会主义国家。社会主义国家中构建起来的市场经济，不可能没有其制度特色。在中国这样的社会主义国家，建立社会主义市场体制，不仅要大胆地引进市场经济的共性事物，而且要使市场经济的组织、机制与社会主义基本制度相结合，也就是说要使市场引导和调节的经济运行立足于公有制为主体的地基之上。关于市场经济的传统经济理论，不论是传统的马克思主义理论，或是从斯密到科斯等西方经济学家所阐述的经济理论，都认定市场经济不能与社会主义所有制相兼容。按照这种理论，人们就只能持下述观点：要搞市场经济只能实行私有化，或者是，要坚持社会主义公有制就只有排斥市场及其机制。这种市场与社会主义两极对抗的传统思维模式和理论结构是站不住脚的。

社会主义基本制度的特征是：在所有制上实行以公有制为主体；在分配上实行共同富裕，而共同富裕又是立足于以公有制为主体的基

础之上。可见，社会主义市场经济是植根于公有制为主体的基础之上的市场经济。因而构建社会主义市场经济的根本问题，就是要在社会主义所有制框架中，形成发达的市场，使市场机制充分起作用，同时，又要使由市场直接调节的经济运行，不仅不削弱其公有制基础，而且能不断壮大和巩固这一基础，从而实现市场经济与社会主义所有制有机结合。尽管许多经济学家长期以来，曾经从关于公有制的抽象定义及其本性出发，一再否定了市场与社会主义的兼容性。但是，1978年以来，我国出现了把市场引进于社会主义经济中不断取得成功的实践，又一再把兼容问题提到人们面前。人的认识、思维的真理性问题，本质上是一个实践问题，上述能否兼容问题只能解决于实践之中，而不是裁定于书斋里。1978年以来中国进行的引进市场的改革实践中，出现了一种经济的二重发展和二重结构。一方面，在实行多种所有制和发挥市场作用的条件下，80年代初，个体经济、私营经济的快速增长，自发产生了"温州模式"，加以"三资"企业的发展，在中国出现了一个以非公有制为基础的市场经济结构。与此同时，80年代初，乡镇企业、城市集体企业迅速增长，产生了"苏南模式"。乡镇企业的异军突起，是中国80年代改革中意义最重大的成果，表明了传统农村集体经济在市场机制作用下实现了机制的转换、组织的重构和技术上的充实。市场经济改造了传统农村以及城市集体经济，使它们初步获得了与市场相兼容的机制与组织形式。此后，在市场机制的改造作用下，在农村还出现了在土地公有制基础上的股份合作制经济和其他类型的股份合作制经济，它们以其更加清晰的主体产权，进一步增强了与市场机制的兼容性。可见，中国乡镇企业和新集体经济这一改革的新创造，实际上对经济学家争论不休的"市场能否与社会主义兼容"的哥德巴赫论题给出了解。

在中国从1984年起开展的全面城市经济体制改革中，传统的国有企业在经历扩权、让利、承包、租赁等改革中逐步增强了活力，获得了对市场一定的适应性。特别是发轫于1984年、1992年以来全面推开的企业股份制改革，使一批试点企业明晰了产权，逐步走向自主经营，自负盈亏，自行发展，自我约束，可以说初步转换了经营机制，成为市场主体。在中国出现了一批产品质量好、效益高的国有企业，加上集体企业，人们可以看出：中国经济开始形成以公有制为基础的市场经济结构。

15年改革的实践表明：公有制经济——不论是集体经济还是国有经济——通过转换经营机制，可以成为适应市场机制的、反应灵敏和自动运作的微观主体，实践证明了社会主义所有制基础上实现市场化和引进市场机制的可能性。再借助分配制度的改革和加强政府对收入分配的调节，以及建立完善的社会保障体系等，人们就有可能更好地贯彻公平原则和逐步走向共同富裕。归根到底，实现市场经济机制与社会主义基本制度的有机结合，已不再是一个能与不能的问题，而是如何使二者结合得好，如何使兼容度最大增强的问题。

使市场经济机制与社会主义基本制度有机结合，将使中国的新经济中，不仅有市场调节的经济的灵活性和效率性，而且有占有和分配的公正性；不仅有最大的增值，而且有人民的最大福利。中国正在构建的市场经济将日益体现社会主义的性质和优越性，体现"社会主义本质，是解放生产力、发展生产力，消灭剥削，消除两极分化，最终达到共同富裕"的性质和特色。再加以大力培育中国社会主义新观念，充分吸取西方现代科学文化以及中国传统优秀文化道德、观念，中国的市场经济将进一步体现东方的、中国的特色，体现不同于西方国家的市场经济和西方社会的新特征。而创建这样的新经济体制就是我国改革的目标，这是摆在中国全体人民面前的历史重任，这一任务无疑是十分艰巨的，但却是完全可以实现的。

五、要寻找和确立公有制新的实现形式

建立社会主义市场体制，需要进行全面的体制改革，其具体要求是：构建市场经济的微观组织；发育市场，放开价格，发挥市场机制的调控功能；建立政府的宏观调控体系；构建规范主体行为的法律、制度和规章，形成公平竞争的经济秩序；建立维护劳动者利益的社会保障体系，等等。建立市场经济的微观基础是全面改革的中心环节，而这一微观组织的构建，要求改革现行各种经济成分的企业组织结构和机制，使之成为能适应价格机制运作的市场主体。

国有企业是社会主义经济的重要支柱，是我国国家财政收入的主要来源，其上缴税利占财政收入的70%，其职工占城镇社会劳动力总数的70%左右，国有企业营运与整个国民经济的运行状况直接相关。可见，国有企业的改革是中国改革的重点。特别是由于社会主义市场经济立足于公有制主体之上，因此国有企业搞好改革，实现转制和转机就十分重要，可以说，这一改革将决定中国整个改革的成败。传统的国有制企业是按照计划经济的要求组织起来的，传统的企业模式在组织形式、产权制度、内部各种制度以及政府管理方式，都是与市场经济的运作不相适应的。统负盈亏的国有企业"两只眼睛盯住政府"，企业对市场参数反应迟钝，企业活动脱离市场作用，这样的企业不可能成为市场主体。与市场格格不入的传统的结构与机制，造成企业缺乏不断争取产品适销、降低成本、增大盈利的行为动机和能力。可见，为了构建社会主义市场经济，必须对传统国有制企业进行

脱胎换骨的改造，彻底转换经营机制，使企业成为自主经营、自负盈亏、自行发展、自我约束、适应市场而独立运作的微观主体。

对国有制企业的改革，经历了实行扩权让利的政策性调整阶段，当前进入了根本性制度创新阶段。80年代初对企业实行扩权、让利、搞活的改革在一定程度上起了搞活企业的积极作用。但由于改革停留在表层，而未能触动传统企业体制框架，未改变企业产权结构，因而出现了企业自主权有所扩大却不能做到独立经营；自有资金开始形成却不能拥有法人的经营财产权；利益激励机制开始形成但缺乏自我约束。企业一方面有新的经营方式的引入，但仍处在传统的制度结构下，而企业不能突破传统制度结构，也意味着直接干预企业活动、政企不分的政府管理体制难以改革，从而造成自主权长期难以落实。可见，不触动体制框架的政策性调整，不可能根本转换企业机制，使企业活力充沛和行为健全，真正成为市场主体。

人们已经看到，在实行承包制下企业普遍片面追求承包期盈利极大化，不重视和主动关心国有资产保值和增值。由国家负无限责任，即"吃国家大锅饭"的传统体制以及"慈父主义"的政策优惠，使企业缺乏"反求诸己"，不断追求管理完善和技术进步，以提高效率的内在动力。在负盈不负亏的单向利益驱动下，企业表现出投资饥饿和消费亢进的短期行为。总之，只是政策上进行微调，在管理上、利益上实行松动，而未能在制度上实行创新，国有企业不可能实现机制转换。改革不到位的企业行为，既有对市场不反应或反应迟钝的行为僵化，又有对市场反应不良造成的行为畸形。这样的企业行为机制，不仅使企业活动难以适应市场，加大企业营运中的困难，而且抵消和排斥市场机制的作用。可见，为了使企业行为适应市场，对国有企业进行深层次的改革和制度创新就是不可避免的。

1993年《中共中央关于建立社会主义市场经济体制若干问题的决定》的公布，标志着国有企业实行企业制度创新改革的开始。企业制度创新的具体内容是建立产权清晰，权责明确，政企分开，管理科学的现代企业制度。企业法人财产制度是现代企业制度的核心内容。提出建立现代企业制度：（1）就是要通过构建国家所有权而企业拥有实际支配权的财产权构架，确立企业的产权主体地位；（2）用法律形式划清出资者和企业法人各自拥有的财产权，明确规定出资者享有资产受益权、重大决策权（通过法人治理机构）和选择管理者等权利，但不再从事经营管理，政府不再干预微观活动，由此把政企分开，确立企业独立经营主体的地位；（3）企业作为法人，财产自负盈亏，独立承担风险，出资人负有限责任。可见，实行法人财产制度，旨在保持国家所有权基本框架下，实现企业经营独立，使企业真正成为一个拥有全部自主经营权力、必要利益和承担责任的市场主体，从而彻底解决了传统国有企业制度所有权与经营权不分、政企不分的弊端。建立现代企业制度的主要途径是建立和发展公司制，即国有企业一部分要实行独资、合伙形式，其主要部分要改造成为公司企业，特别是产权主体多元化的有限责任公司和股份有限公司，在此基础上进一步实行联合化、集团化，这样就能实现适应各类企业具体情况的产权结构的重组和优化，使企业的单一国有产权结构转变为多元化的国有产权（多个国有法人持股）、多元公有产权（国有+集体的产权结构）、多元混合产权（国有+集体+私有+个人的产权结构）等。这种多样化的产权形式，不仅有利于筹集资金，分散风险，而且有利于企业组织结构和产品、行业结构的调整，有利于政企分开，更重要的是它使国有企业获得一个适应市场经济的新的产权结构和新的组织形式，从而真正实现机制的转换，并由此使国有经济与市场经济相兼容。

建立现代企业制度，不仅要进行企业产权制度、组织形式的改革，而且要求实行科学的企业内部管理制度，包括企业内部组织制度、领导体制、新的财务制度等，也就是要实现企业财产、组织、管理的全面现代化和科学化，并和国际上通行做法接轨。

建立现代企业制度，不仅涉及国有企业，涉及国有企业的新组织形式的创造，而且涉及整个国有经济的重组，涉及国有经济在整个国民经济中的比重和在各个部门、产业、行业中的比重变化和配置优化。这种新型国有经济由此将获得活力与生机，表现为有更大的营利性，实现社会资本的更大增值，国有经济将实实在在地发挥其主导作用。可见，不能把以建立现代企业制度为目标的改革，视为是把原有国有企业翻牌为公司，而要看到创建公有制实现形式的实质，要认识到这是一次国有经济的深刻变革和创新，国有企业老框架的被破除和新制度的形成。推进这一改革，有赖于人们对国有经济在观念上的更新。

六、要大力加强社会主义精神文明建设

实行社会主义市场体制，要求人们更加重视社会主义精神文明的建设，大力发扬集体主义、爱国主义精神，大力培育正确的价值观、人生观，提倡积极向上和文明高尚的思想、情操。总之，要在广大群众中努力灌输、培育进步思想意识，形成支撑社会主义市场经济体制的精神支柱。

市场经济建立在物质利益原则之上，实行利益驱动和利益约束，是一种由主体的利益来调节的经济自动运行，可以说，市场体制构建于和依赖于主体对自身利益的关心。社会主义市场经济体制，由于是以公有制为基础，因而公有主体对自身利益的关心，绝不是私有制

市场经济中那种纯对私人利益的追求。社会主义企业中，人们不仅关心个人利益，即存在"益己"动机，而且关心企业集体利益，即存在"益企"动机（包括关心国家利益）。为了"益己"它必须"益企"，主动关心和搞好集体生产，而人们的"益企"动机和行为，也包括"益己"，即对个人利益的关心。也就是说，主体对自身利益的关心，体现了"益己"与"益公"的统一。以上的利益动机和思想观念已经不是书本上的说教，而是一种实际，它体现在中国的乡镇企业、集体企业，以及改制的国有企业的职工行为中。可见，实行社会主义市场经济，就要提倡一种以国家、集体、个人利益关系的恰当安排和正确处理为内容的集体意识，而不是要重塑斯密描绘的经济人。

社会主义意识的产生和发芽、生根，要经历一个长期的精神文明建设的过程，特别是在现阶段，即初级阶段的社会主义条件下，思想意识领域出现了十分复杂的情况，它表现出多种观念的并存杂处。特别是实行市场化改革和对外开放，带来了一场经济组织、活动、交往方式的深刻变革，由此不能不引起人们的生活方式、思想方式、价值观念的深刻变革。这一思想意识变革是积极的：（1）它首先改变了数十年传统计划体制下形成的陈旧观念和思维模式，确立起适应于市场经济的经济观念和思维方式，它启发和唤醒劳动者的主体意识、参与意识、积极创造与创新意识。人们可以看见，积极投身社会主义市场经济的亿万人民表现出了前所未有的积极性、创造性和首创精神。（2）它进一步破除了几千年历史沉积起来的旧观念。15年来，依附于计划体制，根植于旧中国，千百年来形成和积淀起来的旧观念真正地土崩瓦解了，破旧的深刻意义是前所未有的。

在这一变革过程中也有消极因素的引进和滋生。它表现为，根植于西方社会的和在市场体制下获得强化，变本加厉的各种各样的西方观念也大规模地输入和迅速扩张。各种时髦的西方奢侈享乐方式，十分丑恶的腐朽生活方式和风气，也在一些领域蔓延开来。特别是金钱至上、唯利是图的极端个人主义，又借"观念更新"而迅速滋生。因此，市场化过程中也产生了某些领域内思维方式、价值观念、行为方式和生活方式的西方化倾向。极端个人主义和腐朽的享乐主义，为西方发达市场经济国家带来越来越多的社会矛盾，造成无穷弊端，引起人际关系的"疏远化""冷漠化"，成为高度文明社会的"不治之症"，这对我们应是前车之鉴。对于一个社会主义国家来说，如果思想滑坡、风气败坏、生活腐化，即使经济上去了，也绝非社会真正的进步。特别是西方以个人主义为核心的价值观念、道德标准、生活习惯，若照搬过来，将对中国的经济条件与文化、风气传统下的社会生活带来巨大的冲突，并且产生涣散人心和破坏东方国家的社会凝聚机制的消极影响，从而不仅不利于缓解市场机制下的经济、社会矛盾，而且会加剧这一矛盾。

可见，要建立社会主义市场经济，在文化思想上，应以有中国特色社会主义理论为指导，坚持充分吸取人类文化的优秀成果，包括西方文化的精华，而弃其糟粕，特别应坚持批判地吸取从孔夫子到孙中山以来，几千年形成的中华优秀文化遗产，要珍视和吸取我国先贤梳理出来的人生观、道德观、哲学观等优秀文化遗产，由此来塑造和形成广大群众积极向上的心理和健康的精神世界，来支撑和促进社会主义市场经济体制的发展和促进中国的现代化。

世界历史已经表明，现代化不等于西方化，更不等于观念、理论、思维的西化。二战后一些亚洲国家力图实现一种与本国发展需要相适应的市场经济模式，也力图保持和培育一种与本国国情相适应的东方文化意识，以在现代化过程中增强社会的稳定和民族凝聚力。一些国家和地区，例如"亚洲四小龙"在这方面取得了成功。中国当前的主要任务是：（1）建立与本国情况相适应的社会主义市场体制；（2）大力进行社会主义精神文明建设，提高群众的文化教育水平和道德情操，培养爱国主义、集体主义、社会主义的观念，以更高更健康的主体思维和行为来支撑社会主义市场经济体制。中国在实现现代化中必将走出自己的道路。

论中国渐进的体制转型及其矛盾[①]

一、中国体制转型的渐进模式

1978年以来中国进行的体制改革，即由社会主义计划体制向社会主义市场体制的转型（transformation）——简称体制转型，取得举世公认的巨大成功。改革给经济带来活力，加快了经济发展，增强了国家综合实力，提高了群众生活水平，促进了政治稳定、民族团结，推动了社会全面进步。中国的改革成为世界社会主义国家成功的改革的范例，并对世界范围内的改革起着重大影响。

渐进性是中国改革和体制转型的鲜明特征。改革先从农村启动，进一步在城市开展；由计划体制外围部分的改革——搞活农户经济，发展个体经济和乡镇集体经济——进至体改的核心部分，即国有经济领域；由国有企业的改革开始，然后扩展到计划、劳动、流通、外贸、金融、财政等领域，演化为整个经济体制的全面改革。在开展经济体制改革中，还相应地开展教育、文化和政府职能的改革，并着手

① 原载《经济学家》1998年第2期。

进行以扩大民主和实行法制为内容的政治体制的改革。

中国渐进的改革是以邓小平建设有中国特色社会主义理论为指导，以建立社会主义市场体制为目标，在改革中，坚持党的领导，加强自上而下的引导、发动，调动和依靠群众的积极性和广泛参与，先行试点，总结经验，由点到面，由表到里，有目的、分阶段地推进。中国创造出了由计划体制到市场体制的渐进转型模式，这种方式是与社会主义国家改革的性质与规律相适应的。

第一，改革性质。由社会主义计划体制到社会主义市场体制的模式转换，无疑，是十分深刻的体制变革与创新，是一场革命。但它毕竟是公有制基础上的体制转换，是"社会主义的完善"，而不是社会制度的根本变革，更不是全面"私有化"。社会主义改革和体制转型的性质决定了不能采用一个阶级推翻另一个阶级的"社会革命"的方式，不能用不顾条件的许可，一步到位的"休克疗法"，而只能在共产党的领导下和保持社会稳定与经济稳定的前提下，有目标、有秩序地进行改革。

第二，改革要依靠实践经验。当代社会主义是实践中的社会主义。实行社会主义市场经济体制，是前无古人的新事物，怎样来进行这场深入、全面的改革，使公有制与市场机制相结合，人们不可能从书本上找到现成的答案，而只能在总结实践经验中前进。特别是改革是一场制度大创新，它涉及体制的方方面面，是一个系统工程，要求各种改革互相配套，减少体制上的互相制约和摩擦。实践表明，改革要依靠总结实践的经验，从中上升为理论，再用它来指导改革的实践。显然，有关进行改革的理论的形成，必须有"摸着石头过河"的实践经验的积累和科学总结，这就有一个过程。照抄东方和西方的教科书，靠本本来制成改革的药方，只能使改革走入歧途。

第三，改革尽管不改变社会主义公有制基础，但毕竟会带来所有制结构和公有制实现形式的变化，由此引起利益格局的重大变化。一些改革措施会使某些人有所失，在心理上带来强烈反响，甚至会影响改革的亲和力。因此，需要在改革中使经济关系的调整，保持在社会主义制度框架内和群众可承受的限度内，以保持稳定，这就要求人们根据现实情况，掌握好改革力度，一些重大的变革也可能要分步走，逐步完成，以缓和人民内部矛盾和最大限度地调动群众参与改革的积极性。

第四，改革总是在现实的宏观环境中进行。转型时期改革释放的体制活力，促进经济高速增长，也会带来经济运行的矛盾，"一放就活""一活就胀"，随之而来的紧缩，这种由于体制内在摩擦带来的经济运行的周期性，在转型时期是难以避免的。此外，日益国际化的经济，在运行上还要受到世界经济变动的影响。可见，改革受到环境制约是客观存在。这也决定了人们只能审时度势，适应经济运行的势态和客观条件，来规划改革，确立其主攻领域，掌握好力度和节奏。不顾宏观条件的变化和许可，孤立地"深化改革"，是不可能取得成功的。

第五，以上四点表明改革只能逐步推进，采取渐进转型的模式。那种不顾条件的许可，不进行充分的试点，顺应各种各样的自发势力的一哄而起的改革，将使体制要素更难以配套，加剧体制摩擦，造成更大的制度漏洞，造成主体行为的扭曲和秩序的破坏，这种改革将使人们付出更多的学费。至于那种苏东国家采用的以私有化为内容的"休克疗法"，不仅使改革离开社会主义的制度基础，而且它带来经济秩序和经济运行的大混乱和生产的大破坏，引发社会大动荡和连续的政治危机，使改革走入难以自拔的泥潭。

二、中国渐进性改革的进程回顾

中国的经济模式转换已经进行了近20年。1978～1984年改革拉开序幕，1984~1991年是改革的初始阶段，1992年以来是改革进一步深化和全面推进阶段。19年来改革的道路并不平坦，遇到许多困难，也付出一些学费，但总的说来，整个改革过程是有序地向前推进，健康地发展。改革的渐进性是有序性的重要条件。

党的十一届三中全会提出了进行改革的方针。1978年底到1983年，改革在农村拉开序幕，实行了农产品调价，采取多种经营和集市贸易等措施，改革的中心是实行家庭联产承包。经过1979年以来在四川、安徽的试点和逐步扩大，演变为1982、1983年全国范围内家庭联产承包化的农村改革，1984年底，全国有1.8亿农户（占全国农户总数的98%）实行了家庭联产承包。这一改革废止了在农村实行多年的僵硬的计划体制，在土地集体所有制基础上，使亿万农民成为自主进行商品生产的市场主体。

农村经济市场化的发展，使按市场方式营运的乡镇企业自发地产生。尽管乡镇企业在占统治的计划体制的束缚下历尽艰辛，但这一市场经济的要素，却表现出充沛的活力，冲破了重重行政障碍，在一些地区——首先在东南沿海地区——"异军突起"。此后，由于政府的提倡，而在全国各地普遍地发展起来，成为中国经济的重要组成要素。

农村经济的市场化，启动了城市经济的市场化，1984年开始了城市经济体制改革，其主要内容是：（1）赋予企业以自主经营、自负盈亏的权力和责任，以增强企业的活力；（2）改革价格体系，适当放开价格，形成市场机制，增强和发挥市场配置资源的功能，与此同时，改革和削弱用行政力量配置资源的计划体制；（3）改革政府管理经

济的方式，实行政企职责分开，简政放权，减少政府对企业活动的干
预，着眼于宏观调控；（4）其他经济领域的改革。

城市改革经历了一个"摸着石头过河"的过程。对于国有企业如
何改革，价格如何放开，这两大初始改革的目标和方法是什么，不可
能一下子就弄得清楚。改革措施也一再变化，例如国有企业改革就经
历了扩大自主权，两步利改税，全面实行承包制，转换机制等阶段。
价格放开，有时表现出行动迟缓，有时又想跨大步。但是改革始终是
以企业搞活和价格放开为中心，大方向是正确的，步伐是稳健的，市
场体制的要素与机制逐步引入，传统的计划体制的要素和机制逐步被
削弱和取代。80年代，是中国经济体制一步步变革，活力逐步增强的
时期，尽管两种体制并存和摩擦带来了经济运行的诸多矛盾，出现过
三度通胀，发生过生产的较大起落，但是GDP平均年增9%，群众的生
活水平不断提高，表明改革的发展是健康的。

对外开放，引进外资，特别是实行特区，在中国的改革中起了重
要的作用。实行对外开放，不仅引进了资金、技术，而且引进了现代的
科学管理，带来了观念的更新。经济特区是对外开放的先行区域和"窗
口"，全面改革的试验田，它不仅积累了引进外资，搞好"三资"企业
的经验，而且也提供了城市全面改革的经验。经济特区发挥了强劲的辐
射作用，它带动了沿海与内陆地区的开放和国有经济的改革。中国传统
体制的改革是在两大领域的先行改革推进下启动的。这两大领域的改
革，一是农村改革，另一个就是特区与沿海地区的改革。

1992年小平同志发表南方谈话，1992年10月党的十四大，根据小
平同志有中国特色的社会主义理论，确立以社会主义市场体制为改革
的目标模式，从此，改革的方向更加明确，改革的基本道路、方法
也更加清楚。在中国出现了一个大改革、大开放的热潮，并由此促

使国民经济大发展。由于出现某些经济过热，物价一度增长幅度过大，1993~1996年进行了一轮加强宏观调控，着力解决、抑制通胀。1993~1996年间的加强宏观调控的可贵经验是：把实行适度紧缩和深化改革结合起来，制定和坚持"抓住机遇，深化改革，扩大开放，加快发展，保持稳定"的方针，国有企业建立现代企业制度的改革在试点中取得了经验，"三改一加强""抓大""放小"，国有经济战略性的改组等方针不断地得到落实，国有企业结构调整和组建大集团，取得成果，一批国有明星企业在改革中已经表现出它的活力和市场竞争能力。此外，大部分商品的价格已经放开和在市场竞争中形成，市场机制日益成为配置资源的主要力量。财税、劳动、商业、物资、银行、外汇等方面的配套改革也在向前推进，政府管理经济的方式也在由直接管理企业，向进行宏观调控转换。

中国改革经过1979~1983年的序幕，1984年以后向计划体制核心部分推进，以及1992年后的改革步伐的加快，在模式转换中迈出了重要的步子。就当前来说，可以说传统的计划体制在很大程度上让渡于市场体制，市场机制已经开始起着国民经济——除了价格尚未放开，直接的计划管理尚未改革的部分领域——的基本调节者的作用。近20年的改革，尽管步伐有时快有时慢，但却是向着经济市场化、国际化的方向不断迈步前进，使市场体制的框架初步形成。这一场对中国50年代形成的传统体制的大改革，在量变的积累中实现了局部质变。新体制在大范围内日益取代旧体制，使中国经济活力明显增大，它表现在1993~1996年，尽管进行了经济紧缩，物价增幅下降到1996年的6.1%，但是经济增长仍然保持9%以上的高增长，宏观经济运行平稳。实践表明中国采取稳健的体制转型路线与方法是正确的。

三、改革过程中的难点突破

体制转型是一个大系统工程和长改革链，各个链条和环节是互相制约，互为因果。渐进性转型要求改革配套，使各个链条、环节在改革中互相适应，互相促进，形成良性连锁作用，促进改革全方位联动。当然，现实的改革不会这样顺利，这是由于社会主义国家的体制转型是史无前例的，人们不可能一下子就弄清体制转换的客观规律，做到全方位改革的良好配套；特别是传统体制在变革中会形成复杂的利益格局，从而会给改革带来各种矛盾和阻力。可见，改革遇到难点，某些时期一些环节出现改革滞后，是难以避免的。一些环节改革的滞后，将影响改革的传递和整体推进，特别是中心环节改革的滞后，对体制转型的制约作用更加显著，甚至出现改革"卡壳"或胶着状态。在经济运行出现某种困难情况下，还会有"走回头路"的可能。因而，争取各个环节改革形成良性连锁反应和全方位联动，防止改革中出现"卡壳"，就成为保证渐进性改革顺利健康发展的一个至关重要的事。

国有经济体系改革是社会主义体制改革的核心，企业改革又是整个国有经济体系改革的中心。渐进性的国有企业改革，由于：（1）它是由生产关系浅层次，例如由一般分配关系逐步深入，进入深层次的财产权关系，改革深化必然要触动产权，引起所有制实现形式的调整，由此牵动利益格局的大调整。因而，改革越深化阻力也越大。（2）企业改革的深化涉及金融、财政、劳动、社会保障，要求体制各环节的改革配套进行。改革的有序全面推进，涉及诸多部门，政府职能转换更涉及原来的大政府体制下人数众多干部的转业和安置，显然这是一个艰难课题。因而国有企业改革的逐步深入，面对的困难加大，在一定时期国有企业改革出现进展缓慢和改革滞后局面是不奇怪的。关键在于政府能否及时采取切实有效的措施，针对主要矛盾，抓住重点，突破难点，由此启动全方位的改革。具体地说，要把国有企业的改革作为重点，集中力量，攻克难关，由此推进全面的改革。改革的逐步深入——困难的增大——重点的突破——改革势头的重新启动和全面的推进，就是渐进性改革的辩证的进程。

中国的体制改革，特别是核心体制部分的改革已进行了多年，尽管迈出了若干关键性的步子，但是改革在许多方面，面对着阻力而难以推进。更具体地说：（1）国有企业尚未完成向市场主体的转换；（2）完备的市场体系尚未形成，价格的市场形成和市场调节机制尚未健全；（3）银行金融体制的改革只是迈出最初的一步；（4）社会保障体制的改革还受到条件的制约；（5）特别是政府职能转换滞后和实现政企分开，更是当前改革中的一个难点。因此，尽管改革已进行了19年，但体制转型远未完成。

国有企业的改革进行十分艰难和出现改革滞后，在我国体制转型中表现得十分明显。我国国有企业改革萌芽于1979年的四川，1984年正式在全国拉开帷幕，改革迄今已进行了十多年，经历了多种试验，但是在机制转换上并未取得突破性的进展。总的来说，企业有了不同程度的自主权力，但微观活动尚未真正摆脱政府的干预；企业引入了激励机制，但还缺乏自我约束；企业已被迫面对市场，但仍然"一只眼睛盯着政府"。这样，企业仍然处在体制转换的中途。国有企业的改革是我国经济体制改革的中心环节，国有企业改革迟缓和滞后，不仅仅影响银行、财政、社会保障等领域改革的推进，而且改革不到位的国有企业，不仅包袱重，而且软预算约束使企业必然表现出投资饥饿、消费亢进等畸形行为，它造成转轨时期经济的多样矛盾，带来经济运行中的"一放就涨""一管就死",通胀激化,特别是企业缺乏活力和自我调整能力,造成产品不对路和竞争力低下,使国有企业越发不适应市场需求变化和竞争越发激烈的新形势。无论是就渐进性改革所要求的体制各个环节良性连锁反应和全方位联动来说,或是从我国改革现实发展的要求来说,狠抓国有企业改革,进行攻坚,取得突破性的进展,都是迫切需要的。

党的十五大,把加快国有企业的改革提上全党的重要议事日程,对社会主义所有制理论进行了新的阐述,提出了国有企业和国有经济进行战略性调整的新措施,指出:"深化国有企业改革,是全党重要而艰巨的任务,要坚定信心,勇于探索,大胆实践……开创国有企业改革和发展的新局面。"并且提出在三年内国有经济经营状况有明显改善的要求。十五大还对推进各方面的改革做出了部署。十五大以极大的政治勇气与理论魄力,制定了攻克难点,重点突破,带动改革全面发展的有效措施。十五大是我国改革发展过程中又一次重要的政治启动,它将大大加快我国新旧体制模式的转换。

四、国有企业改革进程的反思

我国渐进性改革取得举世公认的成绩,如果说存在问题,主要问题是国有企业改革的滞后以及由此带来的改革成本累进性的增长。这种改革成本在当前国有企业的亏损增大,效率降低中表现得十分明显。除此而外,在世界性的经济改革和转型的背景下,各国在经济上进行激烈竞争格局下,国有企业改革滞后带来的转型迟缓,以及由此带来的经济矛盾,也加大了转型的风险。因此,在当前贯彻十五大提出加快国有企业改革的时候,有必要对国有企业十多年改革的进程进行反思，冷静地总结经验教训。国有企业改革的滞后，其主要症结有：

（一）企业改革的理论认识问题

改革需要理论指导，渐进性改革要有序地推进，更需要理论指导。我国1978年底以来，在改革开放总设计师邓小平的指导下，实行了以市场取向的改革，坚持了改革的正确方向。小平同志在1978年就提出社会主义也可以实行市场经济的设想。国有企业改革的实践，总的脉络是实行市场取向的大方向是正确的，但是经济体制改革的目标模式是什么在一段时期内未能在理论上加以明确。就国有企业改革来说，是大改、小改、如何改、从何处开始改，这些问题最初更不可能就搞得很清楚，改革只能"摸着石头过河"，走过了扩大自主权、两步利改税、承包制、转换机制和制度创新等阶段。企业改革政策需要不断调整，这表明认识必须来源于实践，表明认识需要不断深化。要求人们在认识上一步到位，彻底搞清和掌握有关企业改革的规律是不现实的。但是也要看到政策几年一变，会给工作带来困难，造成基层行政单位与企业无所适从。国有企业深化改革，一是需要明确方向，即以构造市场经济的微观主体为目标，二是需要进行深层次改革和触动产权制度。改革的深入，要改变公有制实现形式，要利用股份制及多种新经营形式。但是由于传统的理论的束缚，陈旧的"姓社姓资"的思维定式，造成对这些问题的认识分歧和无穷争吵，甚至先行改革者受到责难，从而造成一段时期一些地方国企改革踟蹰不前。可见，国有企业改革的深化，关键是思想认识的明确和阻力的突破。

小平同志南方谈话和党的十四大，确立了以社会主义市场体制为目标，十四届三中全会确立了以建立"产权明晰，权责明确，政企分开，管理科学"的现代企业制度为国有企业改革的目标模式，党的十四届五中全会和近年来江泽民同志又基于改革的新经验，进一步阐明了国有企业改革的目标和重大方针政策。如果说1992年以前国有企业如何改革还不是很明确，那么目前有关企业改革的性质、目标、路线和基本措施已经明确。特别是党的十五大，在社会主义所有制理论上进行了新的理论阐述，做出了重大理论突破，阐述了我国所有制结构实行公有制为主体和多种所有制共同发展；阐述了公有制的含义，公有制为主体，国有经济为主导的内涵；强调了国有经济质的重要性，要讲求控制力和提高竞争力；提出了"公有制实现形式可以多样化，而且应该多样化"和"一切反映社会化生产规律的经营方式和组织形式都可以大胆利用"的重大命题；阐述了股份制和股份合作制的性质和重要作用。十五大的上述理论阐述，进一步解决了国有企业和国有经济深化改革，进行战略性大改组的问题，特别是给近年来有关股份制的争论打上了句号。十五大最重大的成果是号召全党全民高举邓小平理论的旗帜，以小平同志倡导的"三个有利于"为标准，在改革上开拓进取。十五大在所有制改革上开创了新一次的解放思想，解除了造成人们在国有企业改革因"姓社姓资"而"束手束脚""无所作为"的传统的、过时的理论禁锢，为人们在改革上进行大胆创新，扫清了思想障碍。而改革中的敢于开拓，大胆创新，更是在中国这样的地域广大、情况复杂的大国，实事求是地推进改革的思想条件。如果说，党的十四大标志着我国国有制改革走出了"摸着石头过河"的阶段，而进入自觉推进的阶段，党的十五大则使国企改革方向更明确，措施更具体，特别是使思想更解放，十五大为真正组织起国有企业改革攻坚战创造了重要的思想基础。为了推进国有企业改革的深化和健康发展，当前最重要的是深入学习邓小平理论，高举旗帜，坚持党的十五大路线和方针，特别是十五大有关所有制和国有企业改革的重要理论，认真加以贯彻落实。当前，各级干部都需要加强邓小平理论和十五大精神的学习，特别要重温小平同志关于社会主义初级阶段的理论，结合近年来国有企业改革开放中的新情况、新问题，解决好各种思想障碍，增强深化改革的信念，以更大的决心和更高的热情，目标一致地和同心同德地来推进振兴中华的改革大业。当然，国企改革还存在许多难点，也有认识的分歧，但是应该坚持以"三个有利于"为标准，走实践检验真理的道路，不搞无谓的争论。总之，坚持以邓小平理论为指导，认真落实十五大精神，解放思想，实事求是，胆子更大一些，思想更活一些，国有企业改革完全可以开展得更好，步子可以加快，转型的难关完全可以攻破。

（二）企业改革的难点问题

国有企业的改革是体制改革的中心环节，是改革的重点，也是改革的难点。当前，国有企业改革应该实行微观抓搞活，宏观抓改组，做到两个方面同时并进，互相促进。十五大吹响了国有经济（行业、区域）调整和企业结构调整的号角。一场以盘活存量，优化企业组织结构和资本结构，实现规模效益为目标的资产重组，正在全国范围内展开。国有经济和国有企业结构的大改组，已经为人们普遍关注。但是，国有企业的制度创新和企业机制转换，始终是体制转型的难点和重点。国有经济的活力来自：（1）企业体制和机制转换；（2）企业组织结构调整；（3）国有经济的整体结构优化。但体制和机制的活力无疑是起决定作用的。即使企业实行了资产重组，组建了大集团，但离开了有成效的改制转机，仍然难以形成生产力，甚至还会因体制不顺，块头增大，矛盾增多，而出现"并大"的企业更难以正常运行的风险。可见，当前应该把宏观抓改组和微观抓搞活相结合，特别是要把搞好企业的改制转机，作为新一轮国有企业改革的重点。

企业的改革旨在构建在组织结构和运行机制上适应市场的微观主体，因此国有企业就需要进行制度创新，彻底转换机制，使企业成为独立的市场竞争主体和法人实体，实现自主经营，自负盈亏，自我发展，自我约束，从而使企业拥有适应市场不断进行自我调整和自我完善的行为，成为真正的企业。为此，国有企业的改革要坚持以建立现代企业制度为目标模式。现代企业制度的基本形式是公司制，主要是股份公司。公司制是资本联合，它使个人资本转变为联合资本，从而使小资本转变为大资本，以适应于现代化大生产发展的需要。特别是股份有限公司，通过资本社会化，拥有实现大量资金聚集的重要功能，能有力地促进生产和社会现代化。

股份制是现代企业的一种资本组织形式，适用于不同的所有制，轻易地给股份制经济贴上"姓资"的标签是一种十分皮相的思维。就我国来说，无论是就加快发展，实现为社会主义制度构筑物质基础这一根本任务来说，或是从解决国有企业"小而散"技术低，产品质量差，缺乏规模效益等问题的现实需要来说，都需要充分利用股份公司这一组织形式。国有企业的股份制改革，既是适应于现代市场经济的企业组织形式的采纳，又是社会主义公有制实现形式的一种创新。

国有企业的股份制改革，是涉及企业经营方式、组织形式和财产结构的重大变革，是一场全面的制度创新。股份公司的财产权结构，体现了出资人财产权和法人财产权的既相分离又相联结，体现了多数出资人相互间财产权关系的妥善处理，上述主体——出资人和代理人（经理），以及债权人之间产权的明晰，权责的清楚，是现代公司企业的特征，它使股份公司企业能够实现多个出资人的稳定资本联合，充分发展经营者的作用，使企业在经营者主导下进行独立营运，从而使资本联合形成的、实力强大的公司企业成为市场主体和法人实体。

公司上述复杂的财产权关系，是由公司法人治理结构及其运行来保证的。国有企业股份制改造的难点，在于法人财产权结构的构建和主体权、责、益的合理划分和明晰化，关键在于包括股东大会、董事会、监事会、经理等机构的法人治理结构的健全和有效运作。

我国公司化改革已进行多年，国有企业总数6.3%的企业已经改组为股份制企业，上市公司已有600多家。公司制改造取得很大成就，一批上市公司不仅筹集到资金，加快了结构调整，取得了规模效益，而且依靠公司制，实现了机制转换，增强了活力。但是，也有一批公司，换了牌子，戴了帽子，而机制并未转换，或者是主管部门的行政干预依然如故，上市公司"无上级主管部门"未能做到；更多的是企业股东大会、董事会、经理体制十分不健全，甚至是有名无实，从而出现了下述情况：包括国家在内的所有者"缺位"，企业职工与党组织的约束软弱，政府的法制和审计约束乏力，证券市场机制不健全，更谈不上股东"用脚投票"的市场约束，再加以经营者政府委派制下缺乏经营者损益、责任的有效约束。因而，股份公司化后，内部制衡机制未能形成，经营者越位和内部人控制现象十分普遍。其结果是：损害出资人利益和国有资产流失的现象屡见不鲜，而且，一批"有权"又"有钱"的上市公司，出现政策失误，花钱不当，如以筹集的股本炒股和炒房地产，"以股代管"及其他短期行为，由此带来经营业绩下滑，甚至出现亏损。尽管出现亏损的公司在1996年的上司公司总数中仅占4%，但是股份公司建立后出现的企业行为畸化，却是一个值得重视的问题。一些人因此有"越改越差"的思想迷惑，一些同志由此增大了对实行股份制的疑虑。

股份制改造中出现的上述企业行为的扭曲，并不是不可克服的，因此上述现象，并不是股份制本身固有的。恰恰相反，它在于股份化改造未按照公司法规范化构建和运行，在于法人产权结构未建立起来，各种主体权、责、益未能明晰，关键又在于法人治理结构未能健全。可见，为解决公司化改革中出现的行为畸形，在当前必须着力于健全公司制度和规范公司行为。关键是：一要明晰出资人和企业法人的财产权；二要健全股东大会、董事会、监事会和经理人为主轴的法人治理结构，形成公司内部出资人、经营者、职工三者间的制衡机制。与此同时，要加快建立国有资产的经营和管理体系，建立和健全国有投资主体，促进证券市场的发育和运作健全，逐步形成和加强对企业的来自政府、社会和市场的外部约束机制。还要改革企业经营者的遴选和任用的行政方法，实行由董事会聘任总经理，加强对经营者的激励和约束，调动经营者的积极性和强化其责任。作为社会主义的国有企业，还需要加强经理人员的思想建设，增强他们的主人翁责任感和发挥思想道德的自我约束功能。

国有企业股份制改造中，所有者切实到位，内在的和外在的约束机制的形成和完备化涉及多方面的改革相配合，不可能一蹴而就，因而推进公司化改造中经营者缺乏约束和企业行为的扭曲化的产生，仍将是人们面对着的一个十分棘手的问题。在加快实行股份制改革，进一步放权于企业的同时，人们还需要采取措施，防止国有资产多种形式下的流失，但是人们不能老是采取计划体制下的行政控制和干预的老方法，例如对生产和投资活动进行审批，对工资分配实行限额，冻结产权转让等。否则就会束缚和压制企业自主经营，而与公司化改造的方向相违背。特别是这些限制措施，属于外在的是"治标"而不是"治本"，它并不能完善企业机制，而且会变本加厉地造成"上有政策""下有对策"的不良循环，导致更精巧的内部人控制。解决企业十分棘手的产权构建的途径，只能是切实推进有关改革。在当前，特别要把公司制的规范化运作和滞后的国有资产经营和管理体制的改革，提到议事日程上来。

（三）政企分开问题

国有企业要成为独立营运的市场竞争主体和法人实体，必须做到政企分开。国有经济正在进行战略性改组，实现企业资产流动重组已经是搞好搞活国有企业的迫切任务，这也使政企分开成为当务之急。

政企难以分开的原因在于：（1）政府职能的转换，是政企分开的前提。政府职能的转换，由于原有行政管理体系十分庞大，而且政府人员越改越多，改组十分困难；（2）划分为"条条"和"块块"的行政体系形成了复杂的利益格局，进行政府改革需要妥善处理利益关系和克服阻力，推行起来十分棘手；（3）改革过程中企业行为出现畸形，"一放就乱"。在国有企业改革初期，对企业实行放权让利，就表现出所有者对企业约束的松弛和分配向职工倾斜现象。而在此后，特别是在1992年以来加快推进公司制改造中，由于法人治理结构的不健全和有关约束、监管机制的不完备，企业不受所有者约束的种种短期行为表现得十分突出，在这种情况下，人们不是究本溯源，用推进与完善改革的办法去解决，而是为了维护所有者——国家的权益，简单地采用进一步扭紧对企业的行政控制的"螺丝钉"的传统方法，这是当前政府改革和职能转换滞后和难以推进的深层原因。

在当前，政企分开已经成为进一步深化企业改革的关键，人们应该站在政治体制改革与经济体制改革相适应的高度，对政府职能转换做出通盘设计。另外，还要致力于健全法人治理结构和法人财产权制度，搞好股份公司运作的规范化和行为的合理化，同时，建立新的国有资产经营、管理体系，使政府的所有者职能和一般行政管理职能相分离。抓住上述关键，将为政企分开创造条件。

（四）配套改革问题

国有企业改革的深化，不仅仅要求推进企业内部改革，而且涉及劳动、人事、银行、金融、外贸、社会保障体系等领域的改革。其他各领域改革的配套是企业改革能否顺利推进的前提条件。在当前，一方面，是国有企业改革制约着其他领域的改革，另一方面，其他领域改革步伐不协调，也制约着国有企业的改革。除了社会保障体系改革明显滞后而外，银行商业化进程如何与国有企业改革同步，如何减少掣肘，增大促进，成为银行改革面临的问题。国有企业增大直接融资，对搞活搞好企业是必要的，因而需要发展证券市场，特别是股市，但证券市场存在风险，特别是初生期发育不健全的证券市场存在高风险。在国有企业改革不到位条件下跨步过大的证券市场的发展，会催化金融泡沫，甚至会引发金融危机。因而，从多方面着手，促使证券市场的稳步发展和健康运行，使之对经济发展有切实的促进作用，而减少负效应，就成为金融改革需要解决的迫切课题。

五、有关渐进性改革的几点思考

（一）中国创造了由社会主义计划体制向社会主义市场体制的渐进转换的成功经验

渐进性的模式转换意味着：（1）改革不是照搬书本——西方的或东方的——而是从实践经验出发；（2）把市场体制的构建和社会主义

制度以及中国国情相结合；（3）实行保持稳定下的体制转换，减少风险，以避免出现经济和社会震荡，使付出的改革成本更低。

（二）渐进性的模式转换，意味着改革的逐步推进，可能出现步子缓慢，使改革拖延持久，并由此带来不确定因素和风险

第一，一旦条件变化，例如，出现经济过热和宏观环境的恶化，受条件的制约，改革的力度就会受到影响，一些改革进程会放慢，一些关键性的改革甚至会难以推进。

第二，渐进性的改革，要点在于利益格局的稳健的调整。改革的进程必然带来利益格局的变化。渐进性的改革着眼于各种利益集体之间的协调与利益的磨合，而不是爆发式地快刀斩乱麻。全面协调，多方兼顾，难度很大，往往出现利益集团的相互扯皮和角力，出现改革难以推进的僵持局面。其表现是，尽管人们说推进改革，实际上改革却走走停停，甚至一定时期还会有改革前的做法重新被采用。

第三，渐进改革使改革分步演进，一些改革措施是为解决眼前矛盾而采取，带有过渡性质，必须在条件成熟时，及时进行政策调整。但实际上往往是过渡性措施采取后，形成的利益格局难以打破并且形成一种习惯势力，使必要的新的政策调整难以实行。

第四，体制转换的时间拉长，意味着两种体制的共存和互相摩擦，体制的制约和摩擦正是模式转换时期经济运行中各种各样矛盾滋生和加剧的深层原因。

第五，模式转换的时间拉长，由于依附于旧体制的各种陈腐观念和习惯势力难以打破，给改革带来思想阻力。

第六，新旧体制的共存中也会产生一种"共生"现象，即新旧体制的互相依存，互相支撑，体制负效应的相互交织和强化，其结果是主体行为扭曲化，市场秩序难以形成，不良的经济运行持续化。

总之，体制转型的渐进方式也存在风险，有可能加强旧体制的惯性力量和出现体制胶着，使改革丧失势头，导致改革旷日持久，拉长转型的进程。

（三）在选择和实行渐进性的转型条件下，要做好几个结合

人们应该把改革总体上的逐步推进与局部环节的快速变革相结合；要把面上的演进与重点突破相结合；要把一定时期具体条件限制下改革的求稳与在一定的具体条件下不失时机地加大力度，加快改革步伐相结合。中国自1978年以来的19年的改革进程，是上述改革的辩证发展的生动体现。中国的农村改革发源于1978、1979年，经过随后两年多试点与思想准备，1983年进入农村改革的快速发展时期，中国庞大的农村在较短时间内，实现了家庭联产承包制这一重大变革。1984年以来，中国的城市经济体制改革，经历了一个逐步演进的过程，无论是价格放开，国有企业的改革，市场体系的建立都是逐步发展的，但它又是与在局部地区——特区和沿海开放城市——市场化改革的快速发展相结合的。1992年以来，中国体制改革加快了步伐，展示出重点突破和全面发展相结合。1994年中国的财税改革，外汇并轨的改革等均是快速变革。1996年以来中国国有小企业改革取得了新的势头，当前，这一领域正在出现快速变革的局面。但是总的说来，国有企业的改革，特别是国有大中型企业的改革却表现出滞后。19年的实践表明，中国的渐进性改革在实践上并不是慢条斯理，亦步亦趋，而是把渐进发展与快速变革相结合。要做到稳健变革与大刀阔斧相结合，这就要求在理论上透彻把握改革的规律和讲求改革战略战术。

（四）把握机遇，创造条件，加大改革力度，加快体制转型

由于1993～1996年的宏观调控取得显著成果，1997年物价涨幅已经大大降低，经济运行平稳，出现了稳定增长的良好势态，深化改革面对着新的机遇。当前重要的是：（1）搞好"适度从紧"，贯彻"稳中求进"，要防止经济过热和通胀再起，为改革创造较为宽松的宏观环境。同时，也要保证激励增长所必要的有效需求拉动力；（2）加快建立社会保障体系的进度，为企业的战略性改组提供"安全阀"和"减震器"；（3）更好地贯彻"抓大""放小"，把小企业大胆放开搞活，腾出手来，集中力量于"关键性的少数"，抓好120家大集团和骨干企业股份的公司化的改造，在进行结构调整、企业改组、技术改革中，推进和实现机制的转换；（4）面上的大量的中型企业，实行政策"放宽"，实行主体多元化，放手依靠市场力量进行调整、重组。

党的十五大召开，标志着体制转型进入新时期。我国国有经济的改革，已进入改制转企的关键时期，改革越深入，矛盾更突出，任务更艰巨，闯关越费力气。改革要更好地实行重点突破，要以120家大集团和骨干企业为重点，打一场改革的攻坚战。在这一领域中，以现代企业制度为目标的改革取得突破，重点国有企业切实搞好搞活，真正成为市场主体，我国改革的困难关口将由此越过，改革和发展就会出现新的形势。企业改革将有力地推进整个国有经济体系的改革，促进金融、财税、商业流通、外贸等领域的改革的深化和完善，我国由计划到市场的体制转型将获得更大的启动力和更健康地进行。

矛盾是体制进一步转型的动力[①]

一、矛盾凸显源于改革尚未到位

我国还处于体制转型历史过程中，当前社会生活中的一系列矛盾，产生于快速工业化和体制大变迁的大背景之下，从本质上看，是全面改革尚未到位造成的体制、机制缺损，使许多矛盾凸显和发展。改革过程中出现的矛盾，只有通过推进改革来解决。

体制转型是一场经济大改组和社会大变革，必然是在矛盾中发展。在破除旧矛盾中，又会出现新的矛盾。当前经济生活中，下列矛盾表现得十分鲜明：

第一，过度的经济扩张和平稳增长要求的矛盾。转型期的经济运行多次出现"一管就死""一放就胀"的不良循环。2002年以来，出现了持续的和难以抑制的投资过热，信贷过度增长和通胀，近期一些地区又出现急剧减速。既防止过热，又防止降温过度，保持经济持续平稳增长，成为当前经济运行中的突出矛盾。

---

① 原载《社会科学报》2008年10月30日。

第二，数量扩张型的增长和发展方式转换的矛盾。我国经济增长在总体上仍然停留于数量扩张型格局，在这种增长方式下，产品技术含量低，物耗与工耗高，污染大，特别是品质差，缺乏内在的竞争力。一旦成本上升，就会丧失原先的低成本优势。数量扩张型的增长惯性和转换发展方式的要求的矛盾，是我国新时期发展面对的最重大矛盾。

第三，快速工业化与资源、生态的矛盾。随着快速工业化的兴起，农地过度占用、资源过度占用与生态体系被破坏等问题十分尖锐，它不仅影响到生活质量的提高，而且，由于重要资源的短缺和过分依赖国际市场，增加了我国经济发展的不稳定性和外生的风险。

第四，城乡、区域经济发展失衡和收入分配差距扩大。在30年快速工业化过程中，城乡经济二元化表现得十分鲜明。近年来东西部差距仍在拉大。城乡、区域之间的发展失衡，已成为我国当前经济生活中的重大矛盾。此外，30年来，群众的收入和生活水平普遍提高，但也出现了收入分配差距不断拉大。收入分配差距过度扩大和国民财富人民共同享有要求的矛盾，在当前表现得十分突出。

第五，公共部门的改革、发展滞后和公共产品供给不足。30年的改革，使依托于市场力量的竞争性经济和一般"私人产品"供给的十百倍的增长，人民群众吃、穿、用等温饱需要得到有效满足。但非市场决策的基础教育、医卫以及社会保障等公共部门发展缓慢，公共产品供给匮乏，出现了"看病难""上学难""行路难""住房难"等民生问题。经济、社会全面发展的新需要和公共产品供给不足的矛盾，已成为我国新时期的重要矛盾。

第六，社会矛盾增多、冲突多发和安定、团结的矛盾。多种多样的社会生活矛盾与转型时期收入分配畸形相结合，往往使一些人际矛盾深化、扩大和演化为群体冲突。社会矛盾增多，群体事件多发和安定团结的矛盾，是我国新时期的另一重要矛盾。

社会从来就是在矛盾中发展的，市场经济有其固有的矛盾和缺陷。体制转型过程中也会有众多矛盾。我国还处于体制转型历史过程中，当前社会生活中的一系列矛盾，产生于快速工业化和体制大变迁的大背景之下，从本质上看，是全面改革尚未到位造成的体制、机制缺损，促使许多矛盾凸显和激化。改革过程中出现的矛盾，只有通过推进改革来解决。

二、财富最大化的同时实现成果人民共享

新时期深化经济体制改革首先要着眼和致力于不断解放生产力，实现财富生产的最大化；同时要搞好社会主义生产关系的完善，更好实现发展成果由人民共享。

继续坚持和更加有力地推进经济改革，创建更加完善的社会主义市场经济体制是新时期的重大任务。新时期深化经济体制改革首先要着眼和致力于不断解放生产力，实现财富生产的最大化；同时要搞好社会主义生产关系的完善，更好实现发展成果由人民共享。

经过30年锐意改革，当前我国社会主义市场经济体制结构已经初步形成，但是包括一切经济领域的全面的经济改革远未完成，不少深层改革还需要取得突破，一些重要领域的市场化改革还亟须开展。在新的时期，我们应该以形成更加完整和成熟的社会主义市场经济体制为目标，推进改革向深度和广度发展。

一是以充分发挥资本功能为目标，深入推进国有经济的改革；二是以形成发达、高效的现代金融体系为目标，深化银行业、证券业、

保险业的改革，特别是加快推进农村金融体系的改革；三是以推进农村经济市场化为目标，探索和搞好农村综合改革，切实破除要素流动和优化重组的体制障碍；四是以形成高效、廉洁的政府治理和公共决策群众参与为目标，推进政府职能转换和发扬人民民主的政治改革，有效地治理转型期市场扭曲和分配不公。

总之，只有切实推进改革向广度和深度发展，在更加完整、更加成熟的市场体制结构形成的基础上，市场机制有效调节经济、促进发展的功能才能得到充分发挥，我国现阶段经济生活中大量存在的市场扭曲和新旧体制摩擦才能得以缓解与消除，发展中的数量扩张惯性，经济运行中的"一放就热、一管就死"，以及城乡、地区和收入分配差距不断拉大等转型期现象，才能得到有效治理。

三、体制转型要兴利除弊

构建社会主义市场经济体制，是为了有效利用市场作用来发展社会主义，这就更加需要人们在引进与利用市场时，采取兴利除弊的理性态度，一方面，充分利用现代市场经济体制的积极功能，另一方面，致力于创新市场体制与机制，克服和缓解市场经济的缺陷与不足，使其"为我所用"。

构建社会主义市场经济体制，是为了有效利用市场作用来发展社会主义，这就需要人们在引进与利用市场时，采取兴利除弊的理性态度，一方面，充分利用现代市场经济体制的积极功能，另一方面，致力于创新市场体制与机制，克服和缓解市场经济的缺陷与不足，使其"为我所用"。30年改革实践中的经验与教训表明，为了使新的市场经济体制适应于社会主义的要求，需要深入研究和进行以下五个方面的体制创新。

第一，针对市场机制与传统公有制模式的不兼容性，花大力气、深入进行和搞好公有制具体形式的创新。此外要大力发展多种新型集体经济（包括适应土地流转要求及土地、资金入股的新集体经济），通过寻找能适应市场机制的公有制具体形式，增强公有经济内生发展能力，形成市场体制下经济发展与公有制经济壮大和控制力、影响力增强相并进。

第二，基于市场机制固有的运行的盲目性，特别是针对发达市场化（金融化与全球化）条件下经济运行的不稳和高风险，需要以构建强有力宏观调控机制为目标，着力强化和完善宏观调控体系并寻找有效的宏观调控方法。

第三，针对市场机制作用下主体生产活动的消极"外部性"（物质生产中制造、销售劣质品危害消费者；制造排放污染破坏自然环境、资源和生态；文化生产中制造和排放"精神垃圾"以及在科技品生产中危害公共利益），要求采取经济、行政、社会、道德等多方面的制度安排，形成制度约束下的经济活动自由。

第四，针对市场机制固有的拉大收入差距效应，特别对转型期体制缺损下的收入分配畸化，采取多样措施，加强收入调节，切实完善社会主义分配关系和保障分配公正。

第五，针对市场机制生产和提供公共品失灵，特别是社会保障品的生产和提供的失灵，大力构建发达、高效的公共品生产与提供体系，以改善民生和增进社会福利。

通过上述创新，在我国将会形成崭新的市场经济体制，这一体制由于既能发挥市场活力，又能增强宏观调控力；既能充分发挥竞争性"私人产品"生产在财富最大化中的功能，又能有发达的公共品生产和充分的社会福利；特别是既使多种经济成分并行发展，互补互促，又能加强公有制经济的支撑力。因此，这样的市场经济将能实现市场经济与社会主义基本制度相结合，从而成为一种新型的中国社会主义市场经济体制。

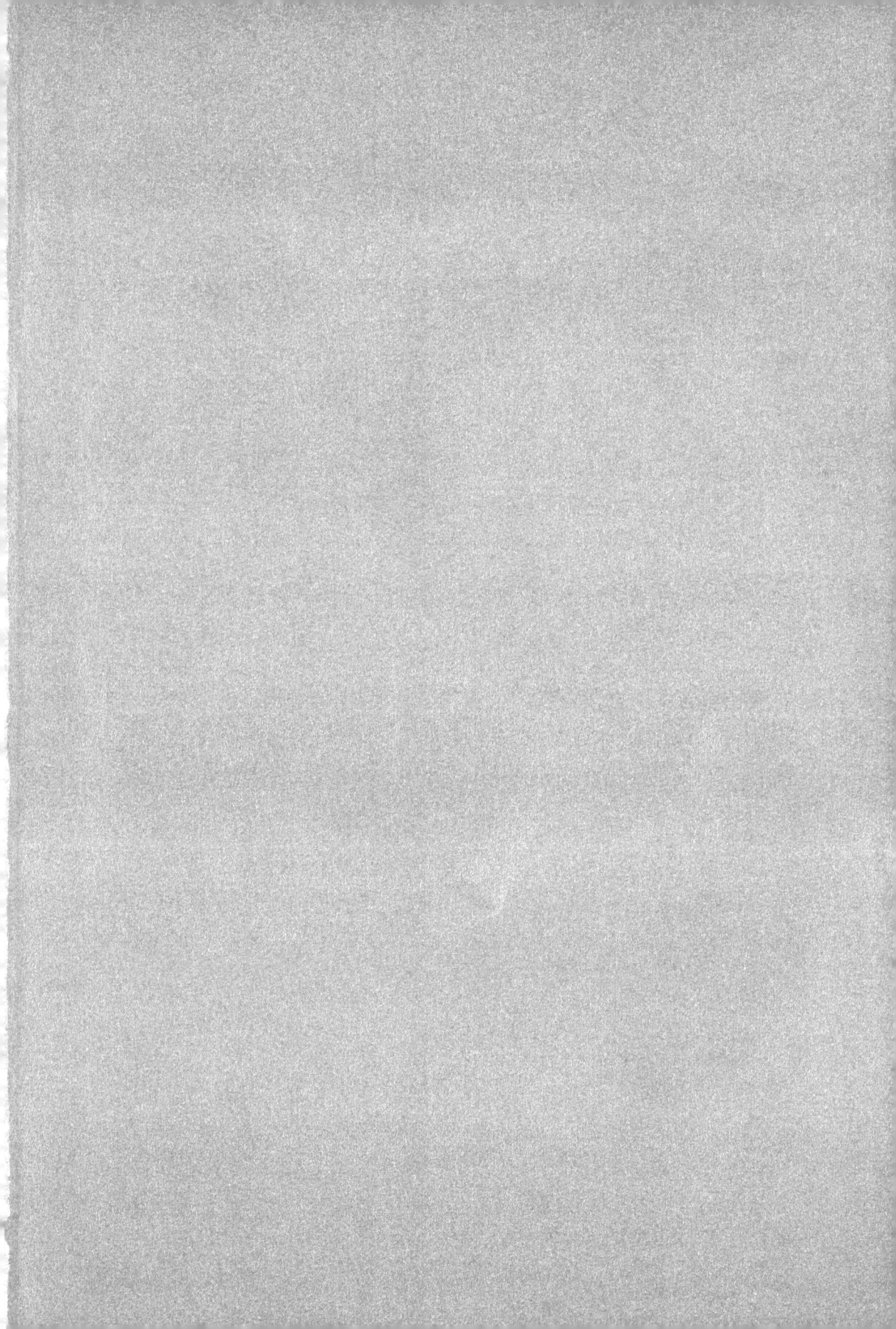